JAROSLAV HAŠEK

Schwejkiaden

Die besten Geschichten vom Autor
des braven Soldaten Schwejk

Nymphenburger Verlagshandlung

Aus dem Tschechischen vom Ehrenfried Pospisil

Lizenzausgabe für die Nymphenburger Verlagshandlung GmbH., München 1976

Gesamtherstellung: Mohndruck Reinhard Mohn OHG, Gütersloh
ISBN 3-485-00314-X
Printed in Germany

Inhalt

Die Seele des Jaroslav Hašek erzählt 7
Aus einer alten Drogerie 15
Das Modereferat der Frau Jedlička 63
Ejems Resi 69
Meine Freundin Julča 77
Einwände gegen eine Konfiskation 105
Der Fremdenführer der Stadt Neuburg 110
Die unglückliche Geschichte mit dem Kater 122
Der Alleswisser 127
Ein Raubmörder vor Gericht 135
Das Erbe des Herrn František Šafránek 143
Die Affäre mit dem Hamster 148
Das verdächtige Faß des Großvaters Chovanec 165
Heimatkunde 170
Wie Baluška das Lügen lernte 174
Die Kamillentropfen 181
Ein psychiatrisches Rätsel 188
Bei einer verlassenen Latrine 194
Ratschläge fürs Leben 198
Die Praktikanten der Speditionsfirma Kobkán 206
Drei Männer und ein Hai 215
Die Geschichte mit dem Rettungsring für Selbstmörder 224
Ein Autor blutiger Romane 228
Beichte eines alten Junggesellen 233
Die Plagen eines Lokalreporters 266
Gast ins Haus, Gott ins Haus 273
Ein Silvester der Abstinenzler 283
Phrenologie 289
Das Versprechen 298

Der Held 304
Der Kampf um die Seelen 312
Erinnerungen einer respektablen Familie 326
Der serbische Pope Bogumirov und die Ziege des Mufti Isrim 341
Eine Geschichte aus der Hölle 347
Die Fahnenweihe des katholischen Vereins 351
Geistige Übung mit Hindernissen 356
Der violette Blitz 359
Die Heiligen und die Tiere 364
Die Erforscher des Unbekannten 370
Der Stein der Weisen 380
Wie die Teufel das Kloster zum Heiligen Thomas plünderten 386
Zur Aussprache der tschechischen Namen 401
Über den Autor 402

Die Seele des Jaroslav Hašek erzählt

Als man meinen Körper in Budweis wegen Hochverrats, den wir gemeinsam im Delirium tremens begangen hatten, erschoß, flog ich, als weiße Seele des guten Jaroslav Hašek, zum Himmel. Vielleicht erinnern Sie sich an diesen liebenswürdigen jungen Menschen. Er hatte den Kaiser gern, schrieb alle möglichen Dummheiten und hatte ein rosiges Gesicht. Er wusch sich mit Kölnischwasser und liebte den Duft des Moschus. Aber das gehört nicht hierher. Einmal sagte er etwas, womit niemand einverstanden war. Man beschuldigte ihn des Hochverrats und erschoß diesen loyalen Mann. Man hätte von ihm als von einem »Opfer« sprechen können, aber man sprach nur von einem »Obersaukopf«. Das beginnt auch mit einem O. Darum war ich jetzt recht zufrieden, erhob mich freudig und trällerte ein Lied. Als ich schon sehr hoch war, schnitt ich der Erde eine Grimasse. Ich dachte mir nichts dabei, tat es nur aus Übermut.

Meine Freude war erhaben, jedoch nur kurz. Vor dem Himmelstor stand eine große Menschenschlange an. Ich versuchte gerade, mich nach vorn durchzumogeln, um so schnell wie möglich die paradiesischen Freuden kosten zu können, als mich einer vom Aufsichtspersonal, der etwa zwischen einem Erzengel und einem k.u.k.-Polizeibeamten stand, am Hemdzipfel erwischte.

»Sie da«, sagte die Himmelserscheinung zu mir, »Sie

Infanterist, ist er auf der Verlustliste? Zeig er mir seine Papiere.«

Ich hatte keine Papiere und schüttelte unsicher den Kopf.

»Ich melde gehorsamst«, sagte ich, dabei nach Vorschrift die Hacken zusammenschlagend, »man hat mich vor einer Weile in Budweis erschossen. Ich wußte nicht, daß ich es mir bestätigen lassen muß.« Der Himmelsbewohner sah mich mit gerunzelter Stirn an. »Wem erzählt er das? Ich bin nicht erst von heute. Ich stand schon hier, als die stolzen Engel die Disziplin störten. Während der Sintflut hatte ich im Annahmebüro Dienst. Ich ließ die ermordeten Unschuldsengel durch das Tor ein. Altertum und Neuzeit durchschritten bei mir das Tor. Ich sah die Jungfrau von Orleans. Von der könnte ich Ihnen Histörchen erzählen! Ich öffnete dem Napoleon das Tor. Meint er etwa, daß ich erst heute geboren bin? Na, laß er sich sagen: Ich bin überhaupt nicht geboren worden. Und was ihn anbelangt, da ist er wahrscheinlich noch gar nicht gestorben. Er hat sich das wahrscheinlich mit dem Budweis nur ausgedacht. Meint er, ich kenne mich in Erdkunde nicht aus? Er entstammt doch diesem Taubenschlag von Nation, die immer irgendwo Krach hat. Das ist mir eine schöne Nation! Deretwegen muß unsereiner ständig Überstunden machen. Und das kann ihm jeder rotznäsige Engel sagen, daß es bei Budweis zu dieser Zeit keine Front gibt. Das hier ist kein Platz für Drükkeberger. Kehrt um! Zurück zur Marschkompanie.«

Ich war schon immer ein Mensch, der die Obrigkeit

und die Gesetze über alles ehrt und dem es nur im Zustand völliger Trunkenheit passieren konnte, daß er etwas sagte, das als Hochverrat ausgelegt wurde, für den ich exemplarisch bestraft wurde. Mein Leben lang hatte ich niemals etwas mit Polizeibeamten. Darum wandte ich mich auch nach dem Tode gehorsam um und flog nach Budweis zurück. Auf dem Hinrichtungsplatz suchte ich meine tote Körperhülle auf, und traurig verband ich mich wieder mit ihr zu einem k.u.k.-Infanteristen.

Dieser Infanterist war ein ordentlicher Mensch. Er hielt sich in der Küche auf und brachte den Koch mit seinem ausgezeichneten Fachwissen in Erstaunen. Er aß für zwei. Er trank für drei. Er schlief für vier. Durch eine wunderliche Fügung Gottes fiel er endlich doch noch an der russischen Front. Nachdem ich konstatiert hatte, daß er völlig tot war, setzte ich mich traurig auf seinen Tornister. Ich war wieder frei, sozusagen von meinem Körper geschieden. Aber ich hatte dafür kein ordentliches Dokument. Das lag auf einer traurig zerschossenen Ebene. Im Mondlicht näherte sich ein Mensch. Es war der Feldkurat. Er nahm den Toten die Papiere und die Sachen fort. Ich freute mich darüber, daß er jetzt meinen Tod feststellen und aufschreiben würde, aber als er fast bei mir war, spuckte er aus und sagte: »Verdammtes Leben« und schlich wieder davon. Mein Körper sah mit trüben Augen zum Himmel. Ich begann zu weinen. Niemand würde mir mehr glauben, daß ich gestorben war. So wagte ich es nicht, mich vor dem Tor der Ewigkeit zu zeigen. Ich kroch also von neuem in den Körper meines Infanteristen hinein, um eine bessere und passendere Todesart abzuwarten. Zum Glück betrank sich mein Körper bald darauf so gründlich, daß es ihm zu den Ohren wieder rauskam und starb in einer Rauferei mit betrunkenen Matrosen. Wahrscheinlich war es also irgendwo am Meer, wie man aus der Anwesenheit der Matrosen schließen kann. Ich verließ also den Körper des Toten und machte mich auf, um ein Dokument zu suchen, das meinen Tod bescheinigte. Ich ging diesmal systematisch vor und fand in einem gewissen tschechischen Blatt eine Notiz über mich, die allerdings nur Übles von mir vermerkte; getreu dem tschechischen Sprichwort »Über Tote nichts – und wenn, nur das Schlechteste«. Zu Lebzeiten bin ich auch gern mit spitzer Feder über andere Leute hergefallen, und ich habe über meine Mitmenschen so manches Giftige gesagt. Ich fiel jedoch grundsätzlich nur über Lebende her. Ich kritisierte scharf und machte alles lächerlich, womit andere in die Öffentlichkeit zu treten wagten. Die private schmutzige Wäsche habe ich nie berührt. Ich habe nie erwähnt, daß Herr N. N. eine Geliebte da und dort haben sollte. Mir genügte, daß er dieses oder jenes gesagt hatte. – In einem Nachruf, der aus der Feder einer meiner Freunde stammte, wurde ich als Trunkenbold und Lebensakrobat verdammt. Sogar das Wort Clown fiel dabei. »Hašek – šašek«*, so hatte man mich schon früher auf der Straße beschimpft, bevor ich in die Schule ging, darum überraschte es mich

---

* šašek bedeutet im Tschechischen Clown

überhaupt nicht mehr. Ich sah nur nach, ob irgendwo weiter: »Jaroslav ist ein Scheißer und das weiß er« stand, weil man in meinen Jugendjahren so hinter mir hergerufen hat, aber das stand nicht in diesem Nekrolog. Dort war nur zu lesen, daß der »Hašek – šašek« dicke Kinderhände besaß. Ich sah schnell nach, ob dort auch stand, daß er unter den Fingernägeln Dreck hatte und wann er sich zuletzt seine Füße gewaschen hatte, aber diese historischen Fakten waren dort ebenfalls nicht verzeichnet.

Um Mitternacht schlüpfte ich in das Zimmer des Verfassers dieser Schandschrift. Er lag mit Schuhen im Bett und schnarchte, als ob jemand Holz sägte. Ich hatte Lust, ihm eine zu langen, so daß in seinem Lästermaul nicht ein Zahn verbleiben würde (eine weniger zarte Seele würde hier den Terminus »im losen Maul« gebrauchen).

Weil ich aber tot war, nichts als einen Nekrolog in der Tasche hatte und mein Körper mit gebrochenen dicken Fingern bei Wladiwostok lag, kam mein Freund heil davon.

Mit dem Feuilleton unter dem Hemd flog ich also wieder zum Himmel. Dort gab es keine so große Schlange mehr. Vor dem Tor sprach man fast nur noch Russisch. Ich mußte an den alten Vaňa denken, der ein Schottenkäppi trug und immer sagte: »Lernt Russisch«.

Eine Seele neben mir fragte in gebrochenem Russisch: »Von wo du kommen?« – »Von Wladiwostok.« – »Du Bolschewik oderr Freiwilligerrrr?« – »Ich Bolschewik und auch Freiwilliger«, antwortete ich diplomatisch,

denn ich habe einst die Diplomatenschule besucht. »Und was sein los mit dir?« Ich zog recht vorsichtig meinen Nekrolog hervor und reichte ihm diesen mit einem höflichen Lächeln. »Lesen Sie.«
Die Seele las, schüttelte den Kopf, zog ein Päckchen Brot aus der Tasche, das in fettiges Zeitungspapier eingewickelt war. Sie hielt mir die Zeitung vor die Augen und lachte gequält auf: »Dann sind wir also Landsleute. Ich bin der Koudelka aus Vršovice*. Ich wohnte gegenüber von Baur. Lesen Sie das doch.«
Ich sah unsicher auf das Päckchen. Es war ein kleines Päckchen, etwa so, wie es mir meine Mutter zur Schule mitgab und meine Frau in die Redaktion. Das Päckchen roch nach Tabak und Schmalz. Dieser Kerl hatte sich für seinen letzten Weg gesichert. Meine Augen blieben auf dem Lokalteil hängen: »Die Sage über den angeblichen Tod von Jaroslav Hašek.« Dort wurde gesagt, daß sich der Jaroslav Hašek zwar wahrscheinlich betrunken hatte, daß es aber auf keinen Fall das letzte Mal gewesen sein konnte. Mein Tod wurde dort dementiert. Mir zitterten die Knie. Und schon jagte ich geradewegs nach Wladiwostok zurück. Gerade konnte ich noch hören, wie die Seele aus Vršovice sagte: »Pfui, und mit so einem hab' ich auch noch geredet. Das muß aber ein schönes Aas sein. Dauernd steht er nur in der Zeitung.«
Ganz niedergeschlagen schmiegte ich mich an meinen Körper. Er roch schon nicht mehr gut. Traurig sah ich auf meine hohe Stirn, meine hübsche Nase, und es tat

---

* Stadtteil von Prag

mir sehr leid, daß man in dem Nekrolog nur über meine Hände geschrieben hatte.
Tränen stiegen mir in die Augen, und ich mußte in mein Hemd schnauben. Es war mir zum Weinen zumute, weil man mir nicht gönnte, daß mich die Matrosen als Betrunkenen zerhackten. Ich sagte: »Himmel-Herrgott, jeder hat nach seinem Tod Ruhe, nur ich nicht! Und er war so ein netter Herr, dieser Herr Hašek. Und wir haben uns so gut verstanden und lebten so schön zusammen.«
Als ich genug geklagt hatte, nahm ich meinen dreimal toten Körper auf den Rücken und trat mit ihm in die Welt zurück. An der ersten Ecke fiel mir ein dort angeschlagener Haftbefehl in die Augen. Als ich ihn las, begriff ich, daß es sich dort um mich handelte und um das, was ich auf dem Rücken schleppte. Ich legte also meine körperlichen Überreste unter den Haftbefehl, setzte mich gegenüber unter einen Birnbaum und wartete, daß mich irgend jemand endgültig fortschaffen würde. Sie haben mich bald wegen Hochverrats erschossen und gehängt. Diesmal habe ich aber dafür ein Zertifikat (in tschechisch-deutscher, nicht mehr in deutsch-tschechischer Sprache) erhalten und wurde endlich durch das Tor der Ewigkeit eingelassen.
Am Tor fragte man mich aus.
»Was war er?«
Ich wurde rot, neigte den Kopf und sagte: »Nach fünfunddreißig Jahren habe ich achtzehn Jahre fleißiger, fruchtbarer Arbeit hinter mir. Bis 1914 überschwemmte ich mit meinen Satiren, Humoresken und

Erzählungen alle tschechischen Zeitschriften. Ich hatte einen großen Leserkreis. Ich füllte ganze Ausgaben humoristischer Zeitschriften, indem ich die verschiedensten Pseudonyme benutzte. Aber meine Leser haben mich größtenteils erkannt. Ich dachte also völlig naiv, ich wäre ein Schriftsteller.«

»Mach er hier keine langen Erklärungen. Was war er wirklich?« Ich stockte. Ich fühlte in der Tasche den Nekrolog und stieß verwirrt hervor: »Verzeihung, ein Besoffener mit rosig runden Kinderhändchen.«

»Und von wo stammt er?«

»Aus Mydlovary, Kreis Hluboká« –

»Geboren?« – »1883.«

Und dann schloß sich hinter mir das Meer der Ewigkeit.

Jaroslav Hašek, 23. August 1920

Aus einer alten Drogerie

Als ich begann, Drogist zu lernen, rief mich mein Chef, Herr Kološka, am ersten Tag meiner neuen Tätigkeit in sein Kontor, wie jener Raum des Ladens hieß, der durch hölzerne Zwischenwände abgeteilt war.
Herr Kološka, ein älterer Herr, mit dichtem Bart, von sehr kleiner Gestalt, so daß ich, der fünfzehnjährige Junge, ihn um einen Kopf überragte, setzte sich an den Schreibtisch auf einen Stuhl und heftete seine kleinen, scharfen Augen auf mich, und dann legte er los: »Sie sind also ab heute mein neuer Lehrling, und als solcher werden Sie sich einige Worte ernsthaft anhören, nach denen Sie sich dann in Ihrem weiteren Leben richten werden. Sicher kennen Sie das Sprichwort, guter Rat ist Goldes wert. Also spitzen Sie die Ohren und hören Sie zu, was ich Ihnen erklären werde. Ihr neuer Beruf ist ein sehr schwerer Beruf. Unlängst waren Sie noch in der Schule, und dort brauchten Sie sich um nichts weiter zu kümmern, als alles auswendig zu lernen. Bis auf das bißchen Latein, das Sie als Quartaner können und das Sie als Drogist brauchen können, wird Ihnen sonst von all dem Gelernten nichts fürs Leben nützen. In einem Geschäft fragt niemand, wann dieser oder jener König herrschte oder wie man erklärt, was Geometrie ist oder ähnliches. In einem Geschäft will niemand wissen, wie weit irgendein Stern am Himmel von uns entfernt ist, und in einem Geschäft will auch keiner wissen, ob man etwas groß oder klein schreibt. Ein Käufer, der in das

Geschäft kommt, will nicht wissen, ob Sie richtig tschechisch sprechen oder nicht. Es reicht völlig, wenn Sie ihn verstehen und ihn bedienen, wie es sich gehört. In einem Geschäft genügt es, wenn Sie rechnen können, so daß Sie sich nicht selbst schädigen. Wie Sie rechnen, danach beurteilt man Ihre Geschäftstüchtigkeit. Sie sind ein junger Mensch, der vom Sehen lernen muß, und nicht, wie in der Schule, aus Büchern. Wenn ein Käufer kommt, müssen Sie zuhören, und wenn er das Blaue vom Himmel haben möchte, so müssen Sie eben zum Himmel hochhangeln und das Blaue herunterholen. Dabei können Sie über den Käufer denken, was Sie wollen, aber sagen dürfen Sie nichts. Ein Geschäftsmann, denken Sie stets daran, lebt von den Kunden. Wenn jemand in den Laden kommt, müssen Sie rufen: ›Ergebenster Diener, Verehrter! Küß die Hand, gnädige Frau! Ergebenster Diener, wertes Fräulein!‹ Und wenn ein Käufer fortgeht, dann seien Sie ebenso höflich, auch wenn er nichts gekauft hat. Später werden Sie einmal verkaufen – das wird zwar erst nach längerer Zeit sein –, aber Sie sollten jetzt schon daran denken, wie Sie sich verhalten müssen: ›Bitte, Sie wünschen? Womit kann ich dienen?‹, oder so ähnlich, und springen, sich drehen, schnell bedienen und niemals stehlen. Und wenn etwas nicht auf Lager ist, meinetwegen etwas anderes verkaufen, nur ja nicht den Käufer so gehen lassen. Dem Käufer immer etwas aufdrängen, wenn er schon einmal im Laden ist, einerlei was. Wenn er zum Beispiel kommt und eine Zahnbürste haben möchte, ihm gleich Zahnpulver aufdrängen; und wenn er Zahnpulver haben möchte, ihm dann eine Zahnbürste aufdrängen und dabei bemerken, daß es ein Gelegenheitskauf sei. Und lügen müssen Sie, sooft sich die Gelegenheit dafür bietet; das werden Sie alles im Laufe der Zeit lernen, und es versteht sich natürlich von selbst, daß Sie nur den Käufer belügen dürfen und nicht mich. Zu mir müssen Sie sich wie zu einem Vater verhalten, und wenn ich Sie einmal ausschimpfen sollte, dürfen Sie nichts sagen, weil ich aufbrausend bin. Wenn ich etwas befehle, dann müssen Sie es gleich ausführen. Bei mir muß alles wie beim Militär gehen. Sie müssen ehrlich sein, das brauche ich Ihnen wohl nicht zu sagen. Sie dürfen nicht naschen, nichts kaputtmachen, Sie müssen arbeiten; das alles ist nur zu Ihrem Wohl. Ich erzähle Ihnen das, als wäre ich Ihr Vater. Früh am Morgen werden Sie immer zu mir in die Wohnung kommen, um das Kästchen mit den Schlüsseln zu holen, dann stellen Sie sich vor den Laden. Wenn der Kommis kommt, öffnen Sie beide den Laden, dann hängen Sie den Engel heraus, wischen im Laden Staub, damit es überall sauber ist, und wenn ich dann um acht Uhr komme, werde ich Ihnen immer sagen, was Sie zu tun haben. Um zehn Uhr früh kommen Sie jeden Morgen zu mir ins Kontor, ich gebe Ihnen Geld, und Sie holen mir in dem Kaffeehaus Kaffee, Sie müssen dann um viel Sahne bitten. Um acht Uhr nehmen Sie den Engel wieder herunter und schließen mit dem Hausdiener den Laden. Den Schlüssel legen Sie in das Kästchen, der Kommis wird es schließen, Sie nehmen den Schlüssel vom Schrank an sich, und dann bringen Sie das Kästchen mit dem Schlüssel zu mir in die Wohnung. Jeden zweiten Sonntag werde ich Ihnen erlauben, sich zwischen zehn und elf Uhr irgendwo in einer Kirche umzusehen, und noch ein guter Rat: Sie sollen es mit mir halten und nicht mit dem Personal, das ist die Hauptsache. – Heute tun Sie nichts weiter als Flaschen putzen. Und wenn Sie die putzen, so sehen Sie sich die Aufschriften gut an, lateinisch und tschechisch, damit Sie wissen, was in den Flaschen drin ist, so werden Sie langsam lernen, alles zu verstehen. So, jetzt behalten Sie alles gut, und gehen Sie an die Arbeit!«

Ich ging bewegt aus dem Kontor. Alle Ermahnungen schwirrten in meinem Kopf, und als ich zum Pult kam, sagte der Kommis Tauben zu mir: »Der fiel Ihnen wohl auf die Nerven, was, unser alter ›Radix‹.«

»Wer ist das?« fragte ich unsicher.

»Na, unser Kološka«, antwortete der Kommis, »wir nennen ihn ›Radix‹, das bedeutet Wurzel. Solche Scherznamen verwenden die Drogisten eben, junger Mann. Unser Radix ist ein wenig, wie man so sagt, bekloppt, sonst ist er ein guter Kerl. Meinen Sie etwa, daß das, was er Ihnen sagte, von ihm stammt? Ach woher, junger Mann! Diese ganze Predigt mußte er auswendig lernen, so wie es ihm seine Frau vorsagte. Seine Frau nennen wir ›Acidum‹, das heißt Säure. Sie dürfen unseren Alten nicht wie den lieben Gott ansehen, er ist eigentlich nichts, seine Frau ist alles. Wenn sie einmal kommt, da werden Sie sehen, wer eigentlich der Herr ist. Und darum, junger Mann, hübsch zu uns halten. Der Alte hat Ihnen doch sicher gesagt, Sie sollen heute die Flaschen putzen. Machen Sie sie nur sauber, aber nicht gleich holterdipolter! Schön langsam. Sie dürfen sich nicht auf die Arbeit stürzen. Sonst würde er Sie schön um den Finger wickeln. Wenn Sie heute fünfzehn Flaschen bis zum Abend saubermachen, da haben Sie schon viel gearbeitet. Die ganze Woche müssen Sie die Flaschen putzen, schön langsam. Nur nicht überarbeiten, der würde Ihnen sonst immer mehr aufladen. Und wenn seine Alte herkommt, so laufen Sie hin und küssen ihr die Hand. Wenn der Radix Sie zu irgendeiner Firma schickt oder wenn Sie irgend etwas wohin bringen sollen, so laufen Sie nicht, gehen Sie schön langsam, als ob sie spazierengingen, ich habe es früher auch so gemacht. Nur nicht zu schnell zurückkommen, sonst würde Sie der Radix aber herumschicken, und er würde sich daran gewöhnen, daß Sie bald zurückkommen, wissen Sie, junger Mann, und schließlich würde er es für selbstverständlich halten, daß Sie rennen.«

Herr Tauben schwieg eine Weile und fuhr dann fort: »Wissen Sie was, junger Mann, ich sehe, daß Sie zu etwas taugen. Hier haben Sie Geld für zwei Liter Bier, gehen Sie dort hinten in den Lagerraum, dort am Ende, Sie können es von hier sehen, dort steht ein Faß, darin ist ein Krug versteckt. Den werden Sie schön nehmen und durch den Hintereingang des Lagers über den Hof zum Gasthaus gehen. Dort kaufen Sie zwei Liter Bier. Sie stellen den Krug mit dem Bier wieder in das Faß. Sie können davon nach Belieben trinken. Ich war früher auch mal Lehrling.«

Herr Tauben gab mir Geld, und ich erfüllte seinen

Wunsch. Als ich das Bier brachte und den Krug wieder im Faß verbarg, kehrte ich auf meinen Platz zurück und säuberte die Flaschen so langsam, wie es nur irgend möglich war.
Nach einer halben Stunde rief mich Herr Kološka in sein Kontor. »Übrigens«, sagte er, »eine Sache habe ich vergessen. Wenn vielleicht Herr Tauben Sie nach Bier schicken sollte, dann werden Sie es mir gleich sagen. Der Herr Tauben schickt angeblich die Lehrlinge sehr gern Bier holen . . .«
Den Ereignissen jenes ersten Tages ist noch hinzuzufügen, daß ich Herrn Tauben im ganzen fünfmal das verbotene Bier holen ging und daß ich hörte, wie Herr Tauben dem Hausdiener auf die Frage: »Na, und was ist mit dem jungen Lehrling los?« antwortete: »Er ist unseres Glaubens, und er sagt schon zum Alten Radix . . .«

In den folgenden zwei Tagen säuberte ich, den Rat des Herrn Tauben befolgend, die Flaschen sehr langsam. »Wenn der Radix kommt«, sagte Herr Tauben zu mir, »und fragt, warum Sie noch nicht mit den Flaschen fertig sind, so sagen Sie ihm, daß Sie die Signaturen auf den Flaschen aufmerksam lesen, übrigens jetzt lassen Sie die Arbeit Arbeit sein, und ich werde Sie durch den ganzen Betrieb führen.«
Der Kommis führte mich durch das Haus. Der Laden des Herrn Kološka befand sich in einem alten Haus. Dieses Haus steht heute nicht mehr. Das dunkle Haus war ständig von dem typischen Geruch getrockneter

Drogen erfüllt, ein Geruch, der mich in den ersten Tagen fast betäubte und so gründlich in meine Kleidung drang, daß jeder schon von weither riechen konnte, daß ich Drogist lernte.

Dieses altehrwürdige Haus hatte einen besonderen Reiz. Genauso stellte ich mir alchimistische Werkstätten und mittelalterliche Apotheken vor, so wie ich früher darüber gelesen hatte. Darin bestärkten mich noch zwei große Mörser, die sich im Lager befanden und mehrere große Retorten auf schwarzgewordenen Untersätzen, die genauso schmutzig wie die Retorten selber waren.

Vom Lager führte mich Herr Tauben in die Durchfahrt des Hauses, in der sich ein Kreuzgewölbe über mehreren Waschtrögen, Scheuerkübeln, Nudelwalzen und verschiedenen anderen Gegenständen wölbte. Diese Utensilien gehörten zu dem Geschäft, das hier in der Durchfahrt von einer Frau, die jetzt auf einer Bank in der Nähe des Einganges zur Straße saß, betrieben wurde.

»Das ist die Böttchersfrau Kroup«, sagte der Kommis, »ihr Mann ist ein großer Lump, und alles, was sie während des Tages verdient, bringt ihr Mann nebenan in der Destille durch. Dort sitzt er den ganzen Tag, und wenn er dann kein Geld mehr hat, geht er zu seiner Frau und fragt: ›Hast du etwas verkauft?‹ Wenn die Böttchersfrau dann zum Beispiel sagt: ›Ein Schaffel‹, erwidert ihr Mann: ›Das wird für acht Gläser Bier reichen.‹ Er zählt alles nach Gläsern, und wenn Sie einmal älter sein werden, junger Mann, dann werden Sie ver-

stehen, was es bedeutet, wenn ich sage: ›Sie läßt sich alles gefallen, weil sie mit ihm in wilder Ehe lebt.‹«
»Wir brauchen nicht so schnell zu gehen«, setzte Herr Tauben die Unterhaltung fort, »wenn jemand in den Laden kommt, so wird ihn der Radix schon bedienen. Dort den Ausschank kennen Sie ja. Gegen Monatsende dann gebe ich Ihnen kein Geld für das Bier, Sie müssen es mir dann auf Pump bringen. Der Wirt ist aber durchtrieben, junger Mann, geben Sie da acht, daß er nicht an Stelle von zweien drei Liter aufschreibt, wie er das schon manchmal gemacht hat. Dafür ist seine Frau sehr nett. Wenn die zu uns in den Laden kommt, um Alkohol für den Schnaps zu kaufen, so geben Sie ihr, wenn Sie dann nach gewisser Zeit verkaufen dürfen, einen guten Alkohol, nicht den mit Wasser vermischten, den wir sonst immer verkaufen; sie legt Kirschen darin ein, und ich hole mir hin und wieder welche, und die sollen hochprozentig sein. Der vorherige Lehrling gab ihr einmal diesen verdünnten, und fragen Sie nicht, wie dann der Kirschschnaps schmeckte. Später, beim Verkaufen, wenn der Gastwirt mal Magentropfen holt, geben Sie sie ihm umsonst. Er wartet manchmal bei mir drei Monate auf Bezahlung.
Dort, wo die zwei schmutzigen Fenster sind, wohnt die Hauswartsfrau Pazderka, die kommt jeden Morgen zu uns auf ein Gläschen Kümmelschnaps. Der müssen Sie den Kümmel umsonst geben, das hat der Radix gesagt, sonst würde sie uns das ganze Haus auf den Hals hetzen. Sie hat sich schon drei Tage lang nicht gezeigt, sie ist krank. Sie ist immer krank, wenn der Lehrer ihren

Jungen, den rothaarigen Franz, nachsitzen läßt. Der rothaarige Franz ist elf Jahre alt, aber ein Lausejunge. Der läßt niemanden in Ruhe, macht nur lauter Streiche, aber bestrafen dürfen Sie ihn nicht. Einmal habe ich ihn erwischt, wie er ein Blechfaß voll Öl anbohrte, und da hab ich ihm eine gelangt. Na, und dann kam die alte Pazderka in den Laden gelaufen und wollte, daß mir der Radix gleich kündigte. Und der Lärm auf der Straße! Die Leute sind zusammengelaufen, sie hielt den rothaarigen Franz an der Hand, der Junge brüllte und heulte, und sie schrie, daß in dem Laden ein Mensch wäre, der so ein unschuldiges und wehrloses Kind ohrfeigte, bis es in Ohnmacht gefallen sei. So mußten wir sie also zu einem Kümmelschnaps einladen und dem Franz Bonbons geben. Der rothaarige Franz, der hat mich schon immer geärgert, und im Sommer, da können Sie ein Theater auf dem Hof erleben. Der rothaarige Franz zieht sich aus; so wie ihn der liebe Herrgott geschaffen hat, klettert er in die Holzwanne mit Wasser, die mitten im Hof steht. Er planscht in dem Wasser von früh bis zum Abend. Oben im ersten Stock wohnt eine alte Jungfer, und als die den rothaarigen Franz einmal gesehen hat, wie er nur so, wie ihn der Herrgott geschaffen hat, badete, da fiel sie in Ohnmacht. Die Hauswartsfrau Pazderka braucht bei uns für alles nur die Hälfte zu zahlen. Daneben die Fenster, dort wohnt der Fleischer, Herr Kavánek, wenn der hausgemachte Preßwurst macht, dann lädt er mich immer ein. Auch dem Hausdiener gibt er etwas ab. Das mit dem Hausdiener nennen wir ›Gegenrechnung‹. Wir bestehlen ihn nicht, und er uns auch nicht. Dafür gibt es ein passendes deutsches Sprichwort, junger Mann: ›Leben und leben lassen.‹ Wir verkaufen ihm wohl Gewürze für den üblichen Preis, aber denken Sie daran, wenn Herr Kavánek kommt und ein Kilo Gewürze verlangt, dann wiegen Sie anderthalb Kilo ab, aber berechnen nur ein Kilo. Er wird Sie auch zur Preßwurst einladen, aber essen Sie sie nicht vor dem Alten. Der vorherige Lehrling nahm sie mit nach Hause. Das alles werden Sie im Laufe der Zeit kennenlernen. So, jetzt gehen wir in den Keller!«

Als Herr Tauben die Tür zum Keller öffnete und die Laterne anmachte, stieg aus der Dunkelheit ein Geruch von Säure und Moder in meine Nase, und gleichzeitig ertönte Pfeifen.

»Das sind Mäuse«, belehrte mich Herr Tauben, »den vorherigen Lehrling hat mal eine gebissen; das gibt es in allen alten Häusern, junger Mann. Seit unser Radix ein besonderes Mäusegift erfunden hat, haben sie sich ungewöhnlich stark vermehrt. Besonders in den Sommermonaten werden Sie im Keller alle Augenblicke sehen, daß sich irgendwo so ein kleines graues Ungeheuer bewegt. Seit der Zeit, als ein Mann gleich neben dem Fleischer zugezogen war und glaubte, daß er Schwindsucht hätte, seitdem gibt es hier keine Katzen mehr. Er fängt jede Katze, zieht sie ab und legt sich das Fell auf die Brust. Achtung, rutschen Sie nicht auf den Stufen aus, sie sind noch immer feucht, mir ist nämlich mal vor einiger Zeit mit dem Hausdiener ein Ballon mit destilliertem Wasser kaputtgegangen. Als dann jemand destilliertes Wasser kaufen wollte, da haben wir ihm

Brunnenwasser gegeben. Jetzt sehen alle Tropfen etwas milchig aus, weil wir bei der Herstellung nicht destilliertes Wasser, sondern Brunnenwasser benutzt haben. Und unser Radix hat schon drei Firmen die Geschäftsverbindung gekündigt, weil er denkt, daß sie ihm ein schlechtes Öl für die Tropfen geliefert haben. Wissen Sie, junger Mann, so muß man es machen. Der Mensch darf niemals den Kopf verlieren, und die Hauptsache ist, den Alten anzuschmieren, weil wir ja daran denken müssen, wenn wir irgendwann einmal selber Chef sein werden, daß dann wir angeschmiert werden. Übrigens, ich führe Sie nur aus dem Grund in den Keller, junger Mann, damit Sie sehen können, wo wir das Olivenöl haben.«
Herr Tauben öffnete einen hölzernen Verschlag und sagte, dabei auf ein Blechfaß zeigend: »Sehen Sie, hier ist das ›Olivenöl‹, obwohl da ›Leinöl‹ steht. Wenn Sie der Radix in den Keller schickt, um eine Flasche mit Olivenöl zu füllen, so füllen Sie sie mit Leinöl, weil uns vor einem halben Jahr das Faß mit Olivenöl kaputtging. Manchmal geben die Leute das Öl wieder zurück, und der Alte hat schon viele Briefe an die Firma geschickt, von der er das Olivenöl hat, und sich beschwert, daß sie ihm so ein schlechtes geliefert haben. Radix kommt niemals hierher, er hat viel zuviel Angst vor Mäusen, und darum, wenn Sie aus dem Keller kommen, da müssen Sie stöhnen, daß es so viele Mäuse dort im Keller gibt. So, und jetzt gehen wir wieder nach oben.«
Als wir wieder ans Tageslicht kamen, meinte Herr Tauben:

»Eine Sache muß ich Ihnen noch sagen, junger Mann. Haben Sie in unserer Straße hinter diesem Haus den Zuckerbäckerladen gesehen? Die Lehrlinge aus dem Geschäft kommen im Sommer zu uns, um hier Viehsalz für das Speiseeis zu holen. Das geben Sie ihnen immer umsonst, und dafür können Sie Eis essen gehen, ich tu das auch sehr gern. Aber essen Sie es nicht vor dem Alten. Heute werden wir nicht mehr auf den Boden gehen, erst morgen, der Radix wird sicher schon verrückt werden, daß er im Laden allein ist, jetzt, wo es am meisten zu tun gibt.«
»Wo haben Sie sich herumgetrieben, Herr Tauben?« ärgerte sich Herr Kološka, als wir wieder in den Laden kamen, »Sie gehen weg, und ich kann mich hier abrakkern wie ein Pferd.«
»Verzeihen Sie, Chef«, antwortete Herr Tauben, »ich habe den neuen Lehrling im Betrieb umhergeführt und belehrt.«
»Na ja, dann ist es etwas anderes«, sagte Herr Kološka etwas friedlicher, »sehen Sie zu, daß Sie ihm viel beibringen und etwas aus ihm machen.«
»Zu Diensten, Chef«, sagte Herr Tauben, »ich glaube, daß ich aus ihm etwas machen kann.«

Herr Ferdinand, der Hausdiener, war zu jener Zeit so um die vierzig Jahre alt. Er hatte eine hohe Stirn, was von ungewöhnlicher Intelligenz zeugte; Herr Tauben bestätigte mir das mit den Worten: »Er ist ein durchtriebener Kerl.«
Er hatte gutmütige graue Augen, braune Haare und ei-

nen etwas dunkleren Bart unter der Nase. An erster Stelle sprang einem seine rote Nase in die Augen, die ein untrügliches Zeichen dessen war, daß Herr Ferdinand früher Hausdiener in einem Geschäft mit Spirituosen gewesen war.
Seine Kleidung war immer voller Fettflecke und schmutzig. Sein Anzug war ölverschmiert, hatte von Säure zerfressene Löcher und ganze Streifen voll Fußbodenlack, über den Mantel zogen sich Streifen von Fermentfarben, an der Weste glitzerte Bronzepuder, das in Flecken eingefangen war, die von einer Lösung aus Kautschuk und Benzin stammten. Der linke Ärmel seines Mantels roch nach Terpentinöl, der rechte nach Zimt. Kurz und gut, seine Bekleidung trug Spuren der verschiedensten Drogen und Chemikalien, so daß sich Herr Ferdinand, wie ich später erfuhr, wenn er in die Destille ging, auf einen Platz etwas abseits, direkt an den Ofen setzte, und die Tür vom Ofen öffnete, damit der Gestank seiner Dienstkleidung nicht die übrigen Gäste vertrieb.
Eine gepflegte Marotte hatte Herr Ferdinand, er trug immer blankgeputzte Schuhe. Sobald er mit irgendeiner Arbeit fertig war, ging er in das Lager, dort putzte er die Schuhe so wunderschön, daß sie wie ein Spiegel glänzten.
Herr Kološka sagte zwar, der Ferdinand tue es nur, um die Zeit »totzuschlagen«. Aber einerlei warum; nach jeder kleineren Arbeit ging Herr Ferdinand die Schuhe putzen.
Und das war auch der Grund, warum ich gleich nach

dem Antritt zum erstenmal mit Herrn Ferdinand vertraulicher sprechen konnte. Herr Ferdinand kam gerade vom Hof, wo er in einem Mörser Zimt feingerieben hatte, ging in das Lager, nahm Schuhcreme und Bürste aus einem Schränkchen, als ich auch gerade in das Lager hineinkam.

»Kommen Sie her, junger Mann«, sagte Herr Ferdinand.

Als ich neben ihm stand, sagte er: »Haben Sie viel Spucke, junger Mann?«

»Ja.« – «Gut«, lobte Herr Ferdinand, »bei dem Zimtzerreiben ist mir der Hals irgendwie ausgetrocknet.«

»Jawohl«, sagte ich, ohne zu wissen, was Herr Ferdinand wünschte.

»Wenn man die Schuhcreme nur mit gewöhnlichem Wasser verreibt, junger Mann«, setzte der Hausdiener fort, »so lassen sich damit die Schuhe nicht richtig blankpolieren.«

»Da haben Sie recht«, sagte ich.

»Mit Spucke glänzt es«, sagte Herr Ferdinand und meinte auffordernd: »Nun also!«

Als ich nichts sagte, wurde Herr Ferdinand deutlicher: »Kostet es Sie sehr viel Arbeit, junger Mann, wenn Sie mal auf meine Schuhe spucken?«

»Darauf hätten Sie gleich kommen müssen«, sprach er, als ich sein Verlangen erfüllte, »einer muß dem anderen helfen.«

»Unsereins muß einander unterstützen«, sprach er weiter, während er die Schuhe putzte, »so ist es auf dieser Welt, junger Mann, und solange die Welt besteht, wird es auch immer so sein. – Und den großen Herren«, beendete er mit einer plötzlichen Wendung den Satz, »werden die Armen, die sich gegenseitig unterstützen wollen, im Wege sein.«

»Wir Menschen sind schon sehr, sehr dumm, junger Mann«, grübelte er weiter, »einer versucht, den anderen zu fressen. Das kann ich am besten bei uns in Michle* sehen. Wissen Sie, wo Michle ist?«

»Jawohl.«

»Na also, in Michle wohne ich, und neben mir wohnt auch ein Hausdiener, und weil ich vier Gulden in der Woche mehr habe als er, ist er wütend, weil ich für vier Gulden mehr trinken kann als er, und darum macht er alle Augenblicke auf dem Hausflur Krach und droht, daß er es mir noch einmal so zeigen wird, daß ich es niemals mehr vergesse. Neulich, da hat er behauptet, daß ich unseren Alten auf dem Zollamt mit einer Rechnung beklaut hätte; er wüßte schon, wie man so etwas macht. Da wurde ich wütend und sagte, daß jeder eine andere Methode hätte: ›Nicht jeder klaut so blöd wie du, du Lumpensack. Als du in der Fabrik warst, hat dir der Pförtner nur die Weste aufgeknöpft, und schon konnte er sehen, was du nach Hause trägst, du Dieb.‹«

Der Herr Ferdinand redete sich so richtig in Rage, das konnte man an dem Tempo, mit dem er auf seinen Schuhen herumrieb, merken. Die Bürste bewegte sich auf den Schuhen mit unglaublicher Geschwindigkeit. Herr Ferdinand legte seine Stirn in Falten und erzählte

---

* Stadtteil von Prag

weiter: »›Jetzt kannst du darauf antworten‹, sagte ich, und er stellte sich in den Flur und fing an zu schreien: ›Du drogistischer Kerl, auf zwei Meilen stinkst du nach euren Brühen.‹ ›Bitte, nur anständig‹, sagte ich darauf, ›ich habe nichts Schlechtes von dir gesagt, du kannst nichts als nur fluchen, du Dieb.‹ Und er stellte sich wieder in den Flur und schrie: ›Du hast deinem Jungen die Schuhe verkauft, und jetzt geht dein Junge barfuß. Dem Kaufmann hast du ein Kilo Pfeffer verkauft, wo hast du ihn her? Deiner Frau hast du den Backenknochen verrenkt, du Räuber, im Gasthaus hast du ein Salzfaß geklaut, und das alles in dieser Woche.‹ Darauf gab ich ihm eins auf die Schnauze.«

Herr Ferdinand schwieg einen Augenblick, und dann fuhr er fort: »Und er, dieser schlechte Kerl, will mich jetzt wegen der paar Ohrfeigen verklagen. – Jetzt ist meine Spucke wieder alle. – Spucken Sie noch einmal auf die Wichse, junger Mann. Mit gewöhnlichem Wasser glänzen die Schuhe nicht so schön. So! Ich danke sehr. Wir müssen einander helfen . . .«

Als ich in den Laden zurückkehrte, wurde ich von Herrn Tauben angesprochen:

»Riecht man das Bier heute nicht allzusehr bei Herrn Ferdinand?«

»Ich weiß nicht, man kann es nicht unterscheiden«, antwortete ich.

»Sie haben recht, seine Kleider . . .«, sagte der Kommis, »aber sagen Sie ihm zur Sicherheit, er solle eine Zitrone essen, er muß nämlich zum ›Alten‹ kommen, er soll mit dem Handwagen Firnis holen.«

Schon der erste Eindruck, den die Frau meines Chefs auf mich machte, bewirkte, daß ich mich nicht mehr wunderte, warum Herr Tauben sie mit dem lateinischen Wort »Acidum« oder auch mit »Säure« titulierte. Am zweiten Tag nach meiner Aussprache mit Herrn Ferdinand erschien sie gegen 9 Uhr herum im Laden. Die alte Uhr an der Wand röchelte gerade neun Schläge, als sich die Tür öffnete. Das Reklamemännchen über der Tür mit der Aufschrift: »Herzlich willkommen«, das von einer an der Tür befestigten Schnur gezogen wurde, verneigte sich, die Glocke über der Tür klingelte, und in den Laden trat mit ernsthaftem Schritt, der mich an den Schritt eines Abtes erinnerte, der nachprüfen will, ob die Mönche im Keller keinen Wein trinken, eine dicke, große Frau mit gepudertem Gesicht. Sie hatte trotz ihrer Stärke recht hübsche Gesichtszüge, trug einen schreiend bunten Hut auf dem Kopf und ein Kleid, das schon von weitem seidig rauschte.
Herr Tauben, der noch vor einigen Augenblicken Späße gemacht hatte, wurde plötzlich ernst und flüsterte mir rasch zu: »Das ist unsere Alte«, worauf er gleich grüßte: »Küß die Hand, gnädige Frau.«
Ich lief hin und küßte Frau Kološka die Hand.
Frau Kološka hielt es für unter ihrer Würde, unseren Gruß zu erwidern, sie trat an das Pult und fragte: »Wo ist der Herr?«
»Im Kontor, gnädige Frau«, antwortete der Kommis, und mit ungewöhnlicher Schnelligkeit durchlief er den Gang zwischen dem Pult und den Stellagen, öffnete die verglaste Tür der hölzernen Zwischenwand und rief:

»Erlauben Sie, Chef, die gnädige Frau ist im Laden.« Der schmächtige Ehemann lief vor das Pult und brachte seiner stattlichen Ehefrau einen Stuhl, wobei er sie ehrfurchtsvoll begrüßte: »Wie geht es dir, Mariechen, das ist aber nett, daß du uns hier besuchen kommst.«
»Du hast ja nur im Kontor geschlafen«, ärgerte sich Frau Kološka, »du schläfst ständig und siehst nicht einmal, daß Herr Tauben faul auf dem Verkaufstisch sitzt und gähnt . . .«
»Aber erlauben Sie, gnädige Frau«, wehrte sich Herr Tauben.
»Nun, habe ich Sie nicht gesehen?« entfuhr es Frau Kološka, »Sie saßen auf dem Pult, haben nicht gearbeitet und gähnten. Jawohl, nach durchzechter Nacht gähnt man.«
»Ich war zu Hause, gnädige Frau«, verteidigte sich der Kommis.
»Haben Sie nicht eingefallene Augen?« donnerte die Ehefrau unseres Chefs, »kann man Ihnen etwa nicht ansehen, daß Sie die ganze Nacht durchgemacht haben?«
»Und damit bist du einverstanden?« wandte sie sich rasch ihrem Ehemann zu, »wozu bist du hier der Chef? Damit du solche Vergeudung junger Kräfte in Gasthäusern verbietest!«
»Das wird nicht wieder vorkommen«, antwortete Herr Kološka reumütig.
»Aber erlauben Sie, ich war nirgends gestern abend«, protestierte Herr Tauben, »ich habe gar kein Geld mehr.«

»Aha«, sagte Frau Kološka verärgert, »wenn Sie Geld haben, dann gehen Sie aus und bringen Ihr Geld durch, und darum ist es auch kein Wunder, daß Sie so mitgenommen aussehen.«
(Um die Wahrheit zu sagen, sah Herr Tauben noch fünf Minuten, bevor Frau Kološka kam, gesund und rosig aus.)
»Sie verjubeln nur Ihr Geld«, fuhr Frau Kološka fort, »und nach einer solchen Nacht können Sie dann die Kunden nicht gut bedienen.«
»Aber dir ist das ja egal, Kološka«, wandte sie sich ihrem Gatten zu, der in diesem Augenblick noch kleiner erschien als sonst, »wenn du nur in deinem Kontor schlafen kannst. Wenn ich nicht wäre, so hättest du schon vor zwanzig Jahren bankrott gemacht.«
»Wenn jemand kommt . . .«, versuchte Herr Kološka ängstlich dazwischenzureden.
»Wenn jemand kommt . . .«, grinste Frau Kološka. »Was hat dich damals gerettet? Meine fünfzehntausend von der Aussteuer, die halten dich immer noch über Wasser. Und wenn ich nicht außerdem auf dieses Geschäft aufpassen würde, wäre schon alles zu Ende. Und von all dem habe ich nichts. Die Bázovics haben eine Villa irgendwo bei Dobřichovice, dabei haben sie ein kleineres Einkommen als wir. Wie oft habe ich dir schon gesagt, daß du auch eine Villa bauen sollst, aber woher. Herr Kološka gönnt sich lieber selbst etwas. Um zehn Uhr kauft er sich ein Pilsener, ein Sardellchen, nachmittags Kaffee mit Schlagsahne, aber ob sich seine Frau auch etwas leisten kann, darum kümmert er

sich nicht, obwohl er genau weiß, wenn seine Frau nicht wäre, dann hätte er schon vor zwanzig Jahren bankrott gemacht. – Dann wäre es aus mit Pilsener und Sardellchen«, lärmte sie weiter, »dann gäb es keinen Kaffee mit Schlagsahne mehr. Und dann sollst du keinen Durst haben, wenn du Sardellen ißt. Aber komm du mir noch einmal damit, daß du abends das Dienstmädchen Bier holen schickst und dann, wenn sie fort ist, versuchst, mich zu umarmen. Da hätte ich mich von ganz anderen Leuten umarmen lassen können als von dir, Kološka! Und wenn nicht mein Vater gewesen wäre, bei dem du Schulden hattest, dann hätte ich dich niemals genommen. Und der arme Vater hat gedacht, daß er wenigstens auf diese Art wieder zu seinem Geld kommt. Dein Schwiegervater ist noch viel zu gut zu dir. Aber er ist es nur meinetwegen, weil er nicht möchte, daß ich, dein unglückliches Opfer, noch mehr unter Zank und Streitereien in der Familie leiden muß.
Jetzt will ich das Buch der Tagesausgaben für die letzte Woche sehen«, befahl sie, als sie wieder Atem holen konnte, »bring es mir sofort her!«
Herr Kološka verschwand hinter der Holzwand und kehrte nach einem Augenblick mit dem verlangten Gegenstand zurück.
Er legte das Buch ehrfurchtsvoll auf das Pult. Frau Kološka erhob sich von ihrem Stuhl, Herr Kološka schob den Stuhl näher zum Pult heran, seine Frau setzte sich wieder und begann, die einzelnen Belege der Tagesausgaben von der letzten Woche sehr aufmerksam zu prüfen.

Der Anblick, den Herr Kološka in diesem Augenblick bot, war reichlich jammervoll. Welch ein Unterschied zu seinem Auftreten, als er noch zu mir sagte: »Sie sind also ab heute mein neuer Lehrling.« Damals erschien er mir stolz und selbstbewußt, und jetzt zitterte er und wurde blaß und sah, an das Pult gelehnt, mit ungewöhnlich höflichem, bußfertigem Ausdruck, seiner Frau zu, wie sie die Belege prüfte, und mit jedem Beleg wurde sein Blick noch leidvoller.
Es schien mir, als versuchte er, mit seinem Ellbogen einen bestimmten Posten in dem Buch zu verdecken.
Beängstigende Stille. Man hörte das leise Ticken von Herrn Taubens Taschenuhr, und einen Augenblick glaubte ich sogar, Herrn Kološkas Herzschläge hören zu können.
Frau Kološka schob den Ellbogen ihres Mannes zur Seite und prüfte weiter einen Posten nach dem anderen.
»Was ist das hier?« stieß sie hervor, als ihr gestrenger Blick auf dem Platz verweilte, auf dem noch vor einem Augenblick der niedergeschlagene Mann seinen Ellbogen hatte.
»Was ist das? Hier steht: Verschiedene Ausgaben 23 Gulden fünfzig Kreuzer. Was sind das für verschiedene Ausgaben?« –
War der Anblick des Herrn Kološka vor einer Weile mehr oder weniger kläglich, so wurde er in diesem Augenblick noch mitleiderregender. Herr Kološka öffnete den Mund, als wolle er etwas sagen, das Wort blieb ihm jedoch im Halse stecken, unser Chef begann mit den Zähnen zu klappern, wie ein Mensch, der aus dem

warmen Wasser steigt und den plötzlich ein kalter Wind erfaßt.
Die flinken Augen der Frau Kološka hafteten streng auf seinem klappernden Gebiß, das etwa folgende Töne von sich gab: »Ta-ta-ta-ta-ta.«
»Was ist das?« donnerte Frau Kološka, »wofür sind diese 23 Gulden und fünfzig Kreuzer?«
Keine Antwort, nur das Gebiß des Herrn Kološka entließ mit einer unglaublichen Geschwindigkeit die zittrigen Töne: »Ta-ta-ta-ta-ta.«
»Erklärst du mir das, oder erklärst du mir das nicht?« fragte Frau Kološka.
»Für-für-für Sa-Sa-Sardellen, u-u-und Pi-Pi-Pil-s-ner Bi-Bi-Bier«, zitterte Herr Kološka, »u-u-und f-f-f-fü-für-für Sem-Sem-Semmeln u-u-u-und Ka-Ka-Ka-Kaffee.«
»Das kannst du mir nicht einreden«, schrie Frau Kološka, »du mußt irgendein Weib aushalten, der gibst du das Geld, und uns zu Hause bestiehlst du. Uns alle bestiehlst du.«
Herr Kološka atmete tief ein und sagte: »Das ist nicht wahr, Liebling – ich, ich gebe zu, ich habe deine alte Vase im Zimmer kaputtgemacht, ich mußte eine neue kaufen, damit du nicht dahinterkommst, und die neue habe ich an Stelle der alten hingestellt. . .«
Nach diesen Worten flog das Ausgabenbuch über den Kopf des Herrn Kološka in Richtung Kontor, sein Ziel verfehlend; der Stuhl am Pult wurde zur Seite geschoben, Frau Kološka, ganz rot im Gesicht, obwohl sie geschminkt war, ging zur Tür, dabei langsam und betont

den Satz sprechend: »Zum Mittagessen brauchst du nicht nach Hause zu kommen, und auf das Abendessen kannst du dich freuen!«

»Und dann wirst du sehen«, war ihr letztes Wort. Dann öffnete Frau Kološka mit einem Ruck die Tür. Die Glocke bimmelte, das Reklamemännchen an der Tür mit der Aufschrift »Herzlich willkommen!« verneigte automatisch seinen Kopf, und die Schleppe der Frau Kološka wirbelte den Straßenstaub auf, als wolle sie damit ihren Zorn unterstreichen.

Herr Kološka, so schien es, begann wieder tiefer zu atmen, wie ein Mensch, der in einem muffigen Raum eingesperrt war und nun wieder an die frische Luft tritt. Ernst und mit gebeugtem Kopf begab er sich hinter die hölzerne Wand, dabei sagte er nur, wieder in sein Prinzipalböhmisch verfallend: »Sie kennen doch das Sprichwort: ›Was man zu Hause kocht, das ißt man zu Hause‹, und falls Sie es nicht kennen, dann merken Sie sich das.«

Herr Kološka verschwand im Kontor, aus dem nach einigen Augenblicken seine Stimme erscholl: »Herr Tauben, kommen Sie!«

Als Herr Tauben vom Chef zurückkehrte, sagte er zu mir, wobei er lachte: »Der hat Angst. Er hat mich gefragt, ob ich nicht wüßte, in welchem Hotel er am besten ausschlafen könnte.«

Herr Tauben wurde ernst und sagte: »Da staunen Sie, junger Mann! Na ja, Acidum ist Acidum, und Acidum bedeutet Säure.«

Der erste, der jeden Tag in unserem Geschäft erschien, war Diener Brouček. Dieser wartete schon vor der Öffnung des Ladens auf der Straße und trat als erster ein mit dem Gruß: »Gott möge einen lieben schönen Morgen geben, für zwei Kreuzer einen Bitter.«
Aus Freundschaft haben wir ihm immer einen eingegossen, wobei er schmatzte, und wenn er das leere Glas wieder zurückgab, sagte er: »Es wärmt, das Zeug, Ihr solltet eine Destille aufmachen.«
Dieser Mann sagte mir, als er mich das erstemal sah: »Junge, halt dich nur gut, damit wir Freude an dir haben.«
Manchmal wartete auch ein dicker Polizist, der hier seine Runde machte, auf die Öffnung des Ladens. Dieser Herr, der eher durch seinen Umfang als durch seinen Säbel und Revolver Eindruck machte, salutierte, gleich nachdem er eingetreten war, und sagte: »Alles in Ordnung.«
Herr Tauben goß ihm ebenfalls ein Gläschen Bitter ein, natürlich umsonst, der dicke Wachtmeister trank es aus, salutierte und sagte noch einmal: »Alles in Ordnung!« Dann ging er wieder fort.
Der Diener Brouček stand noch eine Weile im Laden, wobei er normalerweise das Wetter vom vorigen Tag kommentierte: »Gestern regnete es«, oder: »An so einen schönen Tag wie gestern kann ich mich schon lange nicht mehr erinnern«, oder »Gestern war es aber kalt.«
Dann sagte er: »Dann macht es gut, ich bin euch zwei Kreuzer schuldig«, und ging ebenfalls fort.

Nach ihm erschien stets eine alte Jüdin, Frau Werner, die Inhaberin der Destille aus der Straße nebenan. Sie trug eine große Flasche, in der sie Tag für Tag sechs Liter reinen Alkohol kaufte.
»Um Gottes willen, Herr Tauben«, sagte sie, »überlegen Sie, bei uns haben sie gestern abend wieder gerauft, und wenn ich denke, daß ich in dem Ausschank allein bin, da habe ich Angst, daß man mich einmal erschlagen wird, wie sie das mit meinem seligen Mann gemacht haben.«
Und wenigstens einmal in der Woche, besonders wenn sonst noch jemand im Laden war, vergaß sie nicht, eine der üblichen Schnapsbudengeschichten zu erzählen, in denen der Schnapshersteller Dresche von den Betrunkenen bekommt, die er erst betrunken gemacht hat, und denen er dafür vielleicht ihr letztes Geld aus der Tasche gezogen hat.
»Und der Selige«, setzte sie mitleidig hinzu, »hatte so ein gutes Herz, ein goldenes Herz, er panschte nie mit dem Schnaps, und sie haben ihn, den Armen, wegen einer Fliege im Schnaps zu Tode gequält. Ja, ja, eine Fliege, was konnte er dafür?«
Und jeden Tag behauptete sie zänkisch, daß sie gestern in der Zeitung gelesen hätte, daß reiner Alkohol um zwei Kreuzer pro Liter billiger geworden wäre.
Nach ihr erschien die Hausmeisterin Pazderka, die ihre übliche Portion Kümmelschnaps trinken und gleichzeitig Herrn Taubens Träume deuten konnte, deren Deutung sie stets folgendermaßen beendete: »Ja, demnach wird man Sie bald aufs heilige Feld fahren.«

Herr Tauben, der gewitzte, erzählte ihr immer, daß er von weißen Pferden träume.
Nachdem dann Frau Pazderka vertraulich über die Gesundheit des Herrn Kološka, ihn selbst und Herrn Ferdinand Erkundigungen eingezogen hatte, begann sie meist, sich über das Benehmen der Hausmieter zu beschweren. Dann beschwerte sie sich bitter über den Lehrer, der ihren Franz gestern in der Schule wieder hat nachsitzen lassen.
Wenn sie wieder gegangen war, dann kam der rothaarige Franz, um vor dem Schulweg ein Stück Süßholz oder ein Glasröhrchen zu holen – letzteres brauchte er, wenn er mit Erbsen in der Schule schießen wollte –, und er sagte immer, daß es die Mutter bezahlen werde.
Dann kamen Frauen und Dienstmädchen auf dem Weg zum Markt, um alle möglichen Dinge bei uns zu kaufen: Mittel gegen Husten, gegen Heiserkeit, für und gegen Erbrechen, diätetische Mittel von den sanftesten bis zu den stärksten, verschiedene Salben, Waschschwämme, Bohnerwachs, Magentropfen, Gesichtspuder und andere kosmetische Mittel und vieles andere mehr.
Die Frauen versuchten zu feilschen, besonders die jungen. Frau Vogel, die Frau des Kürschners, holte Mottengift; eine ältere Frau, die stets sagte: »Aber schnell, schnell«, als ob die Motten während dieser fünf Minuten besonders viel Unheil anrichteten. Dann kam die junge Frau Kroupek, die Frau des Schlossers, die sich immer beschwerte, daß ihr Mann schlecht verdaue. »Kochen Sie ihm selbst, gnädige Frau«, sagte Herr

Tauben. »Ich koche ihm ja selbst«, antwortete ihm die junge Frau naiv.
Es kamen auch welche, die es darauf abgesehen hatten, sich mit Herrn Tauben zu streiten. Den ersten Platz darunter nahm Herr Křečan ein, der jeden Samstagmorgen erschien, wenn es am meisten Arbeit gab. Er arbeitete sich rücksichtslos mit den Ellbogen vor, bis er sich zum Pult durchgedrängelt hatte, und schrie: »Ihr habt mir das letztemal wieder Dreck gegeben. Das sollte Lindenblütentee sein? Reiner Straßenstaub war das! Nehmen Sie doch Rücksicht, ich kaufe schon so viele Jahre bei Ihnen. Das ist kein Geschäftsgebaren, mein Herr. Was sagen Sie dazu? – Nichts? So geben Sie mir für vierzig Kreuzer Lindentee, aber wenn es wieder lauter Staub ist, dann geh ich damit zum Magistrat.«
Dann zog er eine Tabatiere hervor, öffnete sie und sagte, sich über das Pult neigend: »Schnupfen Sie mal, Herr Tauben, damit Sie auch mal was haben.«
Wir nannten ihn den verrückten Herrn Křečan.
Vater Vlášek aus Böhmisch-Brod, der immer seinen Hut auf den Tisch legte und voller Ernst ein Stück Papier hervorzog, auf dem stand, was er für wen im Ort kaufen sollte, was für den Herrn Lehrer und was für den Herrn Pfarrer, kam jedesmal, wenn er nach Prag mußte, zu uns.
Dann reichte er seinen Einkaufszettel mit ernstem Gesicht Herrn Tauben und begann über die Feldarbeit zu erzählen: »Jetzt fangen wir hinter dem Wasser an zu mähen«, oder: »Wir werden jetzt eggen«, oder auch: »Der Weizen wird langsam gelb.« – »So, das ist alles«,

sagte er dann, wenn alle Waren, die er besorgen sollte, vor ihm auf dem Tisch lagen – »und für mich geben Sie ein Päckchen Kräuter für die Kühe.«
Ein häufiger Kunde war auch ein sehr großer Herr mit schwarzer Brille, von dem wir nur soviel wußten, daß er Direktor eines kleineren Waisenhauses war.
Der beugte sich immer über den Tisch und flüsterte Herrn Tauben zu: »Geben Sie mir ein halbes Kilo Quecksilbersalbe.«
Jawohl, Quecksilbersalbe! Bei Quecksilbersalbe muß ich immer an Biologieunterricht denken, ich sehe noch die Seite 213 aus der Naturgeschichte der Tiere vor mir, aus der ich im Gymnasium als kleiner Junge auswendig lernen mußte. »Flügellose Insekten: Die Kopflaus (pediculus capitis) ist graugelb und flügellos. Sie hat kurze Fühler und einen herausziehbaren Sauger, mit dem sie Blut saugt. Sie nistet sich auf dem Kopf ein, vorzugsweise bei Kindern.« Ich kann mich noch genau daran erinnern, wie unser Professor für Naturkunde diese Stelle mit der folgenden Bemerkung kommentierte: »Und dann schmieren sie den kleinen Kindern die Köpfe mit Quecksilbersalbe ein. Lacht nicht dahinten.«
Der arme Direktor des Waisenhauses! Wenn er nur gewußt hätte, daß wir an Stelle von Quecksilber das zwanzigmal billigere Graphitpulver hineintaten.
»Das ist gleich«, lachte Herr Tauben immer, nachdem der Herr Direktor gegangen war, »wenigstens werden die Waisen jetzt schwarze Köpfe haben, dann können sie Mohr spielen.«

Leute kamen ins Geschäft und gingen wieder fort, Alte, Junge, Herren, Damen, Fräulein und Kinder, lustig, wie der Gastwirt von der Kleinseite, der bei uns Nieswurz kaufte, den er in den Tabak mischte und seinen Gästen als großartigen Schnupftabak anbot, traurige Leute, wie der Herr Wagner, ein Pensionär, der stets Magentropfen und Magenkräuter kaufte, bis er sich seinen Magen völlig verdorben hatte, oder wie der blinde Josef, ein Greis, ein Bettler, der mit seinem Stock auf den Gehsteig klopfte und jeden Tag um neue Heilkräuter bat, welche er zu Hause verbrannte und über deren Rauch er seine blinden Augen neigte, in der Hoffnung, einmal auf ein Kraut zu stoßen, das nicht nur ihm, sondern auch anderen Blinden helfen würde. Es kamen junge Damen, um Parfüm und Puder zu kaufen, das sie errötend für verschiedene kosmetische Vorbereitungen verlangten, die der Haut nicht viel nützten, deren Gebrauch aber zum guten Ton gehörte.
Es kamen Geiger, um Kolophonium zu erstehen; verschiedene Gymnasiasten und Realschüler, begeistert für chemische Versuche, kauften Präparate, die sie vorsichtig forttrugen, zweimal in der Woche erschien die Hausmeisterin vom Nebenhaus, um Rattengift zu holen. Dienstmädchen besorgten unter Lachen scharfe Laugen, die sie der Wäsche zugaben, ohne daß ihre Herrschaft es wußte. Es erschien auch der Hauswart eines Gymnasiums, um verschiedene Behälter und Stoffe für chemische Versuche in der Schule zu holen. Er war sehr ängstlich und bat immer, ihm die Sachen gut einzupacken.

»Das würde mir gerade noch fehlen, daß es mich einmal in Stücke reißt«, sagte er, vorsichtig die bestellten Sachen in den Mantel steckend.
Der Briefträger kam, brachte Briefe und Preistafeln und bekam immer ein Gläschen von dem englischen Bitterschnaps.
Im Laden erschienen Vertreter der verschiedensten Firmen mit den Worten: »Darf es heute etwas sein? Wir haben billige Preise.«
Und jeden Freitag kamen die Bettler aus der Umgebung, einer nach dem andern, um den üblichen Kreuzer zu holen. Manchmal erschien auch ein reisender Geselle oder ein reisender Drogisten-Kommis, der um eine Unterstützung oder um Anstellung bat.
Und alle: die, die kamen und die, die fortgingen, bekannte und auch neue Gestalten, das war das Publikum des Ladens.

Auf den Boden ging man über Holztreppen, die sehr ausgetreten waren und auf denen jeder Schritt ein Geräusch verursachte, das an morgendliches Vogelgezwitscher erinnerte. Es war ein sehr zartes Knirschen und gleichzeitiges Pfeifen.
Diesem Geräusch nachzuhelfen, war eines der Spiele, mit denen sich der rothaarige Franz der Hausmeisterin die Langeweile vertrieb.
Als ich zum erstenmal auf den Boden ging, um auf Anordnung des Herrn Kološka unseren Diener zu suchen, der sich vor zwei Stunden in jene mir noch geheimnisvollen Höhen begeben hatte, um Kleie durchzusieben,

die Hauptbestandteil unserer Heilkräuter für das Vieh war, vergnügte sich der rothaarige Franz mitten auf der Treppe damit, auf einem Bein von Stufe zu Stufe hoch- und wieder herunterzuspringen, um dabei der Treppe jenes Zwitschern und Quieken zu entlocken.

Er erklärte mir sein Spiel mit der Bemerkung: »Jetzt springe ich schon eine halbe Stunde hier herum, und dieser alte Kerl im ersten Stock an der Treppe ist bald soweit, daß er verrückt wird. Dann wird er wieder herausgekrochen kommen.«

Und tatsächlich. Ich schaute dem rothaarigen Franz einen kurzen Augenblick bei seinen Spielchen zu, als sich oben die Wohnungstür öffnete und auf der Stiege ein alter Herr im Morgenmantel mit einem Rohrstock in der Hand erschien, und schrie: »Du Lümmel, verfluchter, ich werde dir gleich welche überziehen, gibst du bald Ruhe?!«

Der alte Herr stieg zwei Stiegen herab, dabei den Rohrstock schwenkend, und der rothaarige Franz sprang noch dreimal; dreimal gab dabei die Treppe ihr zartes, aber durchdringendes Knirschen von sich, und dann stob Franz schon die Treppen hinunter.

»Fangen Sie diesen Lümmel«, sagte der alte Herr zu mir, »oder lieber nicht, ich werde ihm schon noch das Fell gerben. Das hört sich ja an, als ob man mit einer Gabel über den Teller fährt.«

Der alte Herr mit dem Rohrstock kehrte wieder in seine Wohnung zurück, und ich setzte meinen Weg in die unbekannten oberen Gefilde fort.

Ich ging über den Flur des einstöckigen Hauses. Auf

dem Geländer war Wäsche zum Trocknen aufgehängt. Aus einem geöffneten Fenster war eine weibliche Stimme zu hören: »Das ist der neue Lehrling.«
Ich blickte nach unten in den Hof. Der rothaarige Franz kam gerade aus der Wohnung seiner Mutter zurück, die Hände in den Taschen.
Die Hausmeisterin stand in der Tür und schrie: »Der Herr Kanzlist soll dich nur anfassen, dann werde ich es ihm schon zeigen.«
Der rothaarige Franz ging wieder auf die Treppe zu, und nach einer Weile war wieder das bekannte Quietschen und Zwitschern der alten hölzernen Stiege zu hören.
Ich kam bis zum Ende vom Flur und stieg weiter über Treppen bis zum Boden. In dem Treppengang, in dem sich die Stiegen bis zu diesem höchsten Teil des Hauses zogen, fiel mir eine Inschrift auf, die mit schwarzer Kohle auf den schmutzigen Putz gekritzelt war:
»Der Lehrling Josef Kadlec war hier am 29. Februar das letzte Mal vor seiner Abfahrt nach Kladno, wo er die Lehre beenden wird. Ich hatte es hier gut.«
Unter dieser Inschrift stand mit einer weniger ausgeschriebenen Hand: »Der Lehrling Josef Kadlec war ein Spitzel und ein Esel. Ferdinand.«
Unter diesem Kommentar des Herrn Ferdinand waren recht kunstvoll ein Krug und Spielkarten gezeichnet mit dem schriftlichen Bekenntnis: »Das ist das Beste.«
Ich stellte fest, daß es die Handschrift des Herrn Tauben war.
Auf die andere Seite war ein großes Faß mit einem häß-

lichen Männchen gemalt, darunter stand: »Dem Radix genügt Malaga.«
Ein Stückchen weiter, fast an der Tür des Bodens, prangte ein mit blauer Kreide geschriebener Satz: »Herr Ferdinand steigt der Hausmeisterin nach.«
Die spaßigen Inschriften endeten mit einer Aufschrift auf der Tür, die sorgfältig mit schwarzem Spirituslack ausgeführt war: »Boden der Drogerie.«
Die Tür war angelehnt, und als ich sie öffnete, umhüllte mich ein überwältigender Duft von getrockneten Kräutern, und an meine Ohren drang ohrenbetäubendes Schnarchen.
Das Halbdunkel des Bodens wirkte unheimlich auf mein Gemüt. Ich trat rechts durch eine Tür ein, die offen stand und deren riesiges Schloß, das unverschlossen am Riegel hing, an ein Gefängnistor erinnerte.
Durch die Dachluken drang nur schwaches Licht ein, das eine lange Reihe von Fässern mit verstaubten Deckeln, die in ihrem Inneren Kräuter aller Arten bargen, matt beleuchtete.
Den Fässern entströmte ein betäubender Duft. Sie standen an den Wänden aufgereiht, und mittendurch führte ein Weg, auf dem leere Flaschen, Stroh der Gläserkisten und dazwischen Häufchen verschiedener Drogen herumlagen, hier und da konnte man Glassplitter sehen.
Unter den Fässern fielen auf den ersten Blick die längeren Fässer, in denen pulverisierte Farben waren, auf, Fässer mit gelbem und braunem Ocker, mit roter Erdfarbe, deren Umgebung entsprechend eingefärbt war.

Mehrere Fässer waren umgeworfen, ihr Inhalt bildete ein ziemliches Durcheinander auf dem Ziegelpflaster des Bodens, ein Gemisch, das sich aus Farben, Chemikalien und getrockneten Kräutern zusammensetzte. In diesem ersten Raum gab es weiterhin Kisten mit unordentlich geschlossenen Deckeln, in denen Alaun- und Salpeterkristalle und andere Salze glitzerten.

In einer Ecke fiel ein schmales Lichtband auf große Stücke groben Steinsalzes, die in Regenbogenfarben glänzten.

In dem Durcheinander auf dem Fußboden lagen noch Siebe und große Porzellanschüsseln, in denen die Farben gerieben wurden. Zwischen den Kisten leuchteten Blechkanister mit Öl, Steingefäße mit Säuren, die mit Tonstopfen verschlossen waren, außerdem ein Gefäß mit Salpetersäure, dem kleine Rauchwölkchen entstiegen, die zum Husten zwangen.

In diesem scharfriechenden Bereich entströmte einem gläsernen Ballon, einem großen Hektoliterbehälter, Salmiakgeist, und daneben reizte in einem offenen Faß weißer Chlorkalk die Atemwege.

Die Augen gewöhnten sich langsam an das Halbdunkel, und ich bemerkte, daß ich an einer Leiter stand. Meine Aufgabe war es, wie ich schon zu Anfang betonte, den Herrn Ferdinand zu suchen, aber diese Arbeit war sehr schwierig.

Gleich als ich den Boden betreten hatte, hörte ich das Schnarchen. Jenes Schnarchen war ein untrügliches Zeichen für die Anwesenheit unseres Hausdieners. Ich versuchte, mich an dem Schnarchen zu orientieren, aber das war gar nicht so einfach. Mir schien, als hörte ich: »Kchu-pu-Kchu-puu-Kchu-pu«, bald aus dieser, bald aus jener Ecke. »Herr Ferdinand«, rief ich nach allen Seiten, »Sie sollen die Kleie nach unten bringen.« Aber ich bekam keine Antwort, dafür hörte ich ein gedämpftes Schnarchen: »Kchu-pu, Kchu-pu«, das über den Boden hallte und meine Bemühung, den schlafenden Herrn Ferdinand zu finden, durcheinanderbrachte.

»Herr Ferdinand«, schrie ich, »Sie sind schon zwei Stunden hier, Sie sollen die gesiebte Kleie nach unten bringen!« Wiederum keine Antwort, nur ein nasal geblasenes »Pfu-pfu-fu«.

Ich kletterte über die Leiter in den zweiten Teil des Bodens, entschlossen, auch hier nachzuforschen.

Gleich unter dem Dachstuhl waren Bretter auf die Balken gelegt worden, und auf diesen Brettern befanden sich Säcke voll getrockneter Kräuter, die bei jedem Schritt raschelten.

Hier gab es auch besseres Licht. Ich sah mich um.

Im ersten Augenblick glaubte ich, den schlafenden Herrn Ferdinand links hinter dem Wall prall gefüllter Säcke entdeckt zu haben. Aber als ich über diesen Wall geklettert war, bemerkte ich, daß sich dahinter nur ein leerer Raum befand.

Ich begann also auf der rechten Seite nachzuforschen, und dort schlief tatsächlich der Herr Ferdinand. Er hatte sich auf Rosen gebettet.

Im wahrsten Sinne des Wortes auf einem Berg getrockneter Rosen. Er lag bequem ausgestreckt, über das Ge-

sicht seinen Mantel gebreitet, der das Schnarchen dämpfte.
»Herr Ferdinand«, weckte ich ihn, wobei ich ihn an einem Bein zog, »Sie sollen die gesiebte Kleie nach unten bringen!«
Nach dem dritten Versuch wachte Herr Ferdinand auf, zog den Mantel vom Kopf, stützte sich halb auf, gähnte und sagte dann: »Sie sind das, junger Mann? Für fünf Minuten habe ich ein Nickerchen gemacht.«
»Sie sollen die gesiebte Kleie nach unten bringen«, sagte ich, »Sie sind schon zwei Stunden hier.«
»Wie, Kleie?« erschrak Herr Ferdinand, »die habe ich ganz vergessen. Da gehe ich nur fünf Minuten ein Nikkerchen machen und verschlafe. Ja, ein abgerackerter Mensch. Also dann. Jetzt muß ich die Kleie durchsieben.«
Herr Ferdinand zog seinen Mantel an, sprang hoch und sagte: »Hier schläft man gut, wenn ich die Leiter zu mir nach oben gezogen hätte, dann hätten Sie mich überhaupt nicht gefunden.«
Als wir von der Leiter hinabstiegen, wandte sich Herr Ferdinand auf der letzten Sprosse um und sagte mit weicher Stimme: »Aber im Sommer erst, wenn die alten Weiber frische Kräuter bringen, da kann man dann noch viel besser hier schlafen. Das ist wie auf dem Lande im frischen Heu. Man streckt sich darin aus und schnarcht. Aber unserem Alten sagen Sie, daß ich Nasenbluten hatte, daß ich damit nicht fertig wurde.«
Als ich den Boden verließ, vergnügte sich der rothaarige Franz noch immer mit der alten Stiege.

»Was soll ich sagen, wann Sie kommen werden?« kehrte ich noch einmal in das Halbdunkel des Bodens zurück.
»Wenn ich fertig bin«, antwortete Herr Ferdinand. Seine Stimme kam von oben. Ich sah nach, von wo er sprach, und erblickte Herrn Ferdinand, wie er auf der Leiter zu seinem alten Platz hinaufstieg, wo er sich auf Rosen gebettet hatte.

So lernte ich also langsam den ganzen Betrieb kennen. Ich kannte bereits den Keller und den Boden der Drogerie, das Lager hinter dem Laden mit dem Gewölbe, den Schuppen auf dem Hof, in dem Herr Ferdinand die Gewürze zerstieß und wo außer dem großen Mörser mit dem schweren Klöppel noch der Handwagen untergestellt war, der von Zeit zu Zeit seine Farbe wechselte, weil ihn Herr Ferdinand des öfteren neu anstrich. Dieser Wagen, mit dem er verschiedene Waren holte oder fortbrachte, war sein ganzer Stolz. Kein anderer Hausdiener konnte mit so einem schön zurechtgemachten Wagen renommieren, dessen Räder, Rahmen, kurz und gut, dessen ganzes Äußere so wundervoll mit lebhaften Farben gestrichen war, mal blau, mal rot oder auch grün. Obwohl jeder, der den Wagen sah, ihn eilfertig bewunderte, gab sich Herr Ferdinand nicht zufrieden. Ununterbrochen bastelte er daran herum und strich ihn mit neuen Farben, das tat er immer in den Samstagnachmittagstunden, weil dann der Wagen über Nacht und den Sonntag über ordentlich trocknete. Und am Montag, wenn er dann losfuhr, konnten alle sein Wägelchen bewundern, das in neuen Farben glänzte, häufig in gewagten Farbkombinationen, wie sie bisher noch nirgends zum Streichen von Wagen benutzt worden waren.

So sah man zum Beispiel den Wagen einmal in Regenbogenfarben, die Sprossen waren in einer blutigen roten Farbe gehalten, in die Streifen von grün und blau eingezogen waren.

Ein andermal waren die Sprossen mit Bronze gestrichen, und der übrige Wagen war schwarz und mit gelben und weißen Streifen versehen. Einen Montag darauf sah der Wagen dann wieder völlig anders aus: mit braunen und weißen Zickzackschlangen bemalt und gelben Rädern mit schwarzen Streifen.

Diese kühnen Kombinationen, dieses Erfinden von ständig neuen Farbmischungen, das konnte einzig allein nur hinter der hohen Stirn im Kopf des Herrn Ferdinand entstehen.

Herr Ferdinand liebte seinen Wagen mit väterlicher Liebe. Seinen Wagen zu beleidigen, bedeutete, sich Herrn Ferdinand für immer zum Feind zu machen.

Als der schielende Venca, ein Schlachtergeselle aus dem Haus, es einst wagte, in dem Ausschank zu sagen, daß der Wagen wie ein bemalter Indianer aussähe, wandte Herr Ferdinand seinen beliebten Spruch »Fürs Maul aufs Maul« an und wandelte sofort die Worte in Taten um.

»Ich werde dir einen bemalten Indianer geben, du alter Schieler«, das war bis auf den Hof zu hören.

Seit der Zeit waren die zwei eingefleischte Feinde, die

ihrer Feindschaft mit Blicken und auch mit Worten Ausdruck gaben.
Der schielende Venca hätte vielleicht Frieden geschlossen; zumindest damals, als Herr Ferdinand in dem Ausschank mehrere seiner Bekannten mit Zweilitermaßen bewirtete, da kam er zu ihm und sagte: »Sind Sie mir noch böse, Herr Ferdinand?«
Herr Ferdinand ließ damals nur kurz vernehmen: »Für immer, du Schieler.« Und als die Zweilitermaße vorbeikamen, ließ er die Worte fallen: »Dem Schieler nichts!« So unversöhnlich war er gegen jeden, der etwas Schlechtes über seinen schönen Wagen sagte.
Und wie sorgfältig prüfte er jeden Abend, ob der Schuppen, in dem sein Wagen ausruhte, gut verschlossen war. Oft, als ob er es nicht glaubte, kehrte er noch einmal zurück und überprüfte das Schloß.
»Gute Nacht, Wagen«, sagte er immer. Und am Morgen war sein erster Weg zum Schuppen, um sich zu vergewissern, daß man nicht in der Nacht seinen Wagen gestohlen hatte. »Guten Morgen, Wagen«, sagte er dann, »ich bin wieder hier. Die Plackerei geht wieder los.«
Der Wagen war sein Freund auf allen Wegen. Es war eine Freude, den Herrn Ferdinand zu sehen, wie er den Wagen zog, dabei mit ernstem Gesicht die Porzellanpfeife rauchte.
Wenn er manchmal in einem Gasthaus am Wege hielt, war es rührend zu sehen, wie er mit väterlicher Sorgfalt seinen Wagen auf der Straße beobachtete, wie er ständig seinen Blick durch das Fenster auf den Wagen richtete,

wie er zusammenfuhr, wenn sich eine verdächtige Person seinem Schützling näherte.

Dieser buntbemalte Wagen brachte ihm Ruhm und auch Gewinn. Auf ihm fuhr er von der Bahn oder aus den Lagerräumen großer Firmen verschiedene Waren, er schob ihn geschickt über die städtische Lebensmittel-Zollgrenze, und das Geld, das für die darauf geladenen Waren wie Wein, Alkohol und ähnliches der Stadt zufallen sollte, diese Steuern gingen in seine Tasche.

Er benutzte dabei verschiedene Tricks, um den forschenden Blicken der Bediensteten des städtischen Lebensmittelzolls zu entgehen; seine gewöhnliche Taktik war es, mit seinem Wagen rasch zwischen zwei anderen Wagen über die Zollinie zu fahren.

Dazu braucht man natürlich Begabung. Ein Talent, das man haben muß, bei dem es darauf ankommt, die passende Gelegenheit abzuwarten, Gedrängel und Durcheinander auf den Straßen auszunutzen und die richtigen Straßen auszusuchen. Schnell fahrende Kutschen konnte er nicht ausnutzen. Besser war es, schwere Lastwagen abzuwarten, dann genau in dem Augenblick mit dem Wagen anzukommen, wenn diese sich über die Zollinie nach der Verzollung in Bewegung setzten.

Er mußte geschickt mitten in den Straßenverkehr gelangen, sich zwischen den anderen Wagen vor den Blikken der Bediensteten verstecken und vorsichtig, in einem bestimmten Tempo, erst langsam und dann immer schneller werdend, zur Flucht ansetzen. Er schob seinen Wagen im Laufen, die vorbeikommenden Fußgänger sahen, wie die Fässer, und was er sonst geladen hat-

te, auf seinem Wagen herumsprangen, der buntbemalte Wagen stob nur so an ihnen vorbei.
Herr Ferdinand bog dann in kleine Gassen ein und dort, weiter vom Verkehr entfernt, ließ er im Tempo nach, bis er seine Last wieder langsam und gesetzt schieben konnte, dabei ruhig aus seiner Porzellanpfeife rauchend, hin und wieder anhaltend, um sich den Schweiß von der Stirn zu wischen oder um zu überlegen, um wieviel Geld er eigentlich die städtische Zollverwaltung zu seinem Nutzen betrogen hatte.
Dann steckte er das Geld, das er mit seinem bewundernswerten Talent erkämpft hatte, in das Portemonnaie, um es gleich darauf in irgendeinem Gasthaus, an dem er gerade vorbeifuhr, wieder auszugeben.
Und da saß er dann in der Nähe der Tür und blickte dankbar zu seinem Wagen am Gehsteig hinüber, der ihn nicht enttäuscht hatte. Denn, was wäre geschehen, wenn gerade in dem entscheidenden Augenblick, wenn er, durch die anderen Fahrzeuge gedeckt, die Zollinie überschritt, plötzlich die Wagenräder gestreikt hätten, was, wenn die Achse des Wagens, die sorgfältig blank geputzt war, sich plötzlich verbogen hätte?
Nein, der Wagen würde ihn nicht enttäuschen! Aber einmal geschah es dann doch. Herr Ferdinand kehrte eines Abends mit Wagen und Ware zurück. Aber wie sah der Wagen aus! Er war mit Dreck bespritzt, die Räder ebenfalls voller Schmutz, die bunte Farbe war völlig von Schmutz überzogen.
Auch Herr Ferdinand war blaß und so schmutzig, als ob er sich absichtlich mit dem Wagen die tiefsten Pfüt-

zen ausgesucht hätte. Wir sahen seinen Wagen zum erstenmal in einem solchen Zustand. Und die Überraschung wuchs. Herr Ferdinand lud die Ware ab und schloß ihn ungeputzt im Schuppen ein. Er schob ihn dort ganz grob hinein.

Und vor Ladenschluß ging er nicht wie gewöhnlich nachsehen, ob das Schloß auch wirklich zu sei, er sagte nicht: »Gute Nacht, Wagen«, aber dafür sagte er zu Herrn Tauben, wobei er ihm einen gelben Zettel zeigte: »Da haben sie mich also zum erstenmal erwischt. Ich bin gerade über die Linie gefahren, als das Aas von Wagen nicht von der Stelle konnte. Die Räder waren blokkiert. Da habe ich ihm in einer Pfütze die Farbe verdorben.«

Und Herr Ferdinand hat nie wieder seinen Handwagen mit neuen bunten Farben gestrichen.

Eines Tages um die Mittagszeit sprachen wir über den Schwiegervater des Herrn Kološka. Herr Kološka war zum Mittagessen gegangen, in den Laden kam niemand, Herr Tauben saß auf dem Pult mit dem Rücken zur Tür gewandt auf der einen Ecke, und auf der andern saß der Herr Ferdinand. Das war immer die Zeit, in der wir uns am besten unterhalten konnten.

»Mit seinem Schwiegervater mußte der Radix schon etwas durchmachen«, sagte plötzlich Herr Tauben, wobei er sich eine Zigarette ansteckte.

»Hätte er eine Schwiegermutter, da müßte er nicht soviel durchmachen«, sagte wahrheitsgemäß Herr Ferdinand, »man sagt zwar, daß die Weiber böse Zungen ha-

ben, aber wenn sein Schwiegervater erstmal zu reden anfängt, dann ist es wirklich schlimm.«
»Und je älter sein Schwiegervater wird, um so schlimmer«, sagte Herr Tauben. »Unlängst erzählte der Radix einem Bekannten, daß sein Schwiegervater glaubt, er hätte die Konzession zum Verkaufen von Giften nur aus dem Grunde beantragt, um dann den Schwiegervater umbringen zu können. Und wenn er eine Medizin braucht, dann läßt er sie in der Apotheke machen und nicht bei uns. Wenn der Radix nach Hause kommt, dann untersucht er seinen Mantel, ob er nicht darin ein Gift versteckt hat. Das ist eine verzwickte Sache, Herr Ferdinand, so einen Schwiegervater zu haben.«
»Sehr traurig ist das, Herr Tauben«, sagte Herr Ferdinand, »schon sehr traurig, wenn ein Schwiegervater am Abend den Schuh nach seinem Schwiegersohn wirft. Das ist erst vor kurzem passiert. Das hat mir das Dienstmädchen erzählt. Nur, den Radix hat er nicht getroffen. Sie wissen ja, ein alter Mann, dem die Hand zittert. Aber dieser Mut, Herr Tauben, diesen Mut zu haben, da muß man schon ein böser Mensch sein. Und jetzt bedenken Sie, daß der Radix sich nicht mucken darf, weil er zu Hause das Acidum hat. Die Frau böse, der Schwiegervater böse. Jeder von ihnen wütend, das, Herr Tauben, das ist eine große Prüfung.«
»Und immerzu, Herr Ferdinand«, sagte Herr Tauben, »hält der Schwiegervater dem Schwiegersohn vor, daß er Geld für das Geschäft gegeben hat. Herr Ferdinand, wissen Sie, wie es dazu kam, daß sich der Radix das Acidum nahm?«

»So genau weiß ich es nicht mehr«, sagte der Hausdiener, »die Böttchersfrau Kroup sagt, daß sie den Radix mal in ein Zimmer eingeschlossen haben sollen und ihn dann zwangen, um die Hand der Tochter zu bitten.«

»Das ist nicht ganz die Wahrheit, Herr Ferdinand«, sagte der Kommis, »das ist so passiert. Der Radix hatte schon als Junggeselle dieses Geschäft, und sein jetziger Schwiegervater Vaňous hatte damals einen Großhandel mit Drogistenbedarf. Aber damals kaufte der Radix zum Frühstück nicht nur eine Sardelle, eine Semmel und ein Glas Bier. Damals schmauste er. Im Laden schmauste er, und wenn er abends den Laden schloß, so ging er wieder schmausen. Er ging als junger, lediger Mann von einem Vergnügen zum andern, er zahlte für andere und verschuldete das Geschäft immer mehr. Der Radix gab das Geld für die Waren aus, die er auf Kredit von dem Betrieb des jetzigen Schwiegervaters erhalten hatte. Er zahlte ihm nichts und nahm immer mehr Waren von ihm. Der ermahnte ihn ständig, und eines Tages ging der Radix, um Herrn Vaňous um Aufschub zu bitten. Er ging direkt in die Wohnung, und dort sah er zum erstenmal seine jetzige Frau, das Acidum. Der alte Kraus, Herr Ferdinand, Sie wissen doch, der vor Ihnen hier war, der sagte, als der Radix jung war, sei er ein schöner Mensch gewesen, und daß er sich gut um die Weiber drehen und wenden konnte, und daß er eine gute Aussprache hatte. So geschah es, daß er damals dem Herrn Vaňous gefiel, und Herr Vaňous entschuldigte sich, daß er den Radix gemahnt hatte. Er lud ihn sogar ein, ihn wieder zu besuchen. Nun, und der Radix

ging einige Zeit bei Herrn Vaňous zu Besuch und nahm dabei von seinem Lager weiter Waren auf Kredit. Und zahlte nichts. Als seine Schulden zu einer Riesensumme angewachsen waren, hörte der Radix mit den Besuchen auf, und es versteht sich, daß Herrn Vaňous das aufbrachte und er ihm einen Brief schrieb, er würde alles dem Gericht übergeben, damit dieses über Kološkas Geschäft Konkurs ausspräche. Der alte Kraus erzählte, wie damals der Radix sagte: ›Morgen gehe ich hin und beende das Ganze. Was hilft es, Kraus, wenn der Herr Vaňous Konkurs beantragt, dann wird man das Geschäft verkaufen, und ich muß von neuem anfangen.‹ Der alte Kraus erzählte auch, wie ihm der Radix seinen Besuch bei Herrn Vaňous beschrieb. ›Ich hatte Angst‹, erzählte ihm der Radix, ›als ich über die Stufen zu Vaňous' Wohnung ging, zitterten mir die Beine, und in meinem Körper kribbelte es, als ob elektrischer Strom darin wäre. Ich ging ohne Geld, ohne jede Hoffnung, daß sich Herr Vaňous erbarmte und es nicht vors Gericht brächte. Ich kam also an, und der Herr Vaňous sagte: ›So, wir gehen dort hinein.‹ Er führte mich in ein Zimmer, er schloß das Zimmer ab und legte los: ›Mensch, Sie haben ja nichts. Sie sind ein Betrüger, Sie geben das Geld aus, Sie nehmen die Waren von mir auf Kredit, ich höre nur Versprechungen und sehe nie Geld.‹
›Haben Sie Erbarmen‹, sagte ich, ›ich werde mich bessern.‹ ›Papperlapapp‹, schrie Herr Vaňous mich an, ›so komme ich niemals zu meinem Geld.‹ – Er ging aufgeregt im Zimmer auf und ab und auf einmal wandte er

sich um und sagte: ›Herr Kološka! Haben Sie noch woanders Schulden?‹ – ›Ja! In Aussig!‹ – ›Wieviel?‹ – ›Ungefähr 500 Gulden.‹ – Da hätten Sie den Herrn Vaňous sehen sollen, wie er im Zimmer auf und ab lief und dabei schrie: ›So komme ich niemals zu meinem Geld, so komme ich niemals zu meinem Geld.‹ Auf einmal hatte er sich etwas beruhigt und fragte: ›Ich dachte, daß Sie ein ehrlicher Mensch sind. Kamen Sie wegen meiner Tochter zu Besuch, oder wollten Sie mich um den Finger wickeln, damit ich Ihnen weiter Waren auf Kredit gebe?‹ – Ich war völlig überrascht. An seine Tochter hatte ich überhaupt nicht gedacht. Aber in dieser Situation log ich, um ihn um den Finger zu wickeln, und sagte: ›Ihres Fräulein Tochter wegen, Herr Vaňous.‹ Über das, was dann kam, konnte ich mich nur noch wundern. Herr Vaňous schloß die Tür auf und rief seine Tochter. Als sie kam, sagte er zu ihr: ›Marie, Herr Kološka hat gerade um deine Hand angehalten, ich habe nichts dagegen, wenn du damit einverstanden bist.‹ – Und ehe ich zu mir kommen konnte, da umarmt sie mich, und zwar so, daß ich dachte, dieses Weib zerdrückt mich.‹ Der alte Kraus, Herr Ferdinand, der sagte, daß er so erstaunt war, als der Radix dies am zweiten Tag erzählte, daß er den Mund aufgesperrt hätte und ihn eine Viertelstunde geöffnet hielt. So ist es gewesen, Herr Ferdinand. An diesem Tag kam der Radix zur Frau, zum Schwiegervater, und sein Schwiegervater dachte, daß er damit zu seinem Geld kommt.«

»Das ist ja schrecklich«, seufzte Herr Ferdinand, »an diesem Tag hat sich der Radix sein ganzes Leben verdorben. Das ist eine schreckliche Sache, so einen Schwiegervater zu haben.«

»Schwiegermütter sind heutzutage nicht mehr so schlimm«, überlegte Herr Tauben, »und jede Schwiegermutter ist gegen den alten Vaňous ein Lämmchen. Einmal um die Mittagszeit kam ich zum Radix nach Hause: Der Schwiegervater saß mit der Brille neben dem Radix und paßte auf, daß der Radix nicht eine zweite Portion nimmt. Es gab damals saftigen Braten, den der Radix gern ißt, und er machte so einen zaghaften Versuch, noch ein Stück zu nehmen. Der Schwiegervater bemerkte es und begann zu schimpfen: ›Gibst du es zurück? Haben wir dir nicht eine große Portion gegeben, du hast doch noch einen Kloß auf dem Teller? Er will sich noch ein Stück nehmen. Hinter guten Sachen ist er her, wie ein Foxterrier hinter den Ratten, eine Woche nichts zu essen, damit könnten wir dich bestrafen.‹«

»Am Sonntag muß er dem Schwiegervater den ganzen Nachmittag aus der Zeitung vorlesen«, bemerkte der Herr Ferdinand, »seine Frau geht inzwischen spazieren oder irgendwohin zu Besuch.«

»Der Schwiegervater geht mit dem Radix schlecht um«, sagte Herr Tauben, »wenn er sich über ihn ärgert, dann schließt er ihm die Tabakspfeife in seinen Schrank ein, und der Radix darf zum Beispiel eine Woche nicht rauchen. Der Schwiegervater hat ihm auch schon ein paar Tabakspfeifen kaputtgemacht.«

»Und vom Radix«, sagte der Hausdiener, »erzählte das Hausmädchen, daß er einmal am Abend in Gedanken

verloren nach Hause kam und grüßte: ›Guten Morgen.‹ ›Wiederhol' das noch einmal‹, meldete sich der Schwiegervater. Der Radix erschrak, und voller Schrecken stotterte er: ›Guten Morgen, Vater.‹ Der Schwiegervater erwischte eine lange Tabakspfeife und zog ihm mehrmals damit eins über den Rücken. ›Ich werde es dir geben, alte Leute lächerlich zu machen. So ein Lausebengel‹, regte sich der Schwiegervater auf, ›am Abend wünscht er guten Morgen.‹«
»Daß er geschlagen wird, ist eine sichere Sache«, sagte der Kommis, »für ihn ist es eine Prüfung, und eine sehr böse Prüfung.«
»Und als sich der Radix unten im Garten die Bäumchen setzen ließ«, sagte der Hausdiener, »da hat sie ihm der Schwiegervater abgesägt, ich glaube, daß der Radix gar nicht mehr erwarten kann –«
»Was meinen Sie, Herr Ferdinand?« fragte Herr Tauben.
»Nun, daß wir eines Nachmittags den Laden schließen werden und den Zettel aushängen, den Radix schon vor zwei Jahren malen ließ, als der Schwiegervater so schwer erkrankt war«, antwortete Herr Ferdinand.
»Aha«, sagte Herr Tauben, »Sie meinen dieses: Wegen Begräbnis ist das Geschäft heute geschlossen.«
»Ja, das meine ich«, sagte der Hausdiener.
Das Gespräch wurde durch den Eintritt irgendeines Herrn in den Laden beendet, der ein Mittel gegen Zahnschmerzen verlangte . . .

Ich redigierte die Provinzzeitschrift »Unabhängigkeit«. Nach der Erfahrung, die ich mit jenem Blatt machte, weiß ich mit Sicherheit folgendes: Sobald eine Zeitschrift den Titel »Unabhängigkeit« trägt, bedeutet das, daß sich mehrere wohlhabende Menschen zusammengetan haben, die den Drang verspürten, andere zu beschimpfen, und zu diesem Zweck eine Zeitschrift gründeten.

Viel Arbeit hatte ich bei diesem Blatt nicht, denn die Herausgeber überschütteten mich mit Artikeln, die ich nur für den Druck redigieren mußte. Vor allem waren der dortige Apotheker, der mir mein Gehalt bezahlte, dann zwei Händler mit Gemischtwaren und ein Viehhändler eifrige Schreiber. Sie wetterten gegen das Rathaus mit unglaublichem Elan.

Die meisten Beiträge brachte der Viehhändler. Er fand Gefallen an Erklärungen, die zwar unvollständig und mitunter unzusammenhängend waren, aber derart deftig, daß ich manchmal gezwungen war, halbe Seiten zu streichen.

Er schrieb zum Beispiel einmal einen »Brief aus der Stadt«, wie er es nannte.

»Das ist gegen das Rathaus, besonders gegen den Bürgermeister«, sagte er, wobei er eine Virginia-Zigarre aus der Tasche zog. Das war eine Angewohnheit. Mit dieser Virginia versuchte er, mich irgendwie zu bestechen.

Die Überschrift des Artikels lautete: *»Ich kenne dich, du hinkender Satan!«*
»Na, Sie wissen doch, daß er hinkt«, sagte er, »den Bürgermeister nennt man ja auch Hinker.«
Der Brief war also gegen den Bürgermeister gerichtet. Und im folgenden wurde er auch mit vollem Namen genannt. Dort stand: »Wer war dagegen, das Stück der städtischen Wiese Herrn Jedlička zu verkaufen? Warum hat man das Stück dem zugewanderten Mejstřík verkauft? Man sagt, daß sich immer zwei SCHW. . . . finden, und so fielen sich der Herr Bürgermeister und Herr Mejstřík in die Arme.«
»Dieses SCHW und die vier Punkte, das streiche ich, Herr Jedlička.«
»Was fällt Ihnen ein, Herr Redakteur, das SCHW, wenn dahinter die Punkte sind, ist ja gerade effektvoll, das hat Schwung. Und jeder weiß gleich, daß dieses SCHW mit den Punkten dahinter ein furchtbares Schwein bedeutet, und sie werden dann über den Mejstřík und über den Bürgermeister lachen. Später kommt die Abkürzung SCHW nochmal vor und dahinter stehen acht Punkte, das bedeutet nicht Schwein, sondern Schweinekerl, du Schweinekerl Bürgermeister! Die Abkürzung O mit vier Punkten bedeutet Ochse, das wird jeder Leser gleich erraten können. Das alles dürfen Sie auf keinen Fall streichen.«
Vergeblich versuchte ich ihm zu erklären, daß in dem Blatt weder ein SCHW, ein O noch die übrigen voll ausgeschriebenen Beleidigungen erscheinen dürften. Herr Jedlička blieb unerbittlich darauf bestehen, daß

darüber die Herausgeber des Blattes beraten müßten und wir am Abend beim Herrn Apotheker zusammenkommen sollten.
An diesem Abend begann ein erbitterter Kampf in der Wohnung des Herrn Apothekers darüber, ob das SCHW mit den Punkten und die übrigen Abkürzungen bewirken könnten, die Rathausclique zu stürzen.
Ich sagte, daß ich als verantwortlicher Redakteur, wenn ich es zum Abdruck brächte, vor die Geschworenen käme und eingesperrt würde.
Herr Skorkovský, einer der Herausgeber, begann über Barák und Gregr zu sprechen. Die hätten wegen ihrer Zeitungen im Kerker gesessen, und es wäre nur eine Ehre.
Der Herr Apotheker teilte meine Ansicht. Er sagte, er wäre für eine scharfe Art des Schreibens, aber daß der Artikel des Herrn Jedlička doch ein wenig zu scharf wäre und daß es notwendig sei, wenigstens die Beleidigungen auszustreichen.
»Wenn dort nicht Schwein, Schweinekerl und Ochse steht«, rief Herr Jedlička aus, »wird der Artikel viel von seiner Wirkung verlieren.«
Herr Skorkovský und auch Herr Pavlousek standen ihm bei.
Wenn uns ein Uneingeweihter gehört hätte, so hätte er sich sicherlich gewundert, warum gerade aus der Wohnung des Apothekers ununterbrochen die Worte »Schwein«, »Schweinekerl«, »Ochse« zu hören waren.
Ich sprach wie ein Engel über die Anständigkeit der Presse, der Apotheker fand es richtig, aber Herr Jed-

lička mit den übrigen Herren bestand unerbittlich auf seinem SCHW mit vier und acht Punkten und auf dem O mit vier Punkten.
Die Debatte wurde stürmischer und stürmischer. Herr Skorkovský hielt mir vor, daß ich ihm in dem vorangegangenen Artikel den Satz gestrichen hätte: »Wer sich von den ehrbaren Bürgern zufälligerweise in den Sitzungssaal des Rathauses verirrt, der möge sich rasch die Nase zuhalten und von dieser Stätte des Gestanks und der Sittenlosigkeit davonlaufen.«
»Und Sie haben außerdem nicht veröffentlicht, daß der Bürgermeister ein neues Dienstmädchen hat, mit der er jede Nacht im Garten spazierengeht.«
»Aber Herr Pavlousek, Sie haben ja selbst gesagt, daß Sie es nur träumten.«
»Na gut, Herr Redakteur, aber hat es nicht die Überschrift: ›Der Traum eines Steuerpflichtigen vom Bürgermeister unserer Stadt?‹ Erinnern Sie sich, daß ich Ihnen sagte, daß es eine ausgezeichnete Sache sei, und daß es auf die Vorderseite kommen sollte? Das haben Sie bisher auch nicht veröffentlicht!«
Herr Jedlička hatte in der Zwischenzeit überlegt, was er zum Abschluß sagen sollte: »Wenn Sie es nicht veröffentlichen«, sagt er beim Aufstehen, »so werden Sie in Ihrem Blatt selbst schreiben müssen.«
So kam ich um einen eifrigen Schreiber. Mit ihm traten auch noch Herr Pavlousek und Herr Skorkovský in Streik.
In der nächsten Woche erschien bei mir in der Redaktion Frau Jedlička. Sie war eine ältere Dame, die sich

mit jener unerträglichen Geschmacklosigkeit der kleinstädtischen Damen kleidete.
»Herr Redakteur, ich habe eine Bitte an Sie«, sagte sie, wobei sie ein Bündel Papier aus der Tasche hervorzog. »Ich beschäftige mich schon eine längere Zeit mit Mode, und da Sie in Ihrem Blatt keine Moderubrik haben, habe ich mir vorgenommen, die hiesigen Damen über die neuen Moderichtungen zu informieren. Ich glaube, daß es Ihnen gefallen wird.«
Sie breitete vor mir die Papiere aus, und ich las: »Die diesjährige herbstliche Promenade in unserer Stadt bietet einen ungewöhnlich vielfältigen Anblick. Neben einer Dame mit einem unüblich breiten Hut schreitet eine andere mit einer Tuchmütze. Die erste hinkt, und die zweite schlurft. Beide haben abgetretene Absätze, was sehr unpassend aussieht, nämlich die Frau Postmeisterin und die Frau des Försters. Hinter ihnen geht wieder eine andere Vogelscheuche. Sie glaubt, wenn sie einen Herbstmantel aus einem grünlichen Loden mit großen Taschen gekauft hat, daß das bereits der letzte Schrei sei. Und dabei zieht sie sich nur einmal im Monat um, so daß jede Dame, die sie bemerkt, mit Recht ausrufen kann: ›Liebe Frau Královec, oben hui, unten pfui!‹ Es wäre zu früh, von einer Herbstmode zu sprechen. Die Frau des Bürgermeisters trägt bereits im zehnten Jahr die gleiche Jacke, nur in diesem Jahr hat sie sie ändern lassen, wofür sie der Schneiderin in Kutná Hora den Lohn schuldig blieb. Hinter ihr geht Frau Krombholc, jedoch nur den halben Promenadenweg bis zur Post, wo sie sich umdreht, damit sie prahlen kann, daß sie ein

neues Herbstkleid aus Loden hat, wofür sie, wie sie sagt, 50 Gulden ausgegeben hat. Wenn sie dafür soviel bezahlt hat wie für die Ente jener Bäuerin auf dem Markt, die ihr, als sie den Diebstahl bemerkte, die Ente links und rechts um das bemalte Gesicht schlug, so gratulieren wir ihr zu der billigen Herbstmode. Ein schönes Herbstkleid trägt auch die Ehefrau des ersten Ratsherrn, Frau Bork, die sie überall ›die Verrückte‹ nennen. Durch das Tragen von kurzen Röcken zeigt sie ihre Sehnsucht nach der Jugend. Dadurch braucht sie den Rock nicht zu heben, sie hat freie Hände, mit denen sie in die Säcke mit Nüssen und Obst beim Kaufmann Skorkovský und Pavlousek hineinlangt. Es scheint, daß Frau Bork die neue Ärmelmode, nämlich die des Puffärmels, ausgezeichnet ausnutzen kann. Unlängst hat sie aus dem Puffärmel über sechs Kilo Pflaumen herausgeholt. Ich glaube, daß seit der Zeit, als der Gendarmeriewachtmeister die Tochter des Bürgermeisters abends am Brunnen öffentlich tätschelte, daß seit dieser Zeit die engen Röcke vorbei sind. Denn enger kann man die Röcke bereits nicht mehr machen, weil dann so ein armes Mädchen überhaupt nicht fortlaufen kann, wenn sie ihr Bräutigam, Herr Znamenáček, holen kommt. Vielleicht kommt wieder die Zeit der Krinolinen, unter die Frau Kroup dann den Lehrer verstecken kann, wenn plötzlich ihr Mann von der Rebhuhnjagd zurückkehrt.

Das nächste Mal werden wir noch etwas über die Strümpfe des Herrn Bürgermeisters bringen.«

»Das hier werden Sie veröffentlichen«, sagte Frau Jed-

lička entschieden und setzte noch süßlich hinzu: »Oder ich kratze Ihnen die Augen aus!«
Und so kam ich aus der Redaktion der »Unabhängigkeit« in das Blindenheim Hradčany.

Ejems Resi

Sie war blöd, sie hatte einen Wasserkopf und starb, als sie vier Jahre alt war. Es war eine feierliche Angelegenheit für die ganze Gasse in Podskalí, wo Frau Ejem mit der Resi und Herrn Ejem, dem Floßwächter, wohnte. »Endlich etwas«, sagten die Nachbarinnen, »wo man sich einmal ohne zu tratschen auf der Straße zeigen kann.«
Sie meinten damit das Begräbnis und dachten dabei an einen Begräbnisschmaus, als bekannt wurde, daß Frau Ejem an der Ecke beim Kaufmann 10 Kilo Mehl eingekauft hatte. Dann kam Ejems Nachbarin, die Lumpensammlerin Koutová, in die Wohnung von Frau Nová, die am Ende der Gasse wohnte, und erklärte, daß die Ejem mit ihr darüber gesprochen hätte und irgend etwas von Pfannkuchen erzählt habe, gleich nachdem der Doktor erklärt hatte, daß die Resi nicht mehr bis zum Abend durchhalten würde.
Sie wird nach dem Begräbnis aus jedem Haus eine Nachbarin zum Kaffee einladen, die Männer werden Tee mit Rum trinken, Karten spielen, dann wird man

nach Bier schicken, und es wird lustig sein. Frau Nová wird sicherlich auch eingeladen werden.
Der Lumpensammlerin stiegen Tränen in die Augen, und sie begann, die arme Mutter zu bedauern.
»Es war das beste für sie«, sagte Frau Nová, »das Mädchen war blöd, es hatte Wasser im Kopf, jetzt ist sie wenigstens bei den Engeln.«
»Das sagt auch die Ejem, liebe Frau Nová, aber es ist doch eine Sünde. Das Balg war angeblich nicht von ihrem Mann. Sie hat es sich weggeholt, als ihr Mann bei der letzten Militärübung war, und der Mann ist auch nicht besser. Was macht der andauernd bei der Krämerin, das würde sich kein anderer verheirateter Katholik erlauben. Na, und sehen Sie, beide trinken Schnaps, meine liebe Frau Nová. Ich will nichts Schlechtes über die beiden sagen, aber den Schnaps kann man bei den beiden auf hundert Schritte riechen. Wenn der Ejem nach Hause kommt, dann löscht die Frau gleich die Petroleumlampe, damit seine Schnapsfahne nicht Feuer fängt.«
Die Lumpensammlerin hörte auf zu weinen, fragte, ob nicht irgendwelche Lumpen und Knochen zu verkaufen wären, und ging ein Haus weiter.
»Also Pfannkuchen und Unterhaltung«, überlegte Frau Nová, »jeweils eine Nachbarin aus jedem Haus wird eingeladen, gleich wenn Pepík aus der Schule kommt, schicke ich ihn mit Heiligenbildchen zu den Ejems, damit er sie in den Sarg legen kann.«
Als dann Pepík aus der Schule kam, völlig verbrüllt, weil er verhauen worden war, da er irgendwo einem

Kutscher den Lederriemen für eine Zwille von der Peitsche abschneiden wollte, gab ihm seine Mutter ein paar Ohrfeigen und befahl ihm, die Schuhe zu putzen und sich zu waschen. Pepík wurde nun noch heftiger mit der Rute verdroschen. »Du elender Kriepel, ich werde dir schon geben, die Kochlöffel zu zerbrechen.«

Völlig kraftlos entließ sie den Pepík, der sich auf den Fußboden setzte und nun leise vor sich hinweinte. Wenn er nur stark wäre! Er begann zu überlegen, was er dann täte. Wenn ihn dann die Mutter mit dem Rohrstock schlüge, würde er ihr den Stock aus der Hand reißen und den Spiegel zerschlagen, dann würde er die Mutter einschließen und einen trinken gehen. Wenn er dann betrunken zurückkommt . . .

Aus diesen träumerischen Visionen störte ihn die Stimme der Mutter auf: »Na mach schon, du Nichtsnutz, putz dir die Schuhe und wasch dich, oder ich ziehe dir noch ein paar über.«

Pepík preßte die Lippen aufeinander, holte die Schuhwichse und spuckte auf die Schuhe: »Du spuckst mir zu langsam, Lausebengel, warte, bis der Vater kommt.«

Pepík spuckte voller Wut noch einmal, hin und wieder nach hinten auf die Hosen fassend, wo die Striemen brannten, und putzte wütend die Schuhe.

Dann ging er zur Wasserleitung und wusch sich, dabei bespritzte er den Fußboden, er mußte also von der Toilette einen Aufwischlappen holen und alles wegwischen. Dadurch machte er sich von neuem schmutzig, bekam wieder ein paar gelangt und mußte sich wieder waschen gehen. Er wischte sich in einem sauberen

Handtuch ab und wurde getadelt, warum er sich nicht im alten Handtuch abgetrocknet hätte.
Dann hat ihn die Mutter abgebürstet, sie steckte ihm ein sauberes Taschentuch in die Tasche, rieb ihm die Haare mit Nähmaschinenöl ein, öffnete den Schrank und zog aus dem untersten Fach eine Schachtel hervor, die sie öffnete. Vor Pepík erschien ein wahrer Schatz. Heiligenbildchen! Es waren die Bilder von Heiligen mit erstaunten Gesichtern, mit Marterwerkzeugen. Manche der Heiligen sahen lustig in die Welt hinein, als ob sie Freude daran hätten, Märtyrer zu sein.
Es waren Bildchen, die von der Kirmes mitgebracht wurden, von Nachbarn geschenkt, Bildchen, die für einen Kreuzer ohne Gebet und für zwei Kreuzer mit einem Gebet und für vier mit Kirchenablässen erstanden wurden. Die meisten waren von jüdischen Firmen gedruckt und herausgegeben.
»Hier hast du zehn Bildchen, du Elender«, sagte die Mutter, »Ejems Resi ist gestorben, weißt du, die Blöde, die das Wasser im Kopf hatte, du wirst also zu Ejems gehen und legst die Bilder der Resi in den Sarg, und dann sagst du Frau Ejem, daß sich Frau Nová schön empfehlen läßt, und sie der Seligen die Bilder schickt, damit sie sie in den Himmel nimmt. Und dann bekreuzigst du dich über dem Sarg, oder ich leg dich wieder übers Knie!«
Pepík lief voller Freude aus dem Haus. Endlich würde er also die Leiche sehen können, und er hatte zehn Bildchen. Er sah sich um, ob die Mutter nicht hinter ihm herschaute. Und dann begann er die Bildchen durchzu-

sehen. Die vier besten, die am meisten Gold und die leidendsten Gesichter hatten, verwahrte er gesondert. Morgen würde er damit einen Tauschhandel machen. Diesen heiligen Peter könnte er für einen Bleistift tauschen, der kostet unter Brüdern vier Kreuzer, der heilige Aloys ließe sich für zwei Semmeln verkaufen, die heilige Maria für einen Kreuzer, dafür würde er dann Streichhölzer kaufen, so daß sie auf dem Výton Brandstifter spielen könnten. Dann bliebe noch der heilige Franz von Sales übrig. Den würde er gegen Zündkapseln mit dem Jarda Klokner tauschen.
Er ging die Straße entlang und wollte schon in das Trauerhaus eintreten, als er sich erinnerte, daß er am Moldauufer vor seinen Freunden prahlen könnte, welch eine Aufgabe ihm anvertraut war.
Als er zum Ufer kam, fand er sie in lebhafter Unterhaltung. Sie spielten Räuber und Gendarm. Zum Räuber hatten sie den kleinen Pelíšek aus der zweiten Volksschulklasse ernannt, und gerade hatten sie ihn verurteilt und hielten nun auf einem Sandhaufen Gericht über ihn. Sie legten ihn auf den Bauch, und er sollte zehn Schläge mit einem Riemen bekommen, da kam Pepík an. Sie entließen den Kleinen und forderten Pepík auf, auch mit ihnen zu spielen.
»Ich gehe mir eine Leiche ansehen«, sagte Pepík prahlend.
Im Nu wurde er umringt. Pepík zog die sechs Bilder aus der Tasche hervor. »Dies hier soll ich in den Sarg auf die Leiche legen.«
Er begann gleich, den neidischen Freunden alles zu er-

klären. Das war die Ejems Resi, die dahingegangen war, sie war blöd und hatte Wasser im Kopf. Jetzt wird sie unter den Engeln sein, und man wird sie abends über den Schornsteinen fliegen sehen. Sie wird schsch, schsch machen! Und er hat sie bereits gesehen. Sie ist ein Geist geworden und riecht wie Marzipan. Sie blitzt mit den Augen, und gestern in der Nacht stand sie an seinem Bett, genau so blöd wie im Leben, nur daß sie deutsch zu ihm sprach.

Der erzählende Pepík bekam eine Gänsehaut, und Kalista fragte ungläubig: »Du willst uns wohl einen unterjubeln, was?«

»Auf meine Ehre, nein!«

»Sag noch einmal: Auf meine Ehre!«

»Auf meine große Ehre!«

Drvota zupfte an Pepíks Mantel: »Pepík, nimm uns mit, ich gebe dir dafür einen Riemen mit Schnalle. Wir würden gern die Leiche sehen.«

Der kleine Pelíšek begann zu weinen: »Ich habe noch nie eine Leiche gesehen.«

»Na, wißt ihr was, ich werde jedem ein Bildchen geben, und ihr kommt mit mir.«

Sie schritten davon in tadelloser Ordnung, völlig glückstrunken.

Vor dem Trauerhaus wandte sich der Führer Pepík zur trauernden Expedition: »Aber das sage ich euch, ihr müßt traurige Gesichter machen, sehr traurige Gesichter. Versucht es mal!«

Sie versuchten es, und Pepík war zufrieden. Sie klopften an und traten ein. In der Küche saß Frau Ejem und

strickte an einem Strumpf. Pepík trat zu ihr heran und begann zu sprechen, daß sich seine Mutter, Frau Nová, empfehlen und für die Resi Bildchen in den Sarg schikken ließe und daß er sie dort hineinlegen solle.
Frau Ejem begann zu weinen und führte sie in das Zimmer, wo auf dem Tisch in einem kleinen Sarg, wächsern, die Resi lag. Um sie herum brannten in billigen gipsernen Kerzenhaltern die Kerzen. Frau Ejem sagte noch beim Hinausgehen unter Schluchzen: »So, Kinderchen, betet für sie.« Sie schloß die Tür und ließ die Expedition allein.
Mit dem Pepík voran bewunderten sie den Sarg mit der Resi.
Mráček faßte sie an die Nase: »Kalt«, sagte er trocken. Einer nach dem andern faßte an. »Kalt«, wiederholten sie.
»Engel sollen angeblich Flügel auf dem Rücken haben«, sagte Drvota, »die sollen schon im Sarg wachsen.«
»Ich möchte sie umdrehen«, sagte der wißbegierige Pepík, »aber die Alte könnte kommen und Krach machen.«
Inzwischen versuchte der kleine Pelíšek, eine der brennenden Kerzen zu löschen, aber weil er zu klein war, schaffte er es nicht, sie auszublasen.
Er wurde also hochgehoben, da die anderen nicht selbst die Kerzen auslöschen wollten, und er, sich dabei sehr wichtig machend, löschte eine Kerze.
Dann machte Pepík den Vorschlag, daß einer nach dem anderen die Bilder in den Sarg legen sollte, und er begann selbst bei den Füßen.

Nach ihm legte Drvota eins zum Kopf, und die übrigen auch, und der kleine Pelíšek, der sich einen Stuhl heranstellen mußte, steckte ihr ein Bildchen in den Mund. Inzwischen holte sich Kalista einen Apfel aus dem Ofen und steckte ihn in die Tasche, jedoch wurde er von Mráček beobachtet, der von ihm leise die Hälfte verlangte.

»Ich huste dir was, finde doch selbst was«, sagte Kalista grob.

Mráček trat ihm gegen den Fuß. Kalista erwischte ihn am Ohr und begann, ihm die Haare auszureißen. Es entstand eine Rauferei, ein Lärm, als Pepík plötzlich sagte: »Achtung, schnell beten.«

Die Rauferei hörte auf, und die Expedition begann zu brummeln: »Mu mu schu ma mu mu . . .«

Die Tür öffnete sich. »Gehen wir«, sagte Pepík, und das sehr traurig.

Frau Ejem stand an der Tür.

»Ich danke euch, Kinderchen«, sagte sie bewegt, »ich danke euch für eure Liebe zu meiner Resi.«

Sie begann, einen nach dem anderen zu küssen, und gab jedem einen Kreuzer.

Meine Freundin Julča

Ich kenne wirklich kein lieberes Geschöpf als den Hundskopf-Pavian. Es wundert mich, daß Leoparden ihn fürchten und daß der selige Brehm ihm so Übles nachsagt, indem er ihn ein Ungeheuer nennt. Es ist wahr, zuerst wenn man ihm begegnet, wirkt er wie ein Tier aus der Apokalypse oder aus den Zeichnungen der Spiritisten, aber sobald man sich an ihn gewöhnt hat, merkt man, daß unter der Haut dieses Satans ein guter Charakter steckt und daß nur Menschen, die ihn mißverstehen, aus so einem Hundskopf-Pavian ein Ungeheuer machen können.

Es sei mir als Mensch, der sich mit Zoologie beschäftigt, ebenfalls die Bemerkung erlaubt, daß der Hundskopf-Pavian der einzige Affe ist, dessen Haut nicht riecht. Während meiner Tätigkeit im Tierhandel war ich gezwungen, zahlreiche Vorwürfe meiner Kunden über den ekelerregenden Geruch der verschiedenen Affenarten zu ertragen.

Deshalb kann ich nur mit den Worten meines Dieners Čížek sagen: »Ich erlaube mir, den Herrschaften den Hundskopf-Pavian zu empfehlen.«

Jener Hundskopf-Pavian, von dem ich erzählen will, hieß Julča. Die Äffin war eine ungewöhnliche Schönheit. Sie hatte eine langgezogene Nase, silberbraunes kurzes Haar, das nach Moschus duftete, braune Augen und einen kleinen, vielversprechenden Schwanz, der so kurz war, daß er zu der Vermutung berechtigte, daß die

Nachkommenschaft ihres Stammes während der nächsten Generationen den Schwanz völlig verlieren würde. Sie kam durch ein sonderbares Zusammentreffen von Umständen zu uns. Irgendein Affendresseur kaufte sie in Hamburg-Stellingen von Hagenbeck. Er hatte dort ein ganzes Affenpensionat. Julča bekam eine sorgfältige Erziehung. Im Laufe von zwei Jahren lernte die Äffin, sich selbst so etwas wie eine verwaschene Balltoilette mit einer langen Schleppe oder die Tracht eines Tirolers mit einer Feder am Hut anzuziehen. Dann brachte er ihr bei, auf einem kleinen Fahrrad im Kreise zu fahren, mit Messer und Gabel zu essen und aus der Flasche zu trinken. In diesem Pensionat lernte sie auch, Kirschkerne kunstvoll auf einen Teller zu spucken. Fräulein Julča gedieh an Leib und Seele und gab zu der Hoffnung Anlaß, daß sie sich abgewöhnen würde, in Gesellschaft Flöhe zu fangen, sich hinten zu kratzen und nach Läusen auf dem Kopf ihres Lehrers und anderer anwesender Menschen zu suchen.
Der geduldige Lehrer setzte sich endlich in den Kopf, seine Schülerin in einem Prager Varieté vorzuführen. Zuerst wollte er sie wegen der Reklame in den Redaktionsstuben der Tageszeitungen vorstellen. Er ließ aber davon ab, als Julča in der ersten Redaktion einen wichtigen Artikel fraß, der in der Abendausgabe erscheinen sollte, und als sie den Chefredakteur mit Tinte begoß. In dieser Redaktion wurde die Erfahrung gemacht, daß sich Affendresseure leichter hinauswerfen lassen als Hundskopf-Paviane. Julčas Lehrer war schon längst auf dem Flur, als sich Julča selbst noch immer in der

Redaktion befand. Sie saß oben auf dem Bücherschrank und sah sich einen Atlas an, den sie vom Tisch genommen hatte, und mit sichtlichem Interesse riß sie eine Karte nach der anderen heraus. Der Chefredakteur schloß sich mit noch zwei anderen Redakteuren in einer Telefonzelle ein. Dort berieten sie, was sie mit jenem weit über ein Meter großen Satan mit dem furchterregenden Gebiß tun sollten, der inzwischen das Haustelefon heruntergerissen und verschiedene Manuskripte vom Tisch des Chefredakteurs aus dem Fenster geworfen hatte. Julča jedoch öffnete würdevoll die Tür zum Flur, und, ihren Lehrer umarmend, stieg sie mit ihm in das Auto, mit dem sie gekommen waren.
Seit jener Zeit besuchte Herr Hardey keine Redaktionen mehr, und mit Grauen erwartete er, wie wohl ihr Auftritt im Varieté verlaufen würde.
Erstklassig verlief er nicht gerade. Als er sie in der Tiroler Tracht an der Hand auf die Bühne brachte und sich verneigte, was Julča sehr artig wiederholte, hielt er eine kurze Ansprache an das Publikum, in der er Julča das achte Weltwunder nannte.
Julča beobachtete erst gleichgültig ihre Umgebung, dann sah sie nach unten ins Orchester und verschwand unter den Musikern. Aus dem Orchester sprang sie jedoch sehr rasch mit einer Geige in der Hand zwischen die vorderen Tische des Publikums und setzte sich dann auf den Tisch vor einem alten Herrn, der sie vor Schreck mit dem Opernglas ansah. Das Publikum klatschte, weil es dachte, daß das zum Programm gehöre. Julča, mit diesem Erfolg zufrieden, schlug dem lie-

ben Herrn mit der Geige auf den Kopf und bemächtigte sich seines Opernglases. Dann begann sie, von Tisch zu Tisch zu springen, zerriß einer Dame die Bluse, warf mit dem Opernglas nach dem Oberkellner, kletterte auf die Galerie, von wo sie Hüte ins Parkett warf. Panik ergriff das Publikum.

Vergeblich schrie Herr Hardey von der Bühne herunter, sie sollten sich nicht fürchten, es sei ein sehr braver, zahmer Affe, und er wolle das Publikum dadurch versöhnen, daß er einen abgerichteten gezähmten Tiger vorführen werde. Der Saal leerte sich mit unglaublicher Schnelligkeit. Endlich drangen Diener auf die Galerie nach oben, und nach großem Kampf gelang es ihnen, Julča zu fesseln. Dabei wurde einer von ihnen derart gebissen, daß er vom Unfallwagen ins Krankenhaus gebracht werden mußte. Als alles wieder in Ordnung gebracht war und die Polizei die Menge, die ihr Eintrittsgeld zurückforderte, von den Kassen wegdrängte, glaubte Herr Hardey, es sei das Klügste, mich anzurufen.

Er tat es ohne Verlegenheit: »Hallo, ich erfuhr, daß Sie gern Sensationstiere kaufen. Ich habe hier ein tolles Tier für Sie. Haben Sie schon einmal einen Affen gesehen, der sich die Nase in einem Taschentuch schnäuzt?«

Ich bejahte seine Frage, denn es war mir selbst einmal gelungen, einen Rhesusaffen derart zu dressieren. Der Rhesusaffe trug sogar ständig ein kleines Taschentuch in seinen Backentaschen bei sich. Wenn er sich die Nase schnäuzen wollte, zog er einfach das Taschentuch aus dem Maul hervor, wischte sich die Nase damit ab und steckte es gelassen wieder ins Maul zurück. Ich ver-

kaufte ihn an eine Baronin, die wegen dieses bewundernswerten Affen einen Magenkatarrh bekam.
»Ja, aber«, fuhr Herr Hardey fort, »meine Dressur beginnt erst da, wo Sie aufgehört haben. Haben Sie schon einen Affen gesehen, der mit Messer und Gabel ißt?«
»Ja, Herr Impresario, wir hatten sogar mal einen, einen schwanzlosen Magot, der war schon so weit, daß er die Messer, mit denen er aß, hinterher verschluckte. Wir mußten ihn sezieren lassen, um unser ganzes Besteck für sechs Personen wieder zu erhalten.«
»Hallo«, war eine andere Stimme am Telefon zu hören (es war der Sekretär des Varietés). »Hallo, machen wir es doch kurz wie Geschäftsleute. Es handelt sich um einen sehr zahmen Affen, einen Hundskopf-Pavian. Wissen Sie, es ist die Wunder-Julča von den Plakaten. Sie fährt Rad, trinkt aus der Flasche, zieht sich selbst eine Balltoilette mit Schleppe und eine Tiroler Tracht an und kann viele andere Späße und lustige Stücke vorführen. Wir überlassen Sie Ihnen mit der ganzen Ausstattung für 200 Kronen. Wir geben sie nur ungern weg, aber sie ist nicht ans Publikum gewöhnt. Übrigens sind wir in einigen Augenblicken bei Ihnen.«
Sie legten auf, und nach einer Viertelstunde brachten sie in einem Auto die wie einen Verbrecher gefesselte Julča mit sich. Wir brachten sie nach unten in die Küche, wo für ein Dutzend Hunde gekocht wurde und wo sich gerade mehrere Welpen befanden. Sie kroch ängstlich in eine Ecke und wartete winselnd, was geschehen würde. Ich einigte mich mit den Herren auf einen Preis für Julča von 160 Kronen. Sie gaben mir ihre Toilette noch

gratis dazu und verabschiedeten sich dann verdächtig rasch von mir. Nach ihrer Abfahrt rief ich den Diener Čížek und befahl ihm, den Hundskopf-Pavian loszuschnüren. Er fiel auf die Knie und beschwor mich, daß er für seine Mutter sorgen müsse, was nicht stimmte, weil er vor längerer Zeit von zu Hause fortgelaufen war. Als er sah, daß das nichts nützte, forderte er fünf Kronen Lohnvorschuß mit der Bemerkung, daß er sich für so ein ernstes und gefährliches Unternehmen stärken müsse. Er gab sich mit zwei Kronen zufrieden und ging fort, um sich Courage einzuflößen.
Nach drei Stunden kam er zurück. Ich sah, wie er das Zauntor öffnete und dann im Haus verschwand. Eine Weile war unten Lärm zu hören, dann war es still. Ich sah noch einmal nach, ob wir die Unfallversicherung für Čížek bezahlt hatten, und als ich mich überzeugt hatte, daß dies geschehen war, ging ich weniger beunruhigt nach unten.
Vorsichtig öffnete ich die Tür zur Küche. Man konnte sehen, daß Čížek seine Aufgabe ausgeführt hatte. Beim schwachen Licht der Petroleumlampe an der Wand bot sich ein ergreifendes Bild. Čížek lag auf dem Bett, überwältigt von der Courage, die er für zwei Kronen erstanden hatte; vorher hatte er jedoch Julča losgeschnürt, die wahrscheinlich glaubte, man wolle sie wieder fesseln, als Teilübung für eine neue Dressur. Darum hatte sie die Stricke, von denen sie befreit worden war, benutzt, um Čížek damit zu einem Bündel zusammenzubinden. Der arme Čížek schlief und lag wie ein Paket auf dem Bett. Julča hatte alle Welpen, die in der Küche

waren, um ihn versammelt und suchte nun nach Flöhen in Čížeks Haar. Die Welpen warteten geduldig, bis auch an sie die Reihe käme.
So machte Julča die Bekanntschaft mit mir. Ich band Čížek los. Dabei half sie mir. Dann ergriff sie meine Hand und ließ mich nicht los, so daß ich sie wohl oder übel mit nach oben nehmen mußte. Dort gab ich ihr einen Apfel und ein Stück Brot. Sie wäre sicher nicht einen Schritt von meiner Seite gewichen, wenn ich gekonnt hätte, was sie konnte. Ich konnte aber nicht von Baum zu Baum springen, von dort auf das Gesims und vom Gesims aufs Dach. Ich beobachtete auch, daß es sie ungewöhnlich verdroß, daß ich nicht imstande war, auf dem Lüster zu schaukeln.
Am selben Abend, als sie zu uns kam, sprang sie auf den Lüster und versuchte vergeblich, mich ebenfalls dorthin zu locken. Er hätte uns beide aber nicht ausgehalten; denn er riß selbst schon unter der Last dieses Hundskopf-Pavians. Der große Petroleumlüster fiel nach unten, die Lampe explodierte, zuerst fingen einzelne Möbelstücke Feuer, dann brannten die Vorhänge und der Fußboden. Während ich die Feuerwehr rief, entkam Julča durchs Fenster, um gegenüber auf einem Baum die ungewöhnlichen Flammen zu beobachten, die aus den Fenstern schlugen.
Als die Feuerwehr kam, mußten sie Čížek nach draußen tragen, weil er tief schlief. Julča erschwerte die Rettungsarbeiten ein wenig, weil sie sich der Spritze genähert hatte, wo sie abwechselnd auf den beiden Pumpenhebeln schaukelte. Die Anwesenden behaupteten,

Julča habe beim Löschen geholfen. Ich zweifele sehr daran. Ebenso wurde behauptet, Julča habe, als sie später einmal bei einem nächtlichen Ausflug in der Friedhofskapelle an der Glocke schaukelte, das Sterbeglöcklein für jenen Angestellten der Straßenbahn geläutet, dem sie vor einer Weile begegnet war und dem sie die Mütze weggenommen hatte, worauf den guten Mann der Schlag traf. Ansonsten war sie ein liebes Geschöpf. Damals brachte sie mir, damit ich mich nicht ärgerte, vom Friedhof eine blecherne Tafel mit: »Hier ruht mein geliebter Gatte. Freu dich auf ein Wiedersehen!«
Als der Brand gelöscht war, begab ich mich mit Čížek und Julča in das einzige gerettete Zimmer im Erdgeschoß. Julča ließ sich verständig auf einer Couch nieder und riß an einer Weste herum, die sie bei jener Panik in der Nachbarschaft ergattert hatte. Die Weste gehörte niemandem von uns, und so hinderten wir sie nicht in ihrem Tun.
Auch Čížek saß ruhig und schweigend am Tisch und beobachtete Julča.
Plötzlich sagte er mit überzeugender Stimme: »160 Kronen sind wirklich nicht viel für sie. Ich würde sagen, daß sie billig war.«
Ich gab ihm eine Ohrfeige, und so saßen wir alle still, ich, Čížek und Julča mit der fremden Weste, jeder seinen eigenen Gedanken nachgehend, bis etwa um 11 Uhr in der Nacht.
Nach 11 Uhr nahmen wir Julča an die Hand und führten sie in den Garten, steckten sie in einen großen Käfig, der von einem Nandu-Strauß übriggeblieben war,

der eines Nachts von den Ratten gefressen wurde. Als wir den Käfig abschließen wollten, faßte sie in ihr Maul und zog eine Stahltaschenuhr hervor, die sie mir reichte.
Trotz dieses Bestechungsversuches sperrten wir sie ein. Ich reichte Čížek die Uhr: »Was sagen Sie dazu?«
»Sonderbar«, erwiderte er, »mit einer Uhr im Maul würde ich es nicht solange aushalten.« Wegen der Uhr hat sich niemand gemeldet. Ich trug sie bis zum vorigen Jahr. Sie ging sehr genau und hatte ein Schlagwerk. Ich schloß daraus, daß sie einem vermögenden Zuschauer gehört haben mußte, der zusehen kam, wie schön es bei uns brannte.
Julča gewöhnte sich langsam an ihr neues Heim, nur die Wirtschafterin Fanny mochte sie nicht. Wahrscheinlich darum, weil sie mehr Toiletten hatte als sie. Die arme Julča besaß nur noch einen Rock, zwar einen mit Schleppe, aber es war doch nur eine armselige Angelegenheit.
So geschah es, daß sie eines Tages, als sie einmal nach oben kam, die Tür zum Zimmer von Fräulein Fanny öffnete und sich dort eines ihrer Gewänder betrachtete. Es war ein sehr schönes, neues Gewand, das dort über dem Stuhl hing. Julča sagte die Bluse zuerst mehr zu als der Rock. Sie kroch in die Bluse, aber da sie an ihr nur herunterhing, versuchte sie, sie sich umgekehrt überzuziehen. Sie kroch mit dem Kopf in einen Ärmel. Die halbe Bluse schleppte dann hinter ihr her. Sie versuchte, sie abzustreifen, und zog sich das andere zerrissene Ärmelteil über die Beine, und den Rest wand sie sich

kunstvoll als Turban um den Kopf. Aber nicht einmal das gefiel ihr, wie Čížek behauptete, der sie voller Interesse durchs Fenster beobachtet hatte, da er angeblich neugierig war, ob Julča während des Anziehens auch den neuen Rock von Fräulein Fanny zerreißen würde. Er kam in die Küche und verkündete der Wirtschafterin freundlich: »Fräulein Fanny, alles ist fertig.« »Was?« »Sie ist schon drin.« »Wer? Wo?« »Na, die Julča in Ihrem neuen Kleid. Es hat eine halbe Stunde gedauert, bis sie da reinkam. Dort drüben geht sie zum Hundezwinger.«

Ich kam auch hinzu, als sich Julča stolz in ihrer neuen Toilette im Hundezwinger einem Dutzend neugieriger Hunde vorstellte. Mit einem Knüppel in der Hand stolzierte sie vor den Käfigen auf und ab. Die Hunde gaben ihre Begeisterung mit einem sehr lebendigen Bellen kund. Es wurde ihnen auch wirklich ein schönes und interessantes Schauspiel geboten. Julča hatte sich aus Fräulein Fannys Rock mittlerweile eine Art Toga gemacht, die sie sich großartig über eine Schulter geworfen hatte. Von der zweiten Schulter hing ihr das Vorderteil der Bluse mit den blanken Knöpfen herab wie eine übergeworfene Husarenjacke. Die andere Hälfte der Bluse war dann der schöne Turban.

Mit fürchterlichen Flüchen stürzte sich Fräulein Fanny auf die so herausgeputzte Schönheit.

Ein Verwalter des Siechenhauses im Ruhestand schwor, er hätte es nie für möglich gehalten, daß man einem Frauenzimmer so schnell einen Rock herunterziehen könnte, wie es in diesem Fall geschah. Armes

Fräulein Fanny! Sie versuchte die Reste von ihrem neuen Gewand zu retten und kam dabei noch um eine Schürze und um den Rock, den sie gerade trug. Zum Glück hatte sie noch Reformhosen an, die sie sich aus einer alten Fahrradhose angefertigt hatte.
Julča sprang einfach mit der Schürze und dem Rock über den Zaun und lief über die Straße in den Klamovka-Park. Spät in der Nacht kehrte sie wieder nach Hause zurück, war aber unbekleidet.
Nur an der Weißenbergstraße, oben in Richtung zum Vypich, hing Fräulein Fannys schwarzer Rock noch lange wie eine zerschlissene Fahne in den Telegrafendrähten. Fräulein Fanny ging noch am selben Tag. Sie hinterließ nur einen kurzen Brief, in dem sie uns, da sie sich nicht besser auszudrücken vermochte, schrieb, ihre Ehrbarkeit wäre öffentlich ins Wanken geraten.

Manchmal kam es vor, daß mir meine Freundin Julča außer Freude auch bittere Augenblicke bereitete, weil sie nicht verstand, was ich eigentlich wollte. Wenn ich im Garten saß und sie bat, mir etwas aus dem Haus in den Garten zu bringen, verstand sie oftmals nicht, was genau ich haben wollte. Heute, wenn ich an all die kleinen Begebenheiten zurückdenke, gelange ich zu der Überzeugung, daß ich in ihrer Erziehung nicht ganz systematisch vorging. Trotz ihrer Klugheit verstand sie manche Begriffe nicht sofort. Ich gebe zu, daß es ein Fehler der Erziehung war. Es waren manchmal Fehler, die sich nicht wiedergutmachen ließen. Ich hoffe jedoch, wenn mir einmal ein anderer Hundskopf-Pavian

in die Hände kommt, daß ich es dann schaffen werde, daß wir es beide klüger beginnen.
Eines schönen Sonntagnachmittags geschah es, daß einige Zirkusartisten zu uns kamen, die ein besonderes Tier suchten.
Zuerst sprachen sie auf dem Hof mit Čížek, der seiner Phantasie völlig freien Lauf ließ und ihnen sogleich eine sehr brave große Schlange anbot, die wir angeblich bei einem Landwirt unweit von Prag untergebracht hatten, damit sie nicht Staupe bekäme. Dazu ist zu bemerken, daß es, wie gesagt, Sonntagnachmittag war, eine Zeit, zu der Čížek vor dem Haus unter den Bäumen melancholisch seine 6 Flaschen Bier trinken wollte.
Hin und wieder brüllte er in Richtung Hundezwinger, wo Hunde aller Arten die Ausflügler anbellten, die sich durch den Staub der Weißenberg-Landstraße schleppten: »Hinlegen!«
Die Hunde aber bellten daraufhin noch lauter und schimpften so lange, bis Čížek aufhörte, sie zu ermahnen.
An diesem Tage hatte er aber mehr als 6 Flaschen intus, und so wurde er im Gespräch mit den Artisten romantisch. Ich hörte, wie er von der unglücklichen braven Schlange, die die Staupe hatte, auf ein dreihöckeriges Dromedar überging, das wir bei einer Familie in der Nähe von Pilsen untergebracht haben sollten.
Der ältere der Artisten nickte überzeugt mit dem Kopf, während einer der jüngeren ununterbrochen sagte: »Das ist nicht möglich, ich behaupte, daß das nicht möglich ist.«

Čížek fuhr aber weiter in der Schilderung unseres ungeahnten Reichtums fort: »Wir haben, meine Herrschaften«, so hörte ich ihn, »ein kleines kurzhaariges Känguruh und ein größeres wolliges. Sie sind beide nicht wasserscheu, das jüngere kann auch ausgezeichnet die Ohren spitzen. Wir haben sie in einem Tierpark aufgehoben, und wenn es die Herrschaften wünschen, so werden wir Ihnen mit einer Korrespondenzkarte mitteilen, was das Pärchen kosten würde.«
»Nicht möglich, ich behaupte, daß es nicht möglich ist«, wiederholte der Jüngere, offenbar schon aus Gewohnheit. »Nun, und was haben Sie eigentlich hier auf Lager?« fragte endlich der Ältere, »die Hunde haben wir schon gesehen, aber die sind nichts Besonderes, weil . . .«
Es folgte eine vernichtende Kritik über unseren Hundezwinger. Vor allem gefiel ihm die frisch gestrichene Harlekindogge nicht. Obwohl ich es Čížek gesagt hatte, hatte er vergessen, sie, nachdem er sie mit wundervollen schwarzen Flecken bemalt hatte, mit Fixativ zu besprühen. Am Vormittag hatte sich die Dogge dann unter eine tropfende Dachrinne gestellt, und die Farbe war nun arg verwaschen.
Dem Jüngeren gefiel auch der große Fleischerhund nicht, von dem Čížek behauptete, daß er das einzige Exemplar der Mastiff-Rasse in Europa sei, der, um Eindruck zu schinden, mit drei riesigen Ketten an einen Pfahl angebunden war, denn die Mastiffs sind die fürchterlichsten Hunde, und in Böhmen seien sie bisher noch unbekannt.

Der Jüngere war verbittert, daß ihm der vorgeführte Mastiff schon von weitem die Pfote reichte und freudig mit dem Schwanz wedelte.
Die Kritik war böse, zudem brummte der ältere Artist immer dazwischen: »Nun, und was können Sie uns noch zeigen?«
Es war keine Frage, daß Čížek sehr raffiniert zu Werke ging, er spannte ihre Neugierde bis aufs äußerste an.
»Dann haben wir hier noch Tauben«, fuhr Čížek ruhig fort.
»Wie?« schrien beide drohend. Daraufhin erwiderte Čížek feierlich: »Ich erlaube mir, den Herrschaften unseren Hundskopf-Pavian auf das wärmste zu empfehlen. Beide sind im Garten, der Pavian und auch der Herr Chef.«
So wurde ich durch Julča mit den Brüdern Schneider, Artisten in den verschiedensten Zirkussen, bekannt. Der jüngere hatte einst ein dressiertes Schwein besessen, das ihn drei Jahre lang ernährt hat. Dann hatte er das Engagement verloren, aß das Schwein und trat als Fakir auf. Einmal verletzte er sich dabei, bekam Blutvergiftung, gab daraufhin das Fakirdasein auf und mimte fortan zusammen mit seinem älteren Bruder den dummen August. Er erzählte, daß sie dringend ein Tier brauchten, das ihre Nummer ergänzen sollte.
Inzwischen kehrte Čížek vom Schuppen auf den Hof zurück. An diesem Tage war Julča nämlich im Schuppen eingesperrt worden, zur Strafe dafür, daß sie sich ans Klavier herangemacht hatte und es, wenn auch nur teilweise, das aber mit weit größerer Geschwindigkeit,

als es ein erfahrener Klavierstimmer vermocht hätte, auseinandergenommen hatte.
Die gute Seele brach schwarze wie weiße Klaviertasten heraus, so daß das Klavier erhebliche Lücken aufwies. Ich war eigentlich dankbar dafür, da zweimal wöchentlich die Tochter unseres Buchhalters zu üben pflegte, und das war kein sonderliches Vergnügen. Der Herr Buchhalter hatte jedoch im Klavier eine Flasche Kontuszowka versteckt, die Julča bei dieser Gelegenheit lenzte. So mußten wir Fräulein Julča einsperren, damit sie in dem Rausch keinen Unfug anstellte.
Čížeks Rückkehr war keineswegs erfreulich. Er sah verhärmt aus und nahm mich beiseite.
»Herr Chef«, jammerte er, »das wird wahrscheinlich nicht gehen. Der Affe hat nämlich eine Meise.«
Ich sagte ihm, er solle diese geschmacklosen Wortspiele sein lassen und schnell zum Kern der Dinge kommen.
»Sie läßt einfach nicht mit sich reden«, fuhr er verzweifelt fort, »sie will sich nicht anziehen. Zuerst habe ich ihr das Kleid mit der Schleppe übergezogen, und sie wollte darüber die Tiroler Tracht ziehen. Daraufhin sagte ich ihr, wenn sie unbedingt vor den Herrschaften als Tiroler erscheinen wolle, könne sie es tun, aber sie solle wenigstens warten, bis ich ihr das Damenkleid ausgezogen hätte. Sie ließ mit sich reden, aber als sie die Tiroler Tracht anhatte, wollte sie darüber wieder das Damenkleid ziehen. Da habe ich ihr alles ausgezogen, hier sind die Klamotten, wenigstens können wir den Herren zeigen, wie gut sie gekleidet geht.«
»Aber das ist nicht alles«, sagte Čížek mit noch trauri-

gerer Stimme, »ich wollte noch, daß sie den Herren zeigt, wie gut sie radfahren kann, und habe ihr das Rad gebracht. Sie setzte sich aufs Rad und fuhr plötzlich zum Tor hinaus, sie fuhr gleich auf die Landstraße und ist jetzt weg.«

»Ganz weg«, fügte er niedergeschlagen hinzu, »und sie werden es nicht einmal glauben, daß wir überhaupt so etwas hierhaben.«

Natürlich glaubten sie es uns nicht. Vergeblich zeigte ihnen Čížek Julčas Ballkleid, die Tiroler Tracht und die Flasche, aus der sie immer trinkt.

Der Jüngere wurde recht ausfallend: »Für so etwas geben wir Ihnen keinen Vorschuß«, schrie er, »ein Dromedar haben sie bei einer Familie in Pilsen, Känguruhs in einem Tierpark, und jetzt fährt Ihnen ein Hundskopf-Pavian plötzlich auf dem Fahrrad davon, als Sie ihn uns zeigen wollten. Das ist ein verdammter Zufall, mein Herr.«

Der Ältere sprach etwas von Betrug und rief ironisch aus: »Die Herrschaften zeigen uns sogar eine Flasche, aus der sie angeblich trinkt, das ist ja eine ganz gewöhnliche Bierflasche.«

Mit harten Ausdrücken über die Unsolidität unseres Betriebes verließen sie uns. Im Tor drehte sich der Jüngere um, er hielt einen unbekannten fremden Herrn, der gerade vorbeiging, an und zeigte auf mich: »Diesem Herrn ist ein Hundskopf-Pavian auf dem Fahrrad davongefahren.«

Ich habe Julča bis tief in die Nacht vergebens erwartet. Früh am Morgen vernahm ich Čížeks Stimme aus dem

Schuppen: »So, bist du also doch nach Hause gekommen. Wo hast du das Rad? Na, sag schon, wo hast du das Rad?« Julča bekannte sich nicht.
Ich saß auf der Bank vor dem Haus und konferierte mit Čížek. Er erstattete mir so eine Art Wochenübersicht unseres Betriebes, die Bilanz der verschiedensten Mißgeschicke, die sich statt Meriten um unsere Firma wanden.
»Als uns also am Montag diese böse Bulldogge davonlief«, erinnerte sich Čížek, «da dachte ich mir, diese Woche fängt schön an.«
»Ja, Čížek, ihretwegen hatten wir viele Unannehmlichkeiten.«
»Gewiß, Herr Chef, gleich als ich mich aufmachte, sie zu fangen, habe ich mir gedacht, daß etwas passieren würde. Ich wußte ja nicht, daß ich einen fremden Hund vor mir hatte. Diese Bulldogge hatte ja genauso einen Kopf wie die unsere und war auch böse, als ich sie von diesem Laden fortzog, wo sie auf ihr Frauchen wartete. Es wurde dann ja in den Zeitungen widerrufen, daß wir Hunde stehlen. Der Herr Kommissar auf der Wachstube sagte zwar: ›Irren gilt nicht‹, aber ich würde gern wissen, ob er etwa eine Bulldogge von der anderen unterscheiden kann, wenn er nicht einmal einen Schuldigen von einem Unschuldigen unterscheiden kann.«
Čížek wischte sich in praktischer Art mit dem Ärmel die Tränen und die Nase zugleich: »Ich habe es schon immer gesagt, Herr Chef, wenn mir am Montag ein Hund fortläuft, dann läuft noch in derselben Woche einer nach dem anderen davon. Genau so kam es ja dann

auch; am Dienstag war es der Pinscher dieses Ingenieurs, der ihn uns gegeben hatte, damit wir ihm für 10 Kronen das Beißen abgewöhnen. Ich sagte ihm gleich, daß er es nicht einmal für 20 Kronen ließe, nach Leuten zu schnappen. Er hätte ihn lieber zu Hause lassen sollen, aber Sie, Herr Chef, Sie sind ein zu guter Mensch, Sie machen alles nur wegen der Reklame für unseren Betrieb. So ist er gleich am Dienstag verschwunden. Ich dachte erst, der Hund liefe nach Hause und telefonierte dem Herrn Ingenieur, daß sein Bojek schon auf dem Wege sei. Heute ist Sonnabend, und er ist noch nicht zu Hause. Daraus werden wir große Unannehmlichkeiten bekommen, Herr Chef, und ich will damit nichts zu tun haben; am Vormittag telefonierte Herr Ingenieur und sagte, er glaube, daß wir ihn verkauft hätten, wie Jakobs Söhne den Joseph. Am Mittwoch mußten wir die Hälfte der Angorakatze verscharren lassen, welche die Frettchen aufgefressen haben. Ich habe es Ihnen gesagt, Herr Chef, daß wir die Frettchen in Eisenkäfige sperren müssen, sonst werden sie sich aus der Kiste zu der Angorakatze durchbeißen, da sie Fleisch wollen, und nicht nur lauter Salatblätter. Man konnte ihnen ihre Blutdürstigkeit an den Augen ablesen. Als ich ihnen Salat in die Kiste gab, machten sie daraus ein Nest, und aus diesem sahen sie mich so an, daß ich Angst bekam, obwohl diese Viecher doch so klein sind.«

»Sie haben sie aufgegessen?«

»Nur drei, Herr Chef, die, welche ich auf der Katze totgeschlagen habe. Die übrigen vier sind mir davongelaufen. Der Kutscher und ich haben sie auf Zwiebelchen gebraten. Das Fleisch ist weiß, aber es war etwas die Wildheit zu schmecken, mit der sie sich auf die Angorakatze warfen. Am Donnerstag haben wir glücklich ein Pärchen Zierfasane verkauft. Dem Männchen fehlten durch den Dackel ein paar Schwanzfedern. Ich hätte ja dem Pfau einige Federn aus dem Schwanz gerissen und sie dem Fasan angenäht, aber ich mußte daran denken, Herr Chef, was Sie am Samstag nach Ihrer Rückkehr gesagt hätten, wenn der Pfau so zugerichtet wäre. Und dann glaube ich, daß es kein reelles Geschäft gewesen wäre. Am Freitag haben wir einen russischen Windhund verkauft, und ein anderer ist uns davongelaufen. Der Herr Buchhalter hat gesagt, daß es sich aufhebt.«

So also war die Bilanz während einer Woche meiner Abwesenheit. Ich war in Dresden gewesen und wollte aus dem dortigen Zoologischen Garten, der sich in Liquidation befand, etwas Passendes kaufen. Man bot mir dort für 800 Mark einen alten, lahmen, kahlen Löwen. Auch wenn ich ihn mit einer neuen Haut hätte beziehen lassen, so bliebe er trotzdem lahm. Zwar hatte er eine ruhmreiche Vergangenheit, er hatte nämlich vor zehn Jahren in einem Zirkus seine Dompteurin zerrissen, aber was soll man jetzt mit ihm noch anfangen? Wer kauft ihn schon heute? Aber etwas habe ich dort doch erstanden: eine ägyptische Ratte. Ein Tier, um ein Vielfaches kleiner als ein Löwe. Sie paßte unter den Mantel, so daß ich an der Grenze keinen Zoll zu zahlen brauchte, was noch den Vorteil hatte, daß man mir ein eigenes Abteil im Zuge angewiesen hat. Die ägyptische

Ratte ist nämlich ein sehr unglückliches Tier. Brehm reiht sie unter die iltisartigen Raubtiere ein, und die riechen nicht gut.

»Hören Sie, Čížek«, sagte ich zu dem treuen Diener, »erklären Sie mir gefälligst, wieso es geschah, daß Julča etwas gebrummt hat, als ich ihr die ägyptische Ratte zeigte, und dann kam sie nach einer Weile mit einem goldenen Zwicker auf der Nase? Sie haben zwar gesagt, daß sie während meiner Abwesenheit nichts angestellt hat, aber ich befürchte, daß dieser goldene Zwicker etwas Schlimmes bedeutet.« – »Belieben Sie nicht zu erschrecken«, sagte Čížek, »dieser Zwicker gehört niemandem vom Personal. Die Baronin Dobřenská war hier, um bei uns sechs Jagdhunde zu bestellen. Wir wurden ihr von der Fürstin Colloredo-Mansfeld empfohlen, aber gleich als sie kam, kam Julča gelaufen, sprang ihr auf den Rücken und nahm ihr den Zwicker von der Nase. Als wir sie aus ihrer Ohnmacht wieder zu sich gebracht hatten, da fuhr sie weg und hat die Bestellung widerrufen. Es ist ein komisches Frauenzimmer, sie hat sich geekelt, den Zwicker aufzusetzen, den der Affe vorher auf der Nase hatte. Ich glaube, das ist doch nun wirklich nicht schlimm.« – Und so bekam Čížek eine neuerliche Ohrfeige.

Es gab Tage, an denen Čížek in Gedanken verloren umherging. Diese Grübeleien waren stets ein Vorzeichen großer Ereignisse. Legte er dabei noch Wissensdurst an den Tag, bedeutete es mit Sicherheit, daß irgend etwas sehr schiefgelaufen war. Einmal hat er zum Beispiel, ganz in Gedanken vertieft, bei meiner Rückkehr schon an dem Hoftor gefragt, welche Einrichtung man in den Wasserwerken benutze, um das Wasser in so hohe Höhenlagen heraufzudrücken, wie unser Haus es sei. Ich erklärte ihm das physikalische Gesetz der kommunizierenden Röhren. – »Gut«, sagte Čížek, »das verstehe ich, es ist der große Druck, aber könnte man nicht ein Patent erfinden, um das Wasser auch wieder abstellen zu können?«

»Wieso?« fragte ich.

»Das ist nämlich so, Herr Chef. Ich überlege, ob es nicht angebracht sei, etwas zu erfinden, was selbständig den Strom des Wassers am Wasserhahn abstellen könnte, falls sich so ein Unglück ereignet, daß jemand den Wasserhahn überdreht und das Wasser dann nicht abzustellen ist. Es ist nämlich sehr unangenehm, wenn das Wasser das Haus überschwemmt.«

Ich forderte ihn auf zu erklären, warum er nach so seltsamen Dingen frage.

»Glauben Sie nicht, Herr Chef«, fuhr er betrübt fort, »daß mir das nur so eingefallen ist. Ich kam auf den Gedanken, daß es eine praktische Erfindung wäre, als ich sah, daß Julča an dem Wasserhahn im Flur im ersten Stock herumdrehte. Ich wußte, daß sie Kraft hat, aber daß sie ihn so schnell überdrehen würde, damit habe ich nicht gerechnet. Ich habe gedacht, daß das für sie mehr Arbeit wäre, und inzwischen, bevor ich den Kutscher herbeirufen konnte, damit er sich das auch ansähe, hatte sie bereits den Hahn überdreht, war aufs Dach geklettert und hatte sich neben den Schornstein gelegt. Sie würden nicht vermuten, Herr Chef, daß es nicht abzustellen ist. Wie es so über die Treppen nach unten fließt, sieht es aus wie ein Wasserfall; unten in der Küche schwimmt schon die Fußbank. Die Bank und der Tisch sind schwerer, die stehen noch ordentlich dort, obwohl es schon über eine Stunde so geht. Der Kutscher sagte, daß wahrscheinlich die Decken einstürzen werden, und so sind wir ausgezogen, um in Sicherheit zu sein.«

Er zeigte traurig auf seinen Koffer, der am Hofgitter stand.

Ich stellte fest, daß Čížek es allzu schwarz gemalt hatte. Die Decken waren zwar durchnäßt, aber eine direkte Gefahr drohte nicht. Die Küchendecke stürzte erst ein, nachdem die Baukommission fortgegangen war, die uns versichert hatte, daß alles in Ordnung sei. In meinem Zimmer stürzte die Decke überhaupt nicht ein, sie brauchte nur mit mehreren Holzbalken abgestützt zu werden. Vor allem in der Abenddämmerung sah das sehr freundlich aus, wie Säulen eines kleinen griechischen Tempels.

Nur die Möbel zerfielen stellenweise dort, wo ihre Bestandteile mittels Leim zusammengehalten wurden, und so bot sich mir an langen Winterabenden ein schöner Zeitvertreib. Ich bastelte nämlich aus den einzelnen Stücken vom Schreibtisch, Wäscheschrank und vom Kleiderschrank neue Möbel zusammen.

Ich gebe jedoch zu, daß ich doch mit gewissen Befürchtungen verfolgte, ob Čížeks Gesichtsausdruck nicht wieder grüblerische Schwermut zeigte.

Ungefähr einen Monat darauf, als Čížek es aufgegeben

hatte, weiterhin über das selbsttätige Absperren der Wasserleitung zu sprechen, wollte ich nachsehen, ob er mittlerweile mit der Arbeit an einem Königspudel angefangen hätte, der kahlgeschoren werden mußte, weil er schrecklich viele Flöhe hatte. Čížek verschob diese Arbeit immer, denn er meinte, daß all die Föhe während der Operation auf ihn hinüberspringen könnten. Vergeblich hatte ich ihm erklärt, daß die Flöhe eingingen, sofern er den Pudel vorher gründlich badete. Er stritt mit jedem und behauptete, daß Flöhe wieder lebendig würden. Er dachte sich die phantastischsten Einzelheiten aus. Ich hörte, wie er der Köchin erklärte, daß er einen Hecht gesehen habe, der, als man ihn aus dem Wasser zog, eine Menge Flöhe hatte.

Endlich entschloß er sich doch, den Pudel während eines fürchterlichen Sturms im Freien zu scheren. Er erklärte das damit, daß die Flöhe sehr leichte Insekten seien und sie der Wind fortblase.

Als ich mich der Stelle näherte, von der die Stimme Čížeks zu hören war: »Bitte nicht, es nützt dir sowieso nichts«, da bemerkte ich bei Čížek wieder jenen verdächtigen grüblerischen Gesichtsausdruck. Er blickte noch trauriger drein als der mißgestaltete Pudel, der so aussah, als ob er gerade vor einem Augenblick aus seiner Haut gefahren sei.

»Ich dachte«, sagte Čížek, »daß ich damit fertig würde, bevor Sie zurückkehren. Da sind wieder Sachen passiert, Herr Chef.«

Er stieß einen tiefen Seufzer aus. »Mir ist gerade eingefallen, ob es nicht besser sei, wenn dieser Affe nur zwei

Hände hätte. Vier Hände sind für einen Affen viel zuviel.«
Er sagte sehr bedrückt: »Ich hätte nicht angefangen, davon zu sprechen, aber wenn die hinteren Hände von Julča anfangen, sich mit den vorderen um den Revolver zu zanken, wie leicht könnte da ein Unglück passieren! Es ist zwar Ihr Revolver, Herr Chef, aber sie ist mit ihm schon über alle Berge. Es war ein sehr schöner Revolver.«
Ich beruhigte ihn, der Revolver sei nur mit blinden Patronen geladen gewesen.
»Das ist alles schön, Herr Chef, aber außer dem Revolver hat sie auch noch aus dem Nachttischchen eine Handvoll scharfe Patronen mitgenommen, die sie in die Tasche gesteckt hat.«
»Hören Sie auf, Čížek.«
»So ist es, Herr Chef, und dazu hat sie sich noch extra angezogen. Den ganzen Nachmittag war sie artig, sie hatte sich die Tiroler Tracht angezogen. Ungefähr vor einer Stunde begann sie, im Haus herumzustreifen und zu toben. Durch das Fenster sah ich ihren grünen Hut mit der Feder, so ging ich hin, und dabei sah ich, wie sie Ihren Nachttisch aufmachte. Bevor ich mich fassen konnte, stopfte sie bereits die Patronen in die Hosentasche und kam mir mit dem Revolver entgegen. Was sollte ich tun? Sie reichte mir die Hand, ich habe ihr die Hand geschüttelt und noch den Rücken geklopft, damit sie mir nichts tut. Sie ging in den Garten, kroch über das Gitter auf die Straße, und von da sprang sie über die Mauer in den Klamovka-Park. Sie wird dort wahr-

scheinlich spazierengehen und herumschießen. Doch bisher hat sie nicht geschossen. Aber ich glaube, wenn sie die blinden Patronen verschossen hat, wird sie den Revolver mit den scharfen laden. Und dann wird etwas passieren«, setzte er prophetisch hinzu.

Unterdessen dämmerte es. Das war eine böse Situation! Mir fiel zu allem Übel noch ein, daß der Pavian keinen Waffenschein hatte. Wenn er jetzt noch Jagd auf die Wärter in dem Klamovka-Park veranstalten würde, dann würde er erst recht Scherereien bekommen, weil er auch keinen Jagdschein hatte, denn die beiden wichtigen Dokumente waren dort, wo der Revolver gelegen hatte.

»Haben Sie keine Sorge, Herr Chef«, sagte Čížek, als ich ihm meine Befürchtungen mitteilte, »den Waffenschein und auch den Jagdschein hat sie sich ins Maul gesteckt.«

Den ganzen Abend saß Čížek bei mir im Zimmer. Spät in der Nacht schien es mir, daß er plötzlich über irgend etwas krampfhaft nachdachte. Bevor ich ihn fragen konnte, woran er denke, stieß er überzeugt hervor: »Ich an Ihrer Stelle, Herr Chef, würde lieber aus Prag wegfahren.« Ich schickte ihn schlafen und legte mich ebenfalls hin. Ich träumte, daß ich Schüsse hörte. Es war jedoch Čížek, der mich durch Klopfen an der Tür weckte.

»Was gibt's, Čížek?«

»Julča ist zu Hause. Sie ist in den Stall gekrochen und sitzt ganz verstört da. Den Revolver habe ich beim Ausziehen in ihrer Hosentasche gefunden. Vor Schreck stehen ihr die Haare zu Berge. Sie sieht wie ein Igel aus. Im Revolver fehlt eine Patrone.«

Ich ging sie mir ansehen. Sie sah tatsächlich so aus, wie es Čížek geschildert hatte. Sie duckte sich in der Ecke im Stroh, und als ich zu ihr kam, reichte sie mir die Hand, wobei sie irgend etwas wie »Hu« hervorstieß. »Damit will sie wahrscheinlich ›bum‹ sagen«, analysierte Čížek philosophisch.

Am nächsten Tag stand in der Zeitung: *Geheimnisvoller Mord- und Raubüberfall in Košíře.* Das lange Referat, mit dem Titel »Versuch eines Raubmordes«, war in seinen Einzelheiten interessant. Es handelte sich um einen greisen Zigarrenhändler, der in Košíře in der Pod Cibulkou Straße 242 im Erdgeschoß wohnte. Er hatte gerade die Tageseinnahme seines Zigarrenladens nach Hause gebracht, und als er in seinem bescheidenen Stübchen Licht anmachte und einheizte, dann das Fenster öffnete, um den Raum auszulüften, schwang sich ein Mann auf das Fensterbrett und schoß in dem Augenblick nach ihm, als er gerade im Ofen nachlegen wollte.

Hier gingen die Berichte auseinander, denn gut fünfzig Prozent der übrigen Blätter schrieben, daß der Mordanschlag auf den gebrechlichen Alten in jenem Augenblick verübt wurde, als er den Docht der Lampe hochschrauben wollte. Wie immer es sich auch zugetragen hatte, darüber waren sich alle Zeitungsleute einig, daß der Angriff gut durchdacht war und daß der Angreifende genau die Zeit, zu der die Hausbewohner ins Kino gingen, abgepaßt hatte. »Nachdem er den Schuß abgegeben hatte, erschreckten den Täter die Schreie des Überfallenen, wahrscheinlich fürchtete er auch, daß Passanten den durch den Raubüberfall verursachten Lärm hören könnten, da das Fenster offenstand, so daß er von seinem Vorhaben abließ und sich schleunigst davonmachte. Der überfallene Zigarrenhändler begab sich unverzüglich in Begleitung des Hausmeisters auf das Polizeirevier, wo er genauestens den Angreifer beschrieb. Es handelt sich um einen unrasierten Mann, kräftigen Wuchses, kleinerer Gestalt, der eine Tiroler Tracht trug. Der Täter hatte auf dem Kopf einen grünen Hut mit einer Feder. Durch diese Beschreibung«, schrieben die Zeitungen, »wird es vielleicht möglich sein, den Verbrecher festzunehmen, falls sich der Angreifer in dem Bewußtsein, daß er durch die Tracht auffällt, nicht einen anderen Anzug beschafft. Es ist wahrlich an der Zeit, daß in den Vororten wirksamere Sicherheitsmaßnahmen getroffen werden.«

Eine Zeitschrift warf gleichzeitig bei dieser Gelegenheit die Fragen auf, warum bisher die Straße von Košíře bis zu den Häusern »Pod Cibulkou« noch nicht gepflastert sei und warum in einer anderen Straße die Bäume abgesägt wurden.

Die Nachmittagsausgaben der Tageszeitungen brachten am nächsten Tag folgende Nachricht:

Täter des Raubüberfalls in Košíře festgenommen.

Der Polizei gelang es, am Hauptbahnhof den Räuber von Košíře festzuhalten. Der Verhaftete heißt Romuald Jägerle, er stammt aus Bozen in Tirol. Obwohl er standhaft leugnet, trifft die Beschreibung, die der überfallene Zigarrenhändler angegeben hat, genau auf ihn zu. Man fand bei ihm einen kleineren Geldbetrag und eine Zither. Er gibt an, heute früh nach Prag gekommen zu sein, um von hier nach Leitmeritz zu fahren, wo er als Zitherspieler in einem Nachtcafé engagiert sei. Interessant ist, daß er sich nicht erinnern kann, in welchem Nachtcafé in Leitmeritz er engagiert ist. Da man bei ihm keinen Revolver fand, nimmt die Polizei an, daß er den Revolver irgendwo auf der Flucht weggeworfen hat. Er wurde in die Untersuchungshaft des Prager Strafgerichts eingeliefert. Bei der Konfrontation mit dem Überfallenen bezeichnete der Zigarrenhändler mit Bestimmtheit und ohne Zögern Jägerle als den Täter.

Am selben Tage stand in den Abendzeitungen: »*Jägerle, der vermeintliche Täter des Raubüberfalls in Košíře, wurde in Freiheit gesetzt,* weil er mit Hilfe der Zugschaffner sein Alibi nachweisen konnte, er hatte ihnen während der Zeit, als der Angriff auf den Zigarrenhändler verübt wurde, zwischen Linz und Budweis auf der Zither vorgespielt. Die Polizei untersucht von neuem den Vorfall.« Seither stellten wir Julča auch unter dem Namen Jägerle vor.

Einwände gegen eine Konfiskation

Vor dem Berufungsgericht werden gerade Einwände gegen die Konfiskation einer Broschüre verhandelt. Die staatlichen Organe hatten in der Broschüre eine Übertretung der öffentlichen Ruhe und Ordnung festgestellt.

Das Gericht sitzt hinter einem langen Tisch, und auf dem Platz, wo sonst ein Rechtsanwalt steht, verteidigt ein junger begeisterter Autor, der Redakteur des »Sozialistischen Tageblattes«, seine Broschüre.

Er hält beredt einen Vortrag, spricht wie ein Engel. Er erklärt, was eine Revolution und was eine Evolution ist, er sagt, daß gerade dieser und jener Satz niemanden aufbringen könne, weil es ein einfaches Zitieren der Geschichte sei, wie man es auf den Schulen lehre.

Der Vorsitzende sieht ihn an, aber er hört ihm nicht zu. Er hat im Laufe seiner langjährigen Praxis gelernt, einem Vortragenden auf den Mund zu sehen, ohne zu hören, was er sagt. Es ist ihm völlig gleichgültig, was ihm erzählt wird. Er schaut und schaut und wirkt wie ein müder Soldat, der schläft, dabei aber dennoch marschiert und marschiert.

Und der Herr Vorsitzende schaut und schaut und denkt über völlig andere Dinge nach.

Der mit Begeisterung Vortragende, der seine Sache verteidigt, glaubt, daß den Herrn Vorsitzenden das sehr interessiert, und steigert seine Beredsamkeit immer mehr, er spricht beseelt und sieht dabei dem Herrn

Vorsitzenden in die Augen, der wiederum überlegt, was eigentlich heute seinem Morgenkaffee gefehlt habe. Die Sahne sei gut, hatte seine Frau versichert, der Kaffee war wie immer von der gleichen Rösterei, die Zichorie aus Kolín, und doch war der Kaffee nicht so wie immer.

Er blickt den Vortragenden an und denkt dabei: »An deinem Hemd könntest du auch Manschetten tragen.« Der sich Begeisternde spricht lebendig weiter und gestikuliert mit den Händen.

»Aha, deine Manschetten stehen dort auf dem Tisch«, sinnt der Herr Vorsitzende und blickt zu seinem Nachbarn, dem Gerichtsrat, der zweiter Beisitzer ist. Dem scheinen die Einwände allzu lang zu sein, darum beschließt er, ein wenig einzunicken. Er stützt also seinen Kopf in die Hände, so daß es aussieht, als ob er den Text der beschlagnahmten Broschüre prüfe und damit man ihn nicht sehen kann, häuft er verschiedene Gesetzesbücher zu einer Mauer vor sich auf und schläft dahinter ein.

Jedoch nicht sehr lange, denn der dritte Beisitzer stößt ihn an und flüstert: »Schon wieder hat es mich im Rükken gezwickt, Herr Kollege!«

Er hat Rheumatismus, und er muß sich gegen die Lehne des gepolsterten Stuhls stützen, so daß er nicht die Augen schließen kann. Er sieht verärgert aus, er gähnt und blickt in die Akten, die vor ihm liegen. Mit einem Bleistift hat er dort schon einen Hund gemalt, und jetzt radiert er ihm langsam mit einem Gummi erst den Schwanz, dann die Füße und den Kopf fort. Er führt

diese Spielerei gedankenlos aus und denkt über eine neue »Radierung« nach.
Wieder stößt er den schlafenden Gerichtsrat zu seiner Linken an und flüstert: »Was glauben Sie, Herr Kollege, ob ein Dampfbad dagegen hilft?«
Dieser wacht auf und brummt verschlafen: »Den Bleistift können Sie ihm lassen«, und schläft weiter.
Und der schwärmerische Autor redet und redet, er verteidigt gewandt seine Sache. Mittlerweile beginnt auch der vierte Beisitzer, der rechte Nachbar des Vorsitzenden, zu gähnen. Er beugt sich über den Herrn Vorsitzenden, nimmt dem Gerichtsrat den Bücherberg fort und sagt: »Erlauben Sie, Herr Kollege!«
Dieser wacht auf und blickt entsetzt auf den »gegen die Konfiskation Einwand-Haltenden«, wie die Bezeichnung eines solchen Kerls in der Amtssprache heißt.
Der vierte Beisitzer baut nun seinerseits einen Wall aus den Gesetzesbüchern vor sich auf, stützt sich das Kinn und döst.
Auf den ersten Blick mag so ein Schlaf nicht sehr ruhig erscheinen, aber wer darin geübt ist, kann sich mit Leichtigkeit von dem, was um ihn herum geschieht, lösen und selbst bei der Verhandlung tief und fest schlafen.
Der vierte Beisitzer ist ein wirklicher Könner auf diesem Gebiet. Nach einiger Zeit wacht er wieder auf, nimmt von dem Schutzwall das oberste Buch, blickt hinein, legt es auf den Platz zurück und schläft von neuem ein.
Der Vortragende hat dieses Hin- und Herschieben der

Gesetzesbücher bemerkt, und er spricht um so betonter, um sie alle von der Bedeutungslosigkeit der Konfiskation seiner Broschüre überzeugen zu können. Das Herumreichen der Gesetzesbücher von Hand zu Hand ist ihm ein untrügliches Zeichen, daß sie alle an diesem Fall äußerst interessiert sind.

Der Vorsitzende hat den Kopf geneigt und dreht Däumchen unter dem Tisch. Er überlegt, ob er sich am Morgen, als er seine Zigarren gekauft hat, mit dem Geld geirrt hatte.

Er zieht unter dem Talar das Portemonnaie aus der Hosentasche hervor und zählt sein Geld nach. Er stellt fest, daß ihm eine Krone fehlt, und dann, als er auf den Vortragenden blickt, erinnert er sich, daß er sich heute morgen fünf Zigarren mehr als gewöhnlich gekauft hat. Sein Blick schweift über die Beisitzer. Hinter dem Wall von Büchern schläft bereits einer, an seiner rechten Seite beginnen zwei weitere einzuschlafen. Sie schlafen wie Kaninchen mit offenen Augen.

Und weiter hört er irgendein Gemurmel im Gerichtssaal. Rasch wird er sich bewußt, daß der Autor immer noch seine Einwände verteidigt, er schaut nach der Uhr und stellt fest, daß er schon zwei Stunden spricht.

Links hinter dem schlafenden Rat, der hinter seiner Mauer verborgen ist, sitzt als einzig Tätiger der Gerichtsschreiber.

Dieser malt mit dem Bleistift verschiedene Ungeheuer auf das Papier, und vor Langeweile übt er Unterschriften, ebenfalls aus Langeweile stenografiert er hin und wieder irgendeinen Satz aus der Rede des beredten jun-

gen Mannes mit. »Verehrtes Gericht, in dem Satz ›Die schwieligen Hände erheben sich mit Fluchen gegen den Himmel‹ gibt es doch nichts, was die Öffentlichkeit aufrühren könnte . . .«
Bum! Ein Knall! Einer der Schläfer ist vom Sessel gefallen. Er verliert jedoch nicht die Geistesgegenwart und läßt laut vernehmen, wobei er ein Stück Papier von der Erde hochhebt: »Siehe da, jetzt wäre uns beinahe eine Akte weggeflogen!«
Der Vortragende, der durch den Lärm aufgestört wurde, sieht zu ihm hinüber und blickt ihm in die Augen und spricht wieder wie ein Engel, und jener schaut ihn hoch aufgerichtet an, dann setzt er sich hin, und der Vorsitzende schichtet jetzt den Wall von Büchern vor sich selbst auf.
Für einen Schlaf ist es jedoch zu spät. Der Vortragende endet mit einer Bitte, der ruhmreiche Senat möge ein Augenmerk auf diese begründeten Einwände richten und die Konfiskation widerrufen.
Die Schläfer nehmen ihre Baretts vom Tisch, und der Vorsitzende erklärt feierlich: »Das Gericht zieht sich zur Beratung zurück.«
Sie begeben sich in das Beratungszimmer und schließen hinter sich die Tür. Als erster der Vorsitzende und hinter ihm die Beisitzer.
In der Mitte von diesem Raum steht ein langer grüner Tisch. Voller Ernst und schweigend gehen sie um den Tisch herum. Der Gerichtsschreiber geht als letzter. Schon greift der Vorsitzende nach der Türklinke zum Gerichtssaal, als er plötzlich stehenbleibt und sagt:

»Noch einmal rundherum, er war mit seiner Rede sehr lang!«
Sie umrunden noch einmal den Tisch, und dann treten sie in den Gerichtssaal. Der begeisterte Redner sieht sie voller Hoffnung an, als sie ihre Baretts vom Kopf herunternehmen. Der Gerichtsdiener fordert ihn auf: »Stehen Sie auf!« Und der Vorsitzende liest aus einem leeren Papierbogen: »Im Namen Seiner Majestät des Kaisers beschloß das Gericht als Berufungsinstanz auf seiner Beratung, daß die hier vorgebrachten Einwände nicht berücksichtigt werden können und daß man die Konfiskation in vollem Wortlaut bestätigt! Die Begründung wird schriftlich nachgereicht.«

Der Fremdenführer der Stadt Neuburg

So etwa bewertete der Fremdenführer in der bayerischen Stadt Neuburg an der Donau, Herr Jogelli Klopter, seine Führung: »Vier Mark, und was ich essen und trinken werde.«
Die letzte Bedingung erweckte in mir ein unangenehmes Gefühl. Herr Jogelli Klopter hatte nämlich einen abnormen Bauch, auch für bayerische Vorstellungen vom menschlichen Umfang.
Und die übliche bayerische Vorstellung liegt nicht unter neunzig Kilo menschlichen Gewichts.
Für einen Touristen zahlt es sich stets aus, mit einem

Führer den Preis herunterzuhandeln. Ich handelte also völlig ungeschliffen darauf los.
»Sie sind, wie ich denke, ein guter Esser«, sagte ich, »wenn Sie schlanker wären . . .«
Herr Jogelli wurde traurig. »Noch schlanker«, stöhnte er, »Jesus Christus, meinen seligen Vater hätten Sie sehen sollen, und erst den seligen Großvater! Der aß einen ganzen Schinken, eine Schüssel Knödel und einen Topf Kraut, nur so als Imbiß.«
»Ich lege Ihnen drei Mark zu«, sagte ich, »ich gebe Ihnen sieben Mark für den Tag.«
»Herrgott«, antwortete Herr Jogelli mit deutscher Eleganz, »Sie sind ein elender Kerl. Gehen Sie allein durch die Stadt. Aber laufen Sie mir nicht über den Weg. Meinen Sie, mein Herr, der Jogelli Klopter bestiehlt die Fremden? Er ist mit einem Liter Bier und einem Imbiß zufrieden.«
Ich vernahm schon zum zweitenmal aus seinem Mund das Wort Imbiß, und frostige Schauer fuhren meinen Rücken hinab. Dann aber bedachte ich, daß sich ein Tourist auf seinem Weg tunlichst wenig Feinde machen sollte und insbesondere nicht so korpulente, darum schlugen wir gegenseitig ein, er bekam vier Mark, und unten im Gasthof bezahlte er einen Krug Bier für mich. Das ist bei allen Führern in den bayerischen Städten so üblich. Kleine Geschenke erhalten die Freundschaft, und dann wird den Beschenkten dieses kleine Geschenk zwanzigmal am Tag wieder aus der Tasche gezogen.
Nach Neuburg kommen nur wenige Touristen. Vielleicht ist Herr Jogelli Klopter daran schuld. Die Land-

schaft um Neuburg allein lockt nicht allzu sehr. Jedes Städtchen, jedes Dorf in Bayern hat das gleiche Gesicht. Und wo es hier und da eine alte Burgruine gab, hat man sie restauriert und eine Brauerei daraus gemacht. In dieser Hinsicht sind die Bayern sehr unternehmungslustig. So zum Beispiel in Genderkingen, Mertingen, Dürzlenkingen, Bersheimingen, Irgelsheimingen und in anderen -ingen und -ingen. Namen, so einförmig wie die bayerischen Zeitungen. Das gesellschaftliche Leben in all den -ingen liegt in der Feindschaft zwischen den einzelnen -ingen und in grausigen Gasthausraufereien in jedem dieser -ingen. Um Neuburg herum ist es am schlimmsten. Herr Jogelli Klopter wuchs unter diesen grausamen, landschaftlichen Bedingungen auf . . .

Neuburg selbst ist eine altertümliche Stadt, was man von jeder bayerischen Stadt sagen kann. Wenn ich eine Reisebeschreibung zu schreiben hätte, würde ich schildern, daß sie zwei Tore hat, aber so betone ich nur, daß ich an einem Abend durch das eine Tor kam und am zweiten Tag nachmittags durch das andere hinausging. An dem letzteren ist Herr Jogelli Klopter schuld . . . Neuburg hat auch Burgmauern, die sich in einem erbärmlichen Zustand befinden. Die Schweden haben irgendwann vor Jahrhunderten diese Mauern zerstört, und seit jener Zeit haben die Neuburger sie im gleichen Zustand gelassen. Es läßt sich auch dadurch erklären, daß sie einen konservativen Abgeordneten gewählt haben.

Wie eine jede ordentliche bayerische Stadt hat Neuburg

auch ein altes Rathaus. Dieses Rathaus hat hohe Stufen. Das ist alles, was mir Herr Jogelli Klopter darüber erzählte. Die Donau bildet hier zwei Arme. Auch auf so eine Kleinigkeit machte mich Herr Jogelli aufmerksam. Und als wir über die Brücke gingen, erklärte er, daß es eine Holzbrücke wäre.
Am Anfang der Brücke steht eine Brückenwache mit Pickelhaube.
Warum sie dort steht, wußte Herr Jogelli nicht, und der Soldat hatte sicher auch keine Ahnung.
Als wir uns auf der anderen Seite befanden, erklärte Herr Jogelli, daß hier die Brücke zu Ende sei. Nicht daß Sie denken, er habe mich außer auf das Rathaus und die Holzbrücke auf nichts Weiteres mehr aufmerksam gemacht. O nein. Zwischen dem Rathaus und dem Ende der Brücke stehen fünf Brauereien und acht Gasthäuser. Hinter dem letzten Gasthaus ist das Tor, und durch jenes ging ich hinaus, als ich diese Stadt verließ. Hinter dem Tor liegt auch der Ort, in dem Herr Jogelli Klopter lebt, den ich jedem Touristen auf das wärmste empfehlen kann . . .
Als wir aus dem Gasthaus heraustraten, in dem ich übernachtet hatte, und über die Brücke kamen, sagte der Fremdenführer: »Jetzt werde ich Ihnen den alten Gasthof ›Beim Schiff‹ zeigen.« Das Äußere war nicht verlockend. »Wir müssen hinein«, sprach Herr Jogelli, »wir müssen hier auf jemanden warten.« Es war mit so sanfter Stimme gesprochen, daß ich nicht daran zweifelte, daß der Fremdenführer nur mit Zinsen das austrinken wollte, womit er mich bewirtet hatte, zum Zei-

chen, daß unser Vertrag gültig sei, und ich war sicher, daß das Warten »auf jemanden« nur ein Vorwand war, um den Zusatz unseres Vertrages »was ich essen und trinken werde« zu erfüllen.
Ich bestellte Bier. Herr Jogelli nahm einen Zug und begann zu sprechen: »Ich warte auf einen Lumpen. Er ist ein Schweinkerli, so ein Schweinbübli.« Er sagte noch mehrere Namen, niedlich mit dem Wort »Schwein« zusammengesetzt, er nahm wieder einen Zug und fuhr fort: »Mein Herr, dieser Kerl steht bei mir auf der Liste. Aber wenn er kommt, so werden wir uns etwas zu erzählen haben. Dieser Kerl ist aus Dürzlenkingen, und ich bin aus Bersheimingen. Wir aus Bersheimingen sind roh, aber gutmütig, aber die aus Dürzlenkingen sind nur roh, und von Herzensgüte keine Spur. In Dürzlenkingen ist nur alles sakra und Schweinbübli.«
»Schweinkerli«, bemerkte ich, damit ich auch etwas sagte.
»Jawohl, Schweinkerli«, sprach Herr Jogelli, »und der größte ist Johannes Bewign.« Er trank seinen Krug zu Ende und bestellte den zweiten. »Wir«, sprach er erregt, »wir aus Bersheimingen haben uns noch nie gut mit diesen Gassenjungen aus Dürzlenkingen vertragen. Wissen Sie, bei uns spricht man in jedem Dorf anders, aber in Dürzlenkingen spricht man so schlecht, daß sie uns aus Bersheimingen nicht verstehen. Mein Vater war aus Bersheimingen pá á, und er, dieser Johannes hat mich immer ausgelacht, daß er nicht wüßte, was pá á sei . . ., Schweinbübli.«
»Erlauben Sie, Herr Jogelli, was ist eigentlich Pá á?«

»Pá á ist pá á, Herr, wie soll ich es Ihnen auf deutsch besser sagen?«
(Bis heute weiß ich nicht, was das »pá á« bedeutet, und Herrn Jogelli nach bin ich also ein Schweinbübli.)
»Ho, ho, wissen Sie, daß dieser Lump Johannes hierher nach Neuburg gekommen ist, um mir Konkurrenz zu machen, und daß er über mich verbreitet, ich wäre ein Trunkenbold? Das ist mir ein schöner Fremdenführer, dieser Johannes Bewign, sowie ihm irgendein Tourist in die Hände fällt, betrinkt er sich mit dem Herrn Touristen zusammen. Eine Bestie! Und darum werden wir auf ihn warten, und ich werde ihm dann sagen: ›Siehst du, du Schweinbübli, daß du mich nicht vernichtet hast und daß mit mir bessere Herren Touristen gehen als mit dir, du elende Seele aus Dürzlenkingen.‹ Und wenn wir ihn hier nicht erwischen, so wird er sicher in der Burgsheimer Brauerei sein, und wenn dort nicht, dann trinkt er sicher in dem Gasthaus ›Zur großen Tabakspfeife‹, und sollte er auch dort nicht sein, so in irgendeinem der Gasthäuser um das Rathaus herum oder in den Brauereien an der Burg, und wenn er auch dort nicht sein sollte, so werden wir im Gasthaus ›Zum letzten Tor‹ nachsehen.«
»Und was, wenn er auch dort nicht sein wird, Herr Jogelli?«
Der Fremdenführer schlug mit der Faust auf den Tisch: »Dann gehen wir ihm bis nach Dürzlenkingen nach.«
Wie Sie sehen können, ist er ein sehr angenehmer Herr, dieser Jogelli Klopter.
Ein unbezahlbarer Fremdenführer! Er kannte einfach

alles. Er belehrte. Er erläuterte. Wir gingen vom »Schiff« durch eine schmale Gasse. An der Ecke blieb Herr Jogelli vor einem alten Gebäude stehen. »Hier haben sie im vorigen Jahr den Fleischer von Weiding erschlagen«, sprach er dumpf, dabei auf das Gebäude zeigend, »das ist die Burgsheimer Brauerei.«
»Und wer hat ihn erschlagen, Herr Jogelli?«
»Die Leute aus Dürzlenkingen, mein Herr. Sie treffen sich hier, vielleicht wird hier auch mein Konkurrent Johannes Bewign sein. Gehen Sie ruhig vor.«
Als wir hinter dem Tisch saßen, sah sich Herr Jogelli mit Kennerblick nach mehreren riesigen Gestalten um, die sich dort in der Ecke im Halbdunkel stritten.
»Er ist nicht dabei«, sprach er enttäuscht, »die beiden rechts, die wohnen in der Regensburger Straße, und die beiden links an der Augsburger Landstraße. So werden sie noch eine Stunde streiten, bevor sie aufeinander losgehen. Das ist nichts Interessantes. Schade, daß hier nicht die vom Friedrichsplatz und aus der Pfalzstraße sind, die können raufen, oder die aus der Vorstadt Lesheim und die aus Hein.«
Er spuckte aus. »Diese da«, sagte er verächtlich, »die wissen nicht einmal, was ein Messer ist. Die aus Dürzlenkingen sollten sich die einmal vornehmen. Diesem Fleischer aus Weiding, dem haben sie den Mantel, wie es sich gehört, zerstochen. Mir könnte das nicht passieren. Schade, daß nicht Johannes Bewign hier ist, aber wir werden ihn schon finden, mein Herr, und wenn er etwas zu uns sagen wird, dann werden wir es schon mit ihm ausmachen.«

Wie man sehen kann, verhält sich Herr Jogelli Klopter den Fremden gegenüber niemals zurückhaltend wie so zahlreiche andere Fremdenführer, die bei dem Stadtrundgang alles gleich holterdipolter erledigen, nur um mit der Führung schnell fertig zu sein.
Neuburg also ist eine altertümliche Stadt. Sie hat zahlreiche altertümliche Häuser, und zu den hübschen Häusern mit Erkern und Mönchsdächern gehört auch das Haus, in dem sich das Gasthaus »Zur großen Tabakspfeife« befindet. In diesem Gasthof steht geschrieben: »Es wird gebeten, sofort zu bezahlen.«
Es ist ein düsterer Raum, finster, mit einem alten Gewölbe, das auf die Gäste zu fallen droht. Darum wird es von zwei Holzsäulen gestützt. Irgendein Samson aus Bersheimingen würde, wenn er eine dieser Holzsäulen herausrisse, eine ganze Reihe der Dürzlenkinger begraben können. Herr Jogelli hatte solche biblischen Einfälle.
»Wenn«, sagte er, dabei die Augen zu Schlitzen schließend, »von denen auf mich zu viele kämen, da wüßte ich, was ich tun würde. Ich würde es wie Samson machen.«
Herr Johannes Bewign war nicht in der »Großen Tabakspfeife«. Als es zu lange dauerte, gingen wir weiter.
»Wir gehen in die Klosterbrauerei«, machte der Fremdenführer aufmerksam, »die Klosterbrauerei ist dadurch sehr interessant . . .«
»Aha«, dachte ich, »jetzt beginnt eine langweilige Erklärung, wie: ›Der Bau stammt aus dem sechzehnten Jahrhundert‹ usw.«

»Haben Sie schon in Neuburg Leberwurst gegessen?« unterbrach Herr Jogelli meine Gedanken.
»Ja, im Gasthof, in dem ich übernachtet habe.«
»Dann haben Sie eigentlich noch keine Leberwurst gegessen. Das Klosterbrauhaus ist dadurch interessant, daß die hiesigen Franziskanerpater so gute Leberwürste herstellen, daß außer dem Wunderbild vom heiligen Heliodor, das die Pilger aus dem ganzen Schwabenland anzieht, es ihre Leberwürste sind, deretwegen die Pilger noch aus der Oberpfalz kommen. Manchmal kriegen sich zwei Prozessionen in der Klosterbrauerei in die Haare und beginnen zu raufen, und wissen Sie, was die Franziskanerpater dann in so einem Fall machen? Sie entziehen ihnen die Leberwürste. Und gleich ist die Rauferei aus.«
(Die Fortsetzung der Unterhaltung geschieht bereits in der Klosterbrauerei.)
»Und warum raufen sie miteinander, Herr Jogelli?«
»Um das Bild vom heiligen Heliodor, Herr. Jede Prozession möchte das Bild zuerst küssen, damit sie früher trinken und Leberwürste essen können; denn es geht nichts über diesen Imbiß.«
Herr Jogelli aß von diesem Imbiß zwei Pfund. Es war überhaupt ein erfreuliches Gasthaus. Wir erfuhren, daß der Konkurrent des Herrn Jogelli, Johannes, vor einer halben Stunde mit einem Touristen in irgendeine Brauerei an der Burg gegangen war und nach Herrn Jogelli gefragt hatte . . .
»Oh, dieser Elende«, sagte Herr Jogelli pathetisch, »also hat er doch noch irgendeinen lumpigen Touristen

aufgetrieben. Es nützt nichts, wir müssen hinter den beiden her zur Burg. Wahrscheinlich hatten die beiden vor uns Angst.«

Herr Jogelli wurde immer vertraulicher.

»Diesen Touristen«, sagte er, »den nehmen Sie sich vor.«

Er sagte es mit einem Ton, der bedeutete: »Wer nicht mit mir ist, der ist gegen mich.« Wir gingen zur Burg. Wie an die Burg angeklebt, befinden sich dort fünf kleine Bierbrauereien. Sie schmiegen sich wie Küken an die Glucke. So ließen die Neuburger von der Burg das beschützen, was ihnen am teuersten war.

Während des Dreißigjährigen Krieges drang eine Horde Schweden zur Burg vor, und nach einem erbitterten Kampf nahmen sie die erste kleine Bierbrauerei ein. Die Sieger haben sich dort schamlos betrunken. Als die Burgbesatzung das sah, machte sie einen Ausfall, dabei mußte sie die zweite Brauerei passieren. Die Besatzung konnte nicht widerstehen, und nach sorgfältigem Nachdenken, daß, wenn sie die Vorräte nicht selbst austränken, die schwedischen Söldner es tun würden, warf sie sich anstatt auf die Schweden in der ersten Brauerei auf die Fässer in der zweiten Brauerei. Und sie siegten. Sie tranken die Fässer leer.

Die Schweden kamen inzwischen wieder zu sich und machten einen Angriff auf die zweite Brauerei. Sie fanden sie besetzt. So zogen sie zur dritten, wo sie so lange tranken, bis sie noch betrunkener waren als in der ersten. Sie tranken ohne Widerstand. Inzwischen wurde aber die Burgbesatzung in der zweiten wieder wach und zog gegen die dritte Brauerei, um sie zu verteidigen. Es war jedoch zu spät. Sie fand nur noch die schlafenden Schweden und leere Fässer vor. Erbost durch den Anblick der leeren Fässer, machten sie die Schweden nieder. Und das ist der sogenannte Neuburger Sieg, wie es die Inschrift unter der Wandmalerei am Burgtor meldet.

»Sie haben ihr Schicksal verdient«, sagte Herr Jogelli unter der Malerei. »Die Schweden verursachten damals überhaupt sehr viel Schaden. In Schwaben, so steht es in den Büchern, gab es vor dem Dreißigjährigen Krieg viel mehr Brauereien als heute.«

Zu heutiger Zeit gibt es, wie gesagt, unter der Burg nur fünf Brauereien. In keiner dieser historischen Gedenkstätten fand Herr Jogelli seinen Konkurrenten, Herrn Johannes, noch ich meinen Widersacher, den anderen Touristen.

»Die Hauptsache ist«, belehrte mich Herr Jogelli, als er enttäuscht aus der letzten herauskam, »niemals jemanden an sich herankommen zu lassen. Den Krug nehmen, schmeißen, den Stuhl nehmen, schmeißen, ein Bein vom Tisch abreißen und schmeißen. Das ist das Beste.«

»Ich habe nur eine schwache Hoffnung«, sagte er, als wir durch die Burggasse zum Tor schritten, »daß wir die Lumpen im Gasthaus ›Zum letzten Tor‹ finden werden. Wollen die uns etwa zum Narren halten?«

Verlieren Sie nicht die Hoffnung! Wir fanden sie im »Zum letzten Tor«. Mein Widersacher, der Tourist, sah angstvoll um sich, Herr Johannes herausfordernd.

Wir setzten uns ihnen gegenüber. Der Tourist und Herr Johannes waren schon recht vertraulich miteinander. Sie duzten sich. »Du«, hörte ich, wie Herr Johannes dem verängstigten Touristen laut Ratschläge verabfolgte, »du wirst zu dem Fremden gehen und wirst ihm eine langen, und das andere werde ich schon mit Jogelli allein ausmachen.«
Und da dröhnte bereits schon Herr Jogelli: »Jeder Kerl aus Dürzlenkingen ist ein Schweinkerli.«
»Und die aus Bersheimingen Schweinbübli«, rief Herr Johannes.
Dann flog der Krug von Jogelli und gleichzeitig der Krug von Johannes. Dann entstand ein Durcheinander, denn es saßen dort noch mehrere Leute aus der Vorstadt Lesheim und der Vorstadt Hein, die diese Gelegenheit ergriffen, um sich gegenseitig die Köpfe einzuschlagen.
Ich verschwand aus dem entstehenden Schlachtgetümmel und traf vor der Tür mit dem fremden Touristen zusammen.
»Wir suchten Sie in allen Brauereien und Gasthäusern«, sagte der fremde Tourist. »Johannes sagte, daß er noch etwas mit Jogelli abzurechnen habe, der ihm Konkurrenz mache.«
Wir schritten durch das Tor von Neuburg hinaus.
»Es ist ein angenehmes Städtchen«, sagte der fremde Tourist mit Begeisterung, »bei uns in Württemberg ist alles etwas zu fad . . .«
Seht! So sind die Deutschen und so die Fremdenführer in der schwäbischen Stadt Neuburg an der Donau . . .

Herr Hustoles sagte einmal während einer Debatte zu seinem Nachbarn Křička: »Ihre Partei ist aber eine schöne Partei. Wenn ein Lump vom Galgen abgeschnitten wird, geht er gleich für das Programm Ihrer Partei kandidieren.«
Herr Křička erklärte daraufhin: »Wir, Herr Hustoles, wir werden uns noch einmal sehen.«
Herr Hustoles hatte neben der politischen Weitsicht einen großen schwarzen Kater, der meist auf der Türschwelle seines Gemischtwarengeschäftes saß. Dieser Kater erfreute sich der Beliebtheit der ganzen Umgebung, und die Bevölkerung achtete diesen Kater wegen seines gutmütigen Benehmens, des lustigen Sinnes, der – wie bekannt – fünf Zehntel der Gesundheit ausmacht; dieser Kater wurde weiter wegen seines anschmiegsamen Wesens geehrt, und nie wäre es einem eingefallen, daß dieses treffliche Tier in der nächsten Umgebung einen Feind haben könnte.
Er bestand aber in der Person des Herrn Křička, der nach dem bereits bekannten politischen Streitgespräch mit Herrn Hustoles zu seinem achtjährigen Sohn Josef sagte: »Pepi, wenn du dieses schwarze Biest vom blöden Hustoles siehst, tritt ihm auf den Schwanz.«
Welches Kind würde nicht freudig so eine erhabene, vertrauensvolle Sendung durchführen? Pepi ging, trat dem Kater auf den Schwanz und tat zu dieser Leistung noch ein übriges und bespuckte den Kater, so daß einer

alten Frau von gegenüber beinahe das Herz darüber zerbrach.
Dann lief er fort. Im ersten Augenblick wußte der Kater nicht, was er davon halten sollte, aber dann überlegte er und gelangte zu der Erkenntnis, daß es wehtat, was der Bengel mit ihm gemacht hatte, und daß es unangenehm war, mit Wasser aus dem Mund bespritzt zu werden. Bis zum Abend schließlich überlegte er sich auch, daß dies sogar schmachvoll gewesen war . . .
Er nahm sich vor, auf den Bengel achtzugeben.
Pepi bekam von seinem Vater für sein mutiges Verhalten einen Kreuzer, und es wurde ihm ein weiterer versprochen, wenn er seine Behandlung fortsetzen würde; denn in dem Kater sah Herr Křička die gesamte feindliche politische Partei, weil der Kater seinem politischen Widersacher gehörte.
Pepi trat also nicht nur dem Kater auf den Schwanz, sondern der ganzen widerwärtigen politischen Partei, und er bespuckte nicht nur den Kater, sondern all die politischen Anhänger derjenigen Partei, der der Besitzer des Katers angehörte.
Pepi schritt lustig in den politischen Kampf.
Der Kater saß vor der Tür, es sah aus, als schliefe er. Aber das stimmte nicht, er hatte sich nur verstellt. Niemand kann ihm das böse ankreiden, denn er ist ja nie in die Schule gegangen und hat nie gehört, daß Verstellung eine Sünde sei . . .
Der Kater verstellte sich also in seiner ganzen Unschuld, und Pepi trat ihm auf den Schwanz und spuckte ihm auf den Kopf.

Da sprang aber der Kater auf und biß Pepi ins Bein. Da er bereits so schön im Gange war, fauchte er und kletterte an Pepi hoch, schlug ihn mit seinen Krallen, schnaubte, knurrte, und dann biß er ihn noch in das Ohr, kletterte daraufhin an Pepi wieder herunter und schritt voller Ernst mit erhobenem Schwanz von dem brüllenden Jungen davon und setzte sich wieder zufrieden auf die Schwelle seines Herrn und schnurrte bedächtig.

Als Pepi verheult und blutig nach Hause kam, rief Herr Křička aus: »Gottseisgelobt, endlich habe ich dich erwischt, Herr Hustoles«, und führte Pepi auf das Polizeikommissariat, wo der Polizeiarzt Pepi untersuchte und von der ganzen Angelegenheit ein Protokoll schrieb, und der Polizeikommissar ordnete dann an, daß der Kater verhaftet und zur tierärztlichen Untersuchung abgegeben werden müsse.

Zwei Schutzleute machten sich darum auf die Suche nach dem Kater, sie verhafteten ihn im Namen des Gesetzes, und da er fortlaufen wollte, kratzte und fauchte, blieb nichts weiter übrig, als die Gemeindetruhe zu holen, in welche sie den Kater einsperrten. Er machte sich kurz vorher noch einer öffentlichen Gewalttätigkeit schuldig, indem er sich in die Polizeiuniform festbiß. Da er die Wachtmeister anfauchte, verursachte er auch eine Beleidigung der Polizei. Was er knurrte, war nicht festzustellen.

Sie überführten also den Kater in die tierärztliche Abteilung der landwirtschaftlichen Fachgruppe der technischen Wissenschaften. Die Schutzleute gaben einen

Rapport: »Als wir ihn holten, kratzte, fauchte und biß er. Wir holten die Gemeindetruhe, und nach verzweifeltem Widerstand schmissen wir ihn in den Korb. Er wollte uns den Revolver abreißen.«
Das Protokoll wurde zusammengeschrieben, unterschrieben und der Staatsanwaltschaft vorgelegt.
Die Staatsanwaltschaft sah in der Handlung von Herrn Hustoles eine Übertretung der ausreichenden Sicherung von Tieren.
Vornehmlich, weil der Kater nicht mit einer Kette angebunden und mit einem Maulkorb versehen war.
Dann geschah es außerdem zur Zeit der Wahlen, wo ein Tier sehr leicht die Tollwut bekommen kann.
Weiterhin bestand zwischen Herrn Křička, dem Vater des vom Kater angefallenen Sohnes Josef, und zwischen Herrn Hustoles, dem Besitzer des schwarzen Katers, der den Überfall auf den Jungen von Herrn Křička ausführte, bereits länger eine Spannung. Dem staatlichen ausführenden Organ ist nämlich bewiesen woren, daß der Kater des Herrn Hustoles vorsätzlich handelte, daß er den Sohn des politischen Feindes seines Herrn körperlich schädigen wollte, was ihm dann auch gelang. Weil aber nach dem gültigen österreichischen Gesetz vom 8. Januar 1801 Kater als schwachsinnige Personen gelten, für die ihre Besitzer mit ihrem Vermögen und Leben haften, beruht die Schuld einzig auf Herrn Hustoles.
Inzwischen waren in dem tierärztlichen Institut bei der landwirtschaftlichen Fachgruppe der technischen Wissenschaften der geistige und auch der körperliche Zu-

stand des Katers schon untersucht und die Akten an die staatlichen Organe weitergeleitet worden.
Das Gutachten lautete:

Herr František Hustoles.
Der Untersuchte besitzt einen starken Knochenbau, ist wohlgenährt, er leidet jedoch an einer Knochenhautentzündung, der zufolge sein Biß auch lebensgefährlich sein kann.
Aus diesen Gründen ist es wünschenswert, daß der Untersuchte getötet wird.

Dr. M. Kašpárek

Die staatlichen Organe sandten diese Akte zur Erledigung auf das Polizeikommissariat, wo sie zu den Unterlagen, die die Angelegenheit des Herrn Hustoles betrafen, getan wurde.
Der Kater wurde Herrn Hustoles inzwischen zurückgegeben, und wie groß war die Überraschung seiner armen Familie, als um fünf Uhr in der Früh vier Schutzleute Herrn Hustoles holten und den unglücklichen Mann abführten. Auf der Polizeiwache fragte ein Wachtmeister den Vorgeführten nicht gerade sehr freundlich:
»Sie sind der František Hustoles?«
»Bitte sehr, gnädiger Herr!«
Einem jungen Polizeibeamten in der Ecke glänzten die Tränen in den Augen.
»Geben Sie die Akten über František Hustoles her und heulen Sie nicht.«
Sie wurden gebracht.

»Hören Sie die Anordnung der Statthalterei, Hustoles, vom 15. Juni 1911, Nr. 75 289:

In der Angelegenheit des František Hustoles wird auf Grund des tierärztlichen Gutachtens Nr. 2145/65 angewiesen, daß der nämliche ohne Aufschub getötet werde. Gegen diesen Beschluß ist nach § 5 des Gesetzes über Viehseuchen vom 12. Januar 1867 keine Berufung möglich.

k. u. k.-Statthalterrat
Vaníček.«

»Wie Sie sehen«, sagte der Polizeiwachtmeister zu dem unglücklichen Mann, »gibt es bei dieser Anordnung keine Berufung. Schreiben Sie Ihren letzten Willen nieder, und plärren Sie hier nicht herum. Sie werden so und so getötet, sobald aus Wien die Bestätigung des Beschlusses und die Anordnung eintrifft, auf welche Art Sie getötet werden sollen.«
Ich bin wirklich neugierig, wie sich Herr Hustoles aus dem Ganzen herausgewunden hat.

Der Alleswisser

Ich weiß nicht einmal, wie das alles kam, daß ich in jener Unterhaltungszeitschrift die Rubrik *›Ratschläge fürs Leben‹* redigierte. Ich weiß nur soviel, daß der Inhaber dieser Zeitschrift oft mit mir in ein Restaurant

ging und daß ich ihm ein ungewöhnliches Mittel gegen Hühneraugen empfohlen hatte: breite, große, bequeme Schuhe.
Dann hat er noch erfahren, daß ich den Jagdhund des Restaurantbesitzers, der die Staupe hatte, damit gesund machte, daß ich empfahl, die Schnauze des Hundes mit Terpentinöl einzureiben. Wie ich gerade auf Terpentinöl kam, ist für mich selbst ein Rätsel. Der Hund besaß aber eine starke Konstitution und hielt es aus, obwohl er so fürchterlich jaulte, daß man ihn schon erschießen und mir die Rechnung schicken wollte.
Später dann hörte er mich sehr jovial mit der Hausverwalterin über »Die Erziehung der heranwachsenden Töchter für den Haushalt« sprechen. Ich erzählte sehr schwungvoll: »Es wird sicher nicht zum Schaden unserer jungen Mädchen sein, wenn sie sich die grundsätzlichen Kenntnisse der Hauswirtschaft zu eigen machen und sich so für das Familienleben vorbereiten. Sollten sie später einen anderen Beruf erwählen, wird nichts verloren sein . . .«
»Ausgezeichnet«, rief der Inhaber der Zeitschrift, »sie sind ein Alleswisser.«
So verging ein halbes Jahr. Ich quatschte in dieser Zeit so viel, daß ich völlig überzeugt war, alles zu verstehen. Nach einem halben Jahr kam er wie üblich in das Gasthaus »Svoboda« und war erregt. Er teilte mir mit, daß sein Bearbeiter der Rubrik ›*Ratschläge fürs Leben*‹ gerade in ein bestimmtes Sanatorium gebracht worden sei, nachdem eine Anfrage eines Abonnenten eingetroffen war, der sich nach Geisteskrankheiten erkundigte.

»Mein Mitarbeiter«, sagte der Inhaber der Zeitschrift, »war ein sehr gewissenhafter Mann. Er arbeitete jede Anfrage sehr sorgfältig aus, waren keine da, so dachte er sich selbst welche aus und beantwortete sie in der Rubrik ›*Ratschläge fürs Leben*‹. Um die Anfrage über die Geisteskrankheiten beantworten zu können, studierte er alle Bücher darüber und bemerkte an sich selbst, daß er allen Anzeichen nach, die in einem der Bücher beschrieben waren, anfing, verrückt zu werden. Wir fuhren ihn also in ein Sanatorium, wo er wahrscheinlich länger als vier Nummern der Zeitschrift verbleiben wird. Könnten Sie nicht so liebenswürdig sein und für ihn einspringen? Sollte er ganz und gar verrückt werden, wollen wir einen definitiven Vertrag miteinander machen.«
Ich konnte es ihm nicht abschlagen, und mit vollem Vertrauen begann ich meine nicht allzu ehrliche Arbeit, nämlich auf eine ganze Reihe von Briefen zu antworten, die Antworten an die Druckerei zu schicken und mich wie ein kleines Kind darüber zu freuen, wie die entsprechenden Leute sich freuen würden, in der Zeitschrift die gedruckte Antwort auf ihre Anfrage zu erblicken. Tatsächlich aber hätte ich niemals vermutet, nach welchen wunderlichen Dingen die Menschen fragen können. Die Rubrik ›*Ratschläge fürs Leben*‹, von mir geleitet, war in der ersten Nummer der folgenden Zeitschrift sehr abwechslungsreich.
Irgendein Mensch fragte, wie ein Luftschiff konstruiert sei.
Ich schrieb:

Luftschiff (1412). Es muß sehr sorgfältig zusammengesetzt werden, sonst fliegt es nicht.

Eine Abonnentin fragte an, wie die Speisekarte auf dem Schiff ›Fram‹ war, auf dem Nansen zum Nordpol reiste:

Nansen. Es gelang mir nicht, das genau festzustellen, aber sie hatten am Dienstag stets Erbsen mit Grieben und geräuchertem Fleisch. Rindfleisch aßen sie am liebsten mit frischem Gurkensalat, die Gurken wurden im Maschinenraum gezüchtet. Als Nachspeise hatten sie regelmäßig Eis. Um alles genauestens festzustellen, wenden Sie sich an ihn selbst durch Vermittlung des österreichischen Konsulates in Kristiania.

An dem gleichen Tag schrieb ich:

Jungmaler. Wir glauben es gern, daß Ihr Junge Talent zum Malen hat, aber aus der 2. Volksschulklasse werden sie ihn bestimmt nicht in der Malakademie annehmen. Sie machen es am besten, wenn Sie warten, und mit vierzehn Jahren schicken Sie ihn ins Malerfach.

Täglich kamen neue und neue Anfragen, und ich antwortete:

Soll ich mich verloben? (K. V. in M.) Es gibt wirklich keinen Anlaß, warum Sie sich verloben müßten. Einem jungen Mann ist so eine Angelegenheit stets im Wege. Ich glaube, daß Sie bei der Verlobung auf die Familie Ihrer Braut Rücksicht nehmen sollten. Ärger entsteht, wenn Sie sie dann nicht nehmen, obwohl ich Ihnen rate, zuerst vor der Hochzeit den Eltern Ihrer Braut noch einen größeren Betrag aus der Tasche zu ziehen. Vor allem jedoch meiden Sie die Verlobung, damit es kein Be-

trug wird. Wenn Sie von den Eltern des Mädchens, das glaubt, daß Sie es lieben, einen Betrag von über 50000 Kronen herausgelockt haben, so läßt sich damit bis nach Australien fahren. Unter 50000 Kronen rate ich Ihnen, sich nach Rumänien zu wenden, das keine Flüchtlinge ausliefert.
Leidvolles Leben. (L. H. in P.) Ich begreife, daß Ihnen Ihre Frau unangenehme Augenblicke bereitet und daß Sie sie gern los sein würden. Ärger entsteht, weil der Staat in solchen Fällen eine gerichtliche Obduktion anordnet. Darum empfehle ich Ihnen kein Arsen, dessen Spuren man in den Organen der Vergifteten finden könnte. Da lassen Sie sie schon eher irgendeinen der Romane von Guido Maria Vyskočil lesen.
Schwachsinniger Junge. Haben Sie keine Sorgen um die Zukunft Ihres Sohnes, lassen Sie ihn ruhig die Diplomatenschule besuchen.
Die Ehrbare. (Z. H. in L.) Daß ein junges Mädchen mit einem jungen Mann für zwei Monate auf Reisen geht, daß dann dieser Ausflug ohne Folgen bleibt, das faßt man in unseren Zeiten als unanständig auf und ist für Ihren Ruf irgendwie gefährlich.
Kaffeehaus. (Karel Málek aus Zběroz) Wenn Ihnen der Kaffee in dem Kaffeehaus, wo Sie täglich zu Gast sind, nicht schmeckt, so bringen Sie sich in einer Thermosflasche, die Sie in jedem Haushaltswarengeschäft kaufen können, Ihren eigenen Kaffee, den Sie sich zu Hause kochen lassen, in das Kaffeehaus mit. So ist es völlig sicher, daß Ihnen der Kaffee schmecken wird.
Ranzige Butter. Entweder Sie werfen sie fort oder

spenden sie irgendeinem Waisenhaus, oder Sie warten, bis Sie davon soviel haben werden, daß Sie Seife aus ranziger Butter herstellen können.
Schwindelgefühl. Wenn Sie an Schwindelanfällen leiden, so kriechen Sie auf kein Dach und kein Seil. Überlegen Sie es sich auch gut, falls Sie jemand auf eine Reise in die Alpen locken will.
Chiffre Hoffnung. Fürchten Sie sich nicht. Durch Karbolwasser entsteht laut Information niemals Blutvergiftung, auch wenn Ihnen das Karbol in die verletzte Haut dringen sollte. Das Trinken wird jedoch von ärztlichen Autoritäten nicht empfohlen.
Magenknurren und -brummen. (Věra Liptovská) Wir verstehen, daß es Ihren Tänzern nicht angenehm ist. Damit also Ihre Umgebung nichts zu hören bekommt, überreden Sie Ihre Tänzer, sich Watte in die Ohren zu stecken, und gehen Sie selbst mit gutem Beispiel voran. Dann kehrt die seelische Ruhe wieder bei Ihnen ein.
Feine Sitte. (Lud. Čejkova in Kladno) Sie schreiben, daß Sie sich sehr gern feine Sitten aneignen würden. Lassen Sie sich jedoch nicht zu übereilten Entscheidungen hinreißen. Lassen Sie davon nirgends etwas verlauten, damit Sie nicht Ihre Umgebung abstoßen. Wägen Sie gut im voraus ab, wie groß etwa der Nutzen wäre, wenn Sie Ihre Sitten ändern.
Rühreier nach mexikanischer Art. Sollten Sie gewöhnliche Rühreier leid haben, so fertigen Sie sich diese nach mexikanischer Art an. Zu diesem Zweck fahren Sie nach Mexiko, und an Ort und Stelle zerlassen Sie auf der Pfanne Butter, um dann unter ständigem Rühren

fünf Eier hineinzuschlagen und so lange zu rühren, bis sie nach Ihrem Geschmack fest werden. Solch eine Veränderung ist sehr empfehlenswert.

Rabiater Schwiegersohn. Wenn Sie Ihr Schwiegersohn mit einem Messer bedroht, das, wie Sie sagen, rostig ist, sehen Sie zu, es ihm freundlich auszureden, denn er könnte sich selbst dabei verletzen und Blutvergiftung bekommen. Am besten wird es sein, wenn er das Messer mit irgendeiner Paste gründlich reinigt und es dann für zwei Minuten in Lysol taucht.

Nützlichkeit des Essigs. (F. Bránek) Wir baden uns die Füße in reinem Essig, der die Hühneraugen vertreibt. Den Rest benutzen wir dann zum Geschirrwaschen, denn er löst das Fett; wenn wir danach mit dieser Mischung rohes Fleisch bestreichen, wird es wesentlich länger halten und nicht riechen.

Äpfel im Schlafrock. Ihre Anfrage, was es mit den Äpfeln im Schlafrock auf sich hat, ist etwas unklar. Vielleicht, daß die Kinder spielten und Ihnen während Ihrer Abwesenheit die Äpfel in den Schlafrock steckten oder daß es sonstwie geschehen ist. Hat Ihr Schlafrock dabei Flecke durch Zerdrücken der Äpfel erhalten, so geben Sie ihn in die Reinigung, oder beseitigen Sie die Flecke mit einer Lösung von Oxalsäure. Auf jeden Fall aber schließen Sie den Schlafrock in den Schrank ein, damit niemand Äpfel darin verstecken kann.

Bekanntschaft. (K. A.) Sie erregen sich mit Recht darüber, daß der Herr, mit dem Ihre Tochter eine Bekanntschaft hat, auf dem Ausflug weder ihr noch Ihnen eine Vesper bezahlte. Man merkt, daß aus Ihrer Anfrage irgendwie ein Mißtrauen gegenüber diesem Mann herausklingt. Wenn Sie für sich selbst die Zeche zahlen wollten, brauchten Sie sich nicht so weit auf Ausflügen herumzuplagen.

Schabe. Sie haben Angst, ob Sie in der Nacht nicht eine Küchenschabe geschluckt haben, denn in der neuen Wohnung, wie Sie schreiben, wimmelt es nur so davon, und Sie pflegen mit offenem Mund zu schlafen. In dieser Hinsicht hegen Sie keine Befürchtungen, eine Schabe ist ein leicht verdauliches Essen, und die Num-Nums, ein Stamm in Südwestafrika, kennen keine andere Zubereitung dieser Insekten als das Verschlucken im natürlichen Zustand.

Kalmuslikör. (Zeichen A. CH. in M. O.) Senden Sie in die Redaktion eine Literflasche dieses Likörs, damit wir ihn durch unseren Fachredakteur dieser Rubrik überprüfen lassen können.

Am Bettelstab. Die Anfrage wird nicht beantwortet. Wir antworten nur denjenigen Abonnenten, die das Abonnement für dieses Jahr bezahlen können.

Nasses Schuhwerk. (D. S. in R.) Es gibt ein sehr einfaches Mittel, mit dem Sie jetzt im Winter das durchnäßte Schuhwerk wieder trocknen können. Sie trocknen es am besten mit heißgemachten Kirschkernen. Die Kirschen bestellen Sie durch einen Prager Spediteur direkt in Nizza.

Das also waren all die Ratschläge, die ich nach meinem besten Gewissen gab. Wie Sie sehen, bin ich keiner Frage ausgewichen. Ich habe ehrlich auch die schwierigsten Fragen gelöst. Und die Belohnung dafür?

Als dann das Blatt herauskam und im Handel war, erschien plötzlich in meiner Wohnung der Inhaber dieser Zeitschrift. Seine Kleidung war unordentlich, der Bart zerzaust, und er kam ohne Krawatte.
»Haben Sie das alles geschrieben?« fragte er mit fürchterlicher Stimme, dabei zog er die Zeitschrift aus der Tasche.
»Sicher.«
»Dann beten Sie dreimal das Vaterunser und Ave Maria«, sagte er und griff in die andere Tasche nach dem Revolver.
»Leider, ich habe keinen Glauben«, stotterte ich.
»Dann können wir um so eher beginnen«, rief er aus und schoß mir in den Kopf.
Heute befinde ich mich schon außer Gefahr. Im Krankenhaus habe ich erfahren, daß sich der Inhaber der Zeitschrift anschließend selber erschoß . . . Das Zeichen A. CH. in M. O. sandte mir jedoch einen Liter dieses Kalmuslikörs, und so habe ich doch nicht ganz umsonst redigiert.

Ein Raubmörder vor Gericht

Alle Zeitungen waren sich darüber einig, daß der Verbrecher, der vor den Geschworenen stand, ein Kerl war, dem jeder anständige Mensch aus dem Weg gehen muß. Dieser Verbrecher nämlich hatte einen Raubmord verübt. Nun blickte er gottergeben in die Zukunft, er selbst behauptete von sich, daß er gehängt werden würde, und bei der Verhandlung machte er schlechte Witze, hatte Galgenhumor; so zum Beispiel prophezeite er dem Staatsanwalt, daß auch er einmal gehängt werden würde. Unter anderem sagte er auch, daß er den Strick, mit dem er gehängt werde, dem Vorsitzenden des Gerichts schenke, damit er sich mit diesem die Hosen zubinde. Diese Bemerkungen erweckten verständlicherweise eine große Aversion bei den Beisitzern des Gerichts, und ihretwegen gerieten der Staatsanwalt und der Verteidiger des Angeklagten in Streit, denn letzterer behauptete, daß dank der Wohltätigkeit der Gesetze jeder Angeklagte das Recht habe, sich bei Gericht so auszudrücken, wie er es könne. Wenn der Angeklagte von den Hosen des Gerichtsvorsitzenden spräche, so ergreife er damit den letzten Halm zur Rettung; denn mit seinem Galgenhumor versuche er die Sympathien der Geschworenen zu erlangen, und daß die Hosen . . . Hier wurde der Verteidiger durch den Ankläger unterbrochen, der, an seine Ausführungen anknüpfend, sagte, daß das Hineinziehen der Hosen des Gerichtsvorsitzenden in die Debatte unmoralisch sei. Daraufhin antwortete der Verteidiger witzig, daß die Hosen des Herrn Vorsitzenden nicht unmoralisch seien, sondern der, der sich in ihnen befinde, und daß das ganze Gerichtssystem unmoralisch sei, angefangen vom Gefängniswärter bis hin zum Henker. Nach dieser Ausführung wurde dem Verteidiger das Wort entzogen. Ein Spucknapf wurde gebracht, damit der Gerichtsvorsitzende ausspucken konnte. Im Gerichtssaal entstand nach diesem Ausspucken des Gerichtsvorsitzenden eine große Erregung, mehrere Damen fielen in Ohnmacht, und ein Zuhörer faßte irrtümlich in eine fremde Tasche, aus der er ein Stück Schokolade hervorzog, an dem er vor den Augen des Bestohlenen nervös zu knabbern begann. Es wurde eine Pause eingelegt, die der angeklagte Raubmörder dazu benutzte, unverschämte Grimassen zum Staatsanwalt zu machen.

Nach der Pause wurde die Verhandlung fortgesetzt. Man gelangte zu der Erkenntnis, daß der Raubmörder sein Verbrechen mit ungewöhnlicher Brutalität ausgeführt hatte. Vor der Ausführung aß er drei Tage nicht, um jetzt behaupten zu können, daß er den Brotlaib, um den es nämlich ging, vor lauter Hunger gestohlen habe. Was er tat, entzieht sich sowieso allen Vorstellungen der Abscheulichkeit. Als er den Laib Brot gestohlen hatte, schoß der überfallene Kaufmann mit einem Revolver nach ihm, daraufhin gingen sie aufeinander los, wobei der Kaufmann dann erwürgt wurde. Der Verbrecher floh, aber infolge des großen Blutverlustes sank er bald nieder und wurde von den Gendarmen rücksichtslos gefesselt. Die Ausrede, er habe aus Selbstverteidigung gehandelt, war sehr ungeschickt. Warum denn zum Teufel hatte er sich nicht ruhig anschießen, gegebenenfalls erschießen lassen, wenn er dann beim Verhör aussagte, er habe schon lange vor der Ausführung des Verbrechens an Selbstmord gedacht? Ergreifend war auch die Szene bei der Konfrontation mit der

Ehefrau des ermordeten Kaufmanns, die unter Weinen über die Brutalität des Verbrechens sprach: »Er würgte ihn derart, daß dem Armen die Augen aus den Höhlen fielen.« Dieser Satz einer einfachen Frau erschütterte alle tief, und ein Referent trug folgende Bemerkung in sein Referat ein: »Die Augen aus den Höhlen fallend«, was den Titel für eine Abhandlung über dieses Gerichtsverfahren ergeben wird.
Der Angeklagte selbst machte den Eindruck eines Verbrechers. Er sagte, daß er nicht an den Herrgott glaube, daß ihm Gott den Buckel runterrutschen könne, daß ihm Gott niemals etwas gegeben habe und daß sein Großvater vor Hunger gestorben sei, daß ein Hauptmann der Gendarmerie seine Großmutter vergewaltigt habe, kurz und gut, jeder seiner Sätze hinterließ einen unangenehmen Eindruck. Der Staatsanwalt forderte für sich das Recht, ihn wegen Beleidigung der Religion und des Militärs zu belangen, weil ein Hauptmann der Gendarmerie zur Landesverteidigung gehört. »Übrigens glaube ich«, sagte der Ankläger, »daß ein Hauptmann der Gendarmerie niemals die Großmutter des Angeklagten vergewaltigt hätte, wenn er gewußt hätte, was für einen Enkel er bekommen würde.«
Dieser Satz rief im Publikum eine Bewegung hervor, und mehreren Damen traten Tränen in die Augen, als ob der Hauptmann der Gendarmerie sie selbst vergewaltigt hätte. Der Verbrecher lächelte dabei »selbstgefällig«, wie es wortwörtlich im Gerichtsprotokoll hieß, und es war zu sehen, daß er sich einen Spaß mit dem Publikum und dem ehrbaren Gericht machte. Er be-

nutzte bei dem Verhör widerwärtige Sätze wie: »Sollte ich mich denn erschlagen lassen?«, »So habe ich den Hals von dem Lumpen ein wenig festgehalten, was kann ich denn dafür, daß er mir kalt aus den Händen fiel?« Und ähnliches.

Der Verteidiger versuchte von Zeit zu Zeit, die Geschworenen mit kurzen Erklärungen und Appellen an ihr Mitleid für den Angeklagten einzunehmen. Es war, als spräche er gegen eine Wand, denn alle Geschworenen sahen blutrünstig auf den Raubmörder. Einer von ihnen schien besonders blutrünstig zu sein. Er ließ sich nicht ein einziges Wort des Verbrechers entgehen, der, je länger die Angelegenheit dauerte, um so größere Späße machte. Die Augen dieses Geschworenen verschlangen beinahe die Gestalt des Raubmörders, und endlich konnte es der Geschworene nicht mehr aushalten und rief: »Freut es Sie denn, daß Sie gehängt werden?«

Auf diese hinterhältige Frage antwortete der Verbrecher ruhig: »Sie wird es sicherlich mehr freuen als mich.«

Nach dieser Erklärung stand der Ankläger auf und erklärte in die Grabesstille hinein, er ginge sich die Hände waschen. Er habe nämlich während der Pause einen Hering gegessen. Es war nur eine Ausrede, damit dieser neuzeitliche Pilatus das Wasser abschlagen konnte. Er kehrte mit gelöstem Gesicht zurück wie ein jeder Mensch, der sich erleichtert hat, und erschien jetzt dem Angeklagten geneigter, denn er spuckte nicht mehr in das Taschentuch wie jedesmal vordem, wenn er zu dem Räuber hinübersah.

Das Verhör der Zeugen bestätigte die Anklage auf der ganzen Linie. Dabei kam heraus, daß der Angeklagte schon früher auf alle einen schlechten Eindruck gemacht hatte. Es wirkte belastend für ihn, daß konstatiert wurde, er sei ein uneheliches Kind und trinke Korn. »Kognak kann ich nicht trinken«, wandte der Angeklagte ein. Nach diesen Worten befahl der Vorsitzende des Gerichts, daß man den Mörder abführe, aber auf das Einschreiten des Verteidigers brachte man ihn wieder zurück. Diese Episode spielte sich nicht ohne eine bewegte Szene ab. Als er abgeführt wurde, wiederholte der Verbrecher noch einmal betont: »Kognak kann ich nicht trinken, für Kognak hab ich kein Geld.« Große Aufregung unter den Geschworenen. »Wenn er dafür Geld hätte, so würde er ihn trinken«, bemerkte ein Geschworener. Ein Sturm des Lobes vom Publikum und Stimmen: »Schnapsdrossel.« Allgemeine Aufregung, und die Gefängniswärter führten den Unruhestifter ab.
Der Gerichtsvorsitzende rief: »Sind Sie denn hier in einem Theater?« Als man den Angeklagten wieder zurückbrachte, wurde er mit dem Brotlaib, den er gestohlen hatte, und mit einem Bild des Ermordeten konfrontiert. »Ist dies das Brot?« fragte der Vorsitzende. »Jawohl«, antwortete der verstockte Verbrecher mit fester Stimme. »Erkennen Sie Ihr Opfer?« »Als ich ihn im Kampf erdrosselte, war er älter.« Diese zynische Antwort erschütterte alle Zuhörer tief, und auch die gefühllosesten Gerichtsbeamten erzitterten von den Füßen bis zu den Talaren. Weitere Zeugen belasteten den An-

geklagten. Der Verteidiger, der dagegen protestierte, wurde vom Gerichtsvorsitzenden darauf hingewiesen, daß das ja schließlich die Aufgabe der Zeugen sei. Durch Zeugen stellte man fest, daß der Verbrecher nirgends eine feste Bleibe hatte. Es wurde nicht näher nach Gründen dafür geforscht, aber es wurde festgestellt, daß, wenn er schon nicht irgendwo schlafen könnte, er wenigstens irgendwo anders schlafen sollte als in dem Park an der Kirche. Ein anderer Zeuge sagte aus, daß der Raubmörder keinen Hemdkragen trug, ein anderer bestätigte, daß er kein Hemd hätte, und einer sagte unter Eid aus, daß Seife dem Mörder eine unbekannte Sache gewesen sei. Am meisten belastete den Angeklagten das Zeugnis des Bürgermeisters seiner Heimatgemeinde, das folgendermaßen lautete: Der Lotterbube kannte keine Strümpfe, die Nase wischte er schon seit seiner Jugend mit dem Ärmel ab, er malte während einer Prozession einen unsittlichen Spruch auf ein Plakat, vor zwanzig Jahren beschimpfte er die Sau des Bürgermeisters, und ihm, dem Bürgermeister, schulde er bis heute 20 Kreuzer.

»Meine Herren«, sagte einer der Geschworenen, als sie zur Beratung schritten, »so sind wir hier zusammengekommen, um über das Schicksal des Angeklagten zu entscheiden. In der ganzen Stadt hier kann keiner guten Paprika kochen. Der Angeklagte ist ein Nichtsnutz. Ich habe mir Paprika im Gasthof ›Beim Dvořák‹ bestellt, und der war nicht runterzukriegen. In der Jugend zeigte er eine große Begabung im Lügen, und er beendete seine Karriere mit einem Mord. In dem Paprika

fand sich eine Fliege. Kalbfleisch ist nicht immer Kalbfleisch. Dieser Lotterbube tötete einen ordentlichen und arbeitsamen Mann, einen Mann, der sein ganzes Leben dem Wohl des Ortes gewidmet hat, einen Mann, der ein ehrlicher Kaufmann war, der nie solchen Paprika verkauft hätte, wie den, aus dem die Soße ›Beim Dvořák‹ zubereitet war. Ein Mann, der – wenn er ein Fleischer gewesen wäre – sicher nicht die Stirn gehabt hätte, ein schon so angehauchtes Fleisch für Paprika zu verkaufen, wie ich sie heute morgen ›Beim Dvořák‹ gegessen habe. An den Galgen mit diesem Lotterbuben. Mag er schaukeln, soll er sich in den letzten Krämpfen winden. Es ist eine furchtbare Schurkerei, sich noch für so eine Portion 35 Kreuzer bezahlen zu lassen. Ein Verbrecher schlimmster Sorte ist derjenige, den Sie hier gesehen haben, über dessen Handeln Sie urteilen. Ich warne Sie vor dem Gasthof ›Beim Dvořak‹!. Ich gebe hiermit meine Stimme ab und sage: Schuldig!? – Ja! Und Sie, meine Herren?«
»Ja! – Ja! – Ja! – Ja! – Ja! – Ja! – Ja! – Ja! – Ja! – Ja! – Ja!«
»Tod durch Erhängen!« Der Vorsitzende des Gerichts verlas das Urteil. »Im Namen Seiner Majestät zum Tode durch Erhängen«, wiederholte er noch einmal. Und während die Damen in dem Gerichtssaal den Herren Geschworenen Küßchen zuwarfen, entfuhr dem Angeklagten ein Ton, der nicht gerade zu den feineren gesellschaftlichen Umgangsformen gehörte.
Der Aufseher, der nach diesem Ton den Angeklagten abführte, machte ein saures Gesicht. Flatulenz oder auch Winde.

Das Erbe des Herrn František Šafránek

Die Hinterlassenschaft des Herrn František Šafránek betrug nach Erledigung der Formalitäten 7 Heller. Mehr ist von diesem guten Mann nicht übriggeblieben. Schlimm war an der ganzen Sache, daß es niemanden gab, der dieses Erbe hätte antreten können, und so war der Staat gezwungen, diese 7 Heller in Verwahrung zu nehmen und sie im Depot aufzubewahren. Nachdem sich also der Staat dieser Angelegenheit angenommen hatte, begannen die Ämter, nach den Erben zu forschen. Sie forschten eifrig.

Das Nachlaßamt begann mit einer fieberhaften Tätigkeit. Als erstes wurde ein Nachlaßverwalter für František Šafránek bestimmt, der im Namen des Amtes einen gut formulierten Aufruf herausgab, der für die üblichen Anzeigenpreise in den verschiedenen Zeitschriften abgedruckt wurde. Er kümmerte sich ebenfalls um kleine Bekanntmachungen in den Tageszeitungen, damit die Erben – wenn es welche gab – sich zu der Erbschaft melden konnten:

»Am 17. Juni starb in dem Allgemeinen Krankenhaus der 67jährige Ofensetzergehilfe František Šafránek, nach eigenen Angaben ledig. Alle, die einen Anspruch auf das Erbe des Verstorbenen erheben, werden aufgefordert, sich bei dem unten unterzeichneten Kreisgericht zu melden.«

Der Nachlaßverwalter, Herr Kamejka, nahm, wie man ersehen kann, die Sache energisch in die Hand und be-

mühte sich, die Geheimnisse der Verwandtschaft des seligen František Šafránek mit jener Gründlichkeit zu durchdringen, deren nur österreichische Ämter fähig sind.
Herr Kamejka war ein Gerichtsbeamter, der schon manches erlebt, aber noch nicht die Ehre hatte, Nachlaßverwalter zu sein, jetzt, im Fall von Šafránek, war es das erste Mal.
»Ich werde alles tun, was möglich ist«, sagte er, »und es müßten sich alle Teufel gegen mich verschworen haben, wenn ich nicht dahinterkäme.«
Während Herr Kamejka unermüdlich arbeitete, ruhte der 7-Heller-Nachlaß von František Šafránek im staatlichen Depot neben anderen Beträgen in einem Panzerschrank, vor dem ein Soldat mit einem geladenen Gewehr hin- und herschritt.
Herr Kamejka war nicht faul. Nach kurzer Zeit konnte er damit prahlen, daß er in dieser Angelegenheit etwa 50 Inserate in Prager und in Provinzzeitungen veröffentlicht hatte, was das Amt bisher 600 Kronen gekostet hatte. Der Aushilfsangestellte Šmid hatte alle Hände voll zu tun mit dem Schreiben von Briefen an alle möglichen Šafráneks, die aus heiterem Himmel Vorladungen vors Gericht bekamen. Allein in Prag gibt es 58 Šafráneks.
Mit so einem Material läßt es sich schon arbeiten, und es ist eine Lust, sich an den Leiden dieser Armen zu weiden, wenn sie zum Gericht gejagt und dort streng und gründlich verhört werden.
Und was er sich mit diesen Šafráneks herumärgerte! Bei

einigen war es sogar notwendig, sie vorführen zu lassen, oder – wie es der Amtsstil so trefflich nennt – gewaltsam zu stellen. So bei Alois, Benon, Artur, Vilém, Karel und Antonín Šafránek, bei Filomena Šafránkova (die Alte hat fürchterlich geheult, als um 6 Uhr in der Früh die Schutzleute kamen, um sie zu holen). Zwei Šafráneks, Michal und Bohuslav, kostete es die Existenz, da die Schutzleute sie auf ihrem Arbeitsplatz abholten und der Arbeitgeber darüber mächtig verärgert war.

Das ist jedoch nicht wichtig, weil dem Recht Genüge getan werden muß.

Dann entdeckte Herr Kamejka 20 Šafráneks in Pilsen, laut Adressenverzeichnis der Stadt Pilsen. In Klattau fand er zehn.

Kurz und gut, die Gerichte in ganz Böhmen bekamen es mit lauter Šafráneks zu tun. In Jungbunzlau wurden vier verhört, in Kolín acht, in Hořice einer. In Vysoké Mýto, stellte Herr Kamejka dann fest, gibt es keinen Šafránek. Eines Tages kam er siegesbewußt nach Hause und sagte zu seiner Frau: »In Pest gibt es acht Šafráneks!«

Er ließ sie mittels der dortigen Gerichte verhören und rieb sich die Hände: »Es müßten sich alle Teufel gegen mich verschworen haben, wenn ich nicht dahinterkäme.«

Während des Sommers wuchs die Akte vom Kreisgericht um 629 amtliche Schriftstücke. Für den Buchstaben Š mußte eine neue Registratur geschaffen und noch ein weiterer Schreiber eingestellt werden. Im Herbst

war Mähren an der Reihe. Herr Kamejka ging auch hier voller Schwung an die Arbeit.
»Wir dürfen nicht einen Augenblick verlieren«, sagte er zu seinen Untergebenen. »Jetzt nehmen wir uns Brünn vor, dann Olmütz, das wird wie am Schnürchen gehen. Wir werden ein Kreisgericht nach dem anderen nehmen, dann bearbeiten wir Schlesien. Jawohl, meine Herren, mit einem Gerichtsapparat lassen sich weitreichende Dinge durchführen.« Und wieder wuchs der Buchstabe Š in der Registratur um 566 Schriftstücke. Die Aushilfsschreiber träumten nur noch von Šafráneks.
Eines Tages sagte Herr Kemejka triumphierend: »Nun geht es auf Wien. Wir werden die Polizei um Hilfe bitten. Wir dürfen nicht einen Augenblick verlieren. Man muß telegraphieren, ob sich dort nicht der gesuchte Šafránek finden läßt.«
Er fand sich nicht.
Die Wiener Polizei schaffte zum Prager Kreisgericht bereitwillig einen Safranek, dann einen Schaffranek und dann einen Safran. Ein besonderer Zufall wollte es, daß sie alle ehrbare Kaufleute waren, die sich unendlich wunderten, daß man sie in der Nacht verhaftete und am anderen Tag nach Prag brachte. Die Angelegenheit darüber ist übrigens aus einer Interpellation bekannt, die über die Sache im Reichsrat eingebracht wurde.
Herr Kamejka strahlte. »Alles geht wie am Schnürchen«, lobte er sich selbst, »ihr werdet sehen, daß ich doch noch den Erben des František Šafránek finde. Jetzt werden wir noch die Konsulate um Hilfe bitten.«

Und wieder kamen 172 neue Schriftstücke hinzu. Die Konsulate nahmen sich ebenfalls energisch dieser Angelegenheit an, und so konnte sich Herr Kamejka nach einem Dreivierteljahr zu Recht mit einem schönen Ergebnis hervortun.
In Deutschland fand man 314 Šafráneks, in Frankreich zwei, in England neun, in Rußland 13, in der Türkei fand man einen Šafránek-Bei, in Spanien keinen, dafür in Amerika 80. Aus Australien kam keine Antwort, aus Peking kam eine verneinende, aus Tokio ein freundliches Schreiben, daß es dort niemanden dieses Namens gäbe. »Meine Herren«, sagte Herr Kamejka freudig zu seinen untergebenen Beamten, »es beginnt sich alles zu klären. Sie werden sehen, daß wir in zwei Jahren den Erben finden werden, wir dürfen jedoch bis zu dieser Zeit in dieser Angelegenheit nicht untätig sein. Es ist notwendig, noch einmal an die einzelnen Gerichte zu schreiben, zu fahnden, zu suchen, ohne eine Atempause einzulegen. Die Auslagen betragen bisher nur 11000 Kronen, eine Kleinigkeit gegenüber der Wichtigkeit dieser Sache.«
Und man forschte weiter, bis eines Tages Herr Kamejka sehr feierlich gestimmt in das Büro kam und zum Aushilfsangestellten Šmid sagte: »Nehmen Sie bitte bezüglich der Erbschaft des František Šafránek ein Protokoll auf. Lachen Sie bitte nicht, ich bin nicht verrückt geworden, meine Herren. Seien Sie so liebenswürdig und fragen Sie mich die üblichen Formalitäten: Wie heißen Sie? Ich antworte: Jan Kamejka. Waren Sie vielleicht irgendwie mit dem verstorbenen František Šafrá-

nek verwandt? Ich antworte, meine Herren: Ich war ... Ich sehe Ihre Erregung. Jawohl, meine Herren, endlich haben wir uns ans Ziel gearbeitet. Meine Mutter war eine geborene Šafránek. Gestern habe ich es bei der Durchsicht unserer Familiensachen festgestellt. Sie hatte einen Bruder František Šafránek, wohnhaft in Ounětic. Dieser Bruder war um ein Vielfaches jünger als sie, gelernter Ofensetzer, und er ist identisch mit dem verstorbenen František Šafránek, der die Erbschaft hinterlassen hat. Ich melde mich zu dieser Erbschaft und bitte, meine Aussagen zu Protokoll zu nehmen.«
Es dauerte noch fünf Jahre, bis all die kleinen Formalitäten erledigt waren, und nach diesen fünf Jahren trat Herr Kamejka die Erbschaft an. Aus der staatlichen Hinterlegungsstelle wurden ihm jene 7 Heller ausgezahlt, die er vergolden ließ und bis zu seinem Tode als Uhrenanhängsel trug.

Die Affäre mit dem Hamster

In der Morgenausgabe einer Zeitung erschien folgendes Inserat, das nicht sehr lang war, aber irgendwie verzweifelt klang:

> Verkaufe sofort einen lebenden Hamster oder tausche ihn, ganz gleich gegen was. Prag III., Plasská Str., II. Stock, 4. Tür links.

Die Leser übergingen dieses Inserat ohne Interesse,

einzig und allein Honzátko, ein Sekundaner, für den heute die Schule um 9 Uhr begann, konnte kaum die Augen von diesem Inserat wenden. Er war allein in der Wohnung. Der Vater war bereits ins Amt gegangen, die Mutter ging mit seiner Schwester Emma die letzten Sachen für die Hochzeit besorgen, denn Emma sollte übermorgen heiraten. Das Dienstmädchen benutzte diese Gelegenheit und lief, ihren Geliebten in einer Schlosserwerkstatt irgendwo in Karlín zu besuchen. Sie sagte zu Honzátko, er solle nicht vergessen, die Wohnungstür gut abzuschließen und den Schlüssel beim Hausmeister abzugeben. Dabei nannte sie ihn »Bohoušek« und streichelte ihm übers Haar. Sie hielten beide fest zueinander, denn sie waren in diesem Haushalt die am meisten verfolgten Geschöpfe.
Hatte die Anna an einem Tag nicht ihre Affäre, so hatte sie bestimmt Bohoušek und umgekehrt. Darum unterstützten sie sich auch gegenseitig.
»Was soll ich sagen, Anna, wenn Mutter zufällig früher nach Hause kommt?«
»Daß meine Tante aus Modřice gekommen ist.«
»Gut«, sagte Honzátko ernst und übernahm die Herrschaft in der Wohnung. Er setzte sich in den Schaukelstuhl und las Zeitung, bis er auf das Inserat mit dem Hamster stieß.
Honzátkos Augen begannen zu leuchten. Er war wie alle Sekundaner viel zu romantisch, als daß ihn ein lebender Hamster nicht begeistert hätte. Schon seit langer Zeit wünschte er sich, ein Tier zu Hause zu haben. Er träumte von großen Expeditionen nach Indien, um

junge Tiger zu fangen, er träumte von einem großen Berberlöwen, der niemandem gehorchen würde als ihm, dieser würde in dem Bett der Schwester schlafen (das wird sowieso jetzt leerbleiben, da sie heiratet), und er würde auf sein Nicken hin den Klassenprofessor mitsamt dem Notizbuch auffressen. Auch träumte er manchmal davon, daß zu Hause in der Badewanne ein zahmes Walroß lebe, so daß es niemals mehr Waschtag geben würde und auch nicht die damit verbundenen schrecklichen Gerichte: Geröstete Kümmelsuppe und Grießbrei.

Manchmal träumte er dann, einen zahmen jungen Elefanten im Schuppen zu haben, und dieser Elefant würde verschiedene Hausarbeiten ausführen, die er bisher tun mußte, wie zum Beispiel dem Vater Zeitungen oder Tabak und der Schwester Noten- und Briefpapier holen (solange sie noch auf Heiratsanzeigen schrieb). Nun war er kurz davor, seine Träume zu verwirklichen. Sie sanken zwar vom Tiger auf einen Hamster, aber es war eine sichere Sache, daß er diesen Hamster besitzen würde. Gab es denn in ihrem Haushalt nicht genügend Dinge, gegen die man einen Hamster tauschen könnte? Hatte seine Schwester im Wäscheschrank nicht eine recht anständige Aussteuer, gestern abend noch nachgezählt und wunderhübsch mit blauen Seidenbändern zusammengebunden? Und wenn er aus diesen Päckchen hier und da ein Stück herauszöge und alles wieder in Ordnung brächte, würde etwa jemand darauf kommen? Konnte sich denn dieses Weib (Emma) mit allem behängen? Und hatte nicht der Vater im Schreibtisch

eine wunderhübsche Sammlung uralter Münzen? Gab es denn hier in der Wohnung nicht mindestens soviel Dinge, daß man dafür gut 300 Hamster eintauschen könnte?
Honzátko schritt zur Tat. Vor allem ging es ihm darum, erst an das Wäschefach mit der Aussteuer zu gelangen. Es war ein wenig kompliziert, aber Honzátko wußte ohnehin auswendig, wo der Schlüssel vom Wäscheschrank versteckt war. Im Küchenschrank im blechernen Brotfach fand er den Schlüssel für das kleine Intarsienschränkchen. Es stand auf dem Schrank an der Tür. Als Honzátko dieses Schränkchen öffnete, fand er darin den Schlüssel von einem zweiten Schränkchen im Schlafzimmer. Darin lag links, unter weißen Handschuhen, endlich der Schlüssel von dem Wäscheschrank mit der Aussteuer.
Honzátko zog aus einem Paket zwei Paar entzückende Damenhöschen, aus einem anderen Päckchen ein Nachtmäntelchen, anschließend brachte er alles wieder in Ordnung. Den Schlüssel legte er wieder auf seinen Platz zurück, und mit ungewöhnlicher Sicherheit, er war noch von Weihnachten her in Übung, als er nämlich vor der Bescherung aus dem Wäscheschrank immer Datteln und Zuckerwerk stibitzt hatte, beendete er seine Expedition wieder in der Küche und legte den Schlüssel in den kleinen Schrank in das Brotfach.
Dann ging er beim Vater an den Schreibtisch.
Diese Arbeit war schon leichter, denn der Vater hatte mit großem Leichtsinn, wie Honzátko dachte, den Schlüssel vom Schreibtisch direkt auf diesem versteckt,

und zwar unter einer alten Uhr mit schönen Alabastersäulen.
So gelangte er recht bequem an Vaters alte Münzensammlung, aus der er einen großen Marientaler nahm, von denen noch mehrere vorhanden waren, und gab sich damit zufrieden. Er schloß den Schreibtisch ab, legte den Schlüssel wieder auf seinen Platz zurück und begann, aus seinen Büchern etwas auszusuchen, was er noch für jenen Hamster zugeben könnte, damit auch er etwas für dieses herrliche Unternehmen opferte. Er suchte das Buch »Der stolze Kapitän Korkoran« aus. Ein Buch, das von allen noch am besten erhalten war, denn es fehlten nur 24 Seiten.
Daraufhin setzte er sich an den Schreibtisch und schrieb auf einen Bogen Papier: »Entschuldigung. Ich bestätige hiermit, daß mein Sohn Bohuslav Honzátko wegen Bauchwehs nicht am heutigen Vormittagsunterricht teilnehmen konnte, und ich bitte, ihm diese Stunden zu entschuldigen. Václav Honzátko.«
Honzátko konnte nach zwei Jahre langer Praxis Vaters Unterschrift vollendet nachahmen. Er verwahrte die Entschuldigung für den Nachmittag im Lesebuch, den Raub aus dem Wäscheschrank machte er zu einem Päckchen, dann nahm er die Bücher unter den Arm und ging aus dem Haus, nachdem er dem Hausmeister den Flurschlüssel für Anna abgegeben hatte.
Die Bücher hinterließ er in der zweiten Straße beim Kaufmann mit dem Zusatz, daß er sie holen würde, wenn er aus der Schule käme, und er nahm nur das Buch der Pflanzenkunde an sich, das er zum Antiquariat

brachte, um für seine Expedition zur Plasská Straße etwas Bargeld zu haben.

Er fand die im Inserat angegebene Adresse sehr leicht, und er wurde von einem älteren Ehepaar empfangen, das ungewöhnlich sorgenvoll dreinblickte.

Als er ihnen erklärte, er käme den Hamster holen, für den er folgende nützlichen Gegenstände einzutauschen gedenke: ein paar Damenhöschen, ein Nachtmäntelchen, einen Marientaler und das Buch, klärten sich die Gesichter der Eheleute auf. Sie führten ihn weiter und begannen eine merkwürdige Geschichte zu erzählen, daß vor etwa vierzehn Tagen ein wunderlicher Herr mit einem Hamster zu ihnen gezogen wäre, der erklärte, er habe ein besonderes Mittel erfunden. Wenn man es Nagetieren eingebe, könnte man damit ihren Winterschlaf unterbinden.

»Ich gedenke«, hatte dieser Herr gesagt, »dieses Mittel an jenem Hamster zu versuchen. Gelingt es mir jetzt, da es Zeit für den Winterschlaf ist, das Tier rege zu halten, wird es weitreichende Folgen haben; denn dann wird das Problem, wie man Hamster unschädlich macht, gelöst sein. Wenn sie nicht schlafen, werden sie auch nicht lange leben und folglich weniger Getreide stehlen.«

»Dieser Herr«, erzählte der alte Herr dem Honzátko, »wollte darüber ein Buch schreiben, und so stellte er also mit dem Hamster, den er in einer großen Kiste hielt, Versuche an. Er gab ihm das Mittel in sein Trinkwasser, und der Hamster wurde tatsächlich sehr rege. Das Präparat wurde in einer Kognakflasche aufbewahrt. Einmal habe ich irrtümlich aus dieser Flasche getrunken und konnte fünf Nächte lang nicht schlafen. Dann wurde der Herr von seinen Verwandten abgeholt. Sie erzählten, schon fünf Jahre wäre er so sonderlich, und ein Arzt hätte gesagt, daß ihm vielleicht Schneebäder helfen könnten. Sie haben ihn irgendwo in die Berge gefahren, und den Hamster haben sie hiergelassen.«

»Es ist ein sehr entzückendes Tierchen, ungewöhnlich anschmiegsam«, sprach der Herr weiter, als lese er aus einem Buch vor. Wahrscheinlich hatte er sich das angewöhnt, als er ihn überall anzubieten versuchte, »wir geben Ihnen für den Hamster einen alten Kartoffelsack mit.«

Das ungewöhnliche und entzückende Tierchen fauchte, als er den Sack daraufschmiß, so furchterregend, daß der romantische Honzátko dachte, im Land der Raubtiere zu sein. Als er dann später mit dem Sack, in dem sich der rege Hamster wild hin- und herbewegte, durch die Straßen ging, kam er sich vor, wie der bekannte Tierbändiger Rauahu Babura aus Bombay.

Es war noch nicht Schulschluß, darum war es zu früh, schon nach Hause zu gehen. Er benutzte die Zeit, um Vorräte für den Hamster einzukaufen. Bei einem Vogelhändler kaufte er für das ganze Geld, das er für das Naturkundebuch erhalten hatte, Körner. Das waren 70 Heller, dafür gab es nicht sehr viel. Nur eine kleine Tüte. Und da erst verspürte Honzátko, daß er sich eine große Verantwortung aufgebürdet hatte. Vielleicht wird er lernen, etwas anderes zu fressen. Und dann, als er sich dem Zuhause näherte, begann ihn noch etwas zu beunruhigen. Was, wenn man ihn mitsamt dem Hamster hinausschmiß? Wie erklärte er, woher er ihn hatte? Welche Lüge könnte er sich ausdenken? Es ging alles ziemlich glatt. Er häufte Lüge auf Lüge. Der Hamster, den er nach Hause brachte, gehöre dem Gymnasium, und er sei für die Naturkundesammlung bestimmt. Ihn, Honzátko, habe der Naturkundeprofessor, Herr Bernášek, aufgefordert, den Hamster über Winter zu Hause zu behalten, bis ihm ein neues Fell wachsen würde und er eine bessere Farbe bekäme. Dann soll er ausgestopft werden. Es war also alles in Ordnung. Sie glaubten ihm allerdings nicht, daß er aufgefordert wurde, sondern daß er sich freiwillig gemeldet hatte. Für den Hamster wurde eine Kiste vom Boden geholt, man setzte ihn dort hinein und stellte ihn in den Flur, und die ganze Familie lebte in dem Glauben, daß der Junge wenigstens bei dem Professor einen Stein im Brett hätte, den er bei seinem bekannten Fleiß sowieso nötig gebrauchen konnte. Es wäre noch zu sagen, daß sich der Hamster als Eigentum der Schule noch mehrere Stunden lang einer gewissen Ehrfurcht erfreute. Dann jedoch wurde entdeckt, daß er einen komischen Geruch verbreitete. Weil aber der Bräutigam kommen sollte, goß Emma eine halbe Flasche Veilchenparfüm über den Hamster, worauf dieser bescheiden in eine Ecke der Kiste kroch, wo er widerwärtig zu schmatzen anfing und seine Backentaschen mit dem Korn vollstopfte, das ihm Honzátko hineingeworfen hatte.

Nach dem Mittagessen ging Honzátko zur Schule, der

Vater ins Büro und die Mutter mit den glücklichen Verlobten etwas einkaufen. Das Dienstmädchen ging zu ihrem Geliebten nach Karlín. Als die Familie wiederum zusammentraf, entdeckte man, daß der Hamster aus der Kiste herausgeklettert war und es sich nebenan im Zimmer gemütlich gemacht hatte.

Er hatte sich die Couch als Platz erkoren. Über der Couch hing nämlich ein Landschaftsbild. Darauf wogten riesige Kornfelder bis ins Unendliche, und der Hamster übersiedelte also unter diesen Gottessegen. Außer einem Haupteingang zu seinem Nest in der Couch hatte er sich noch zwei Notausgänge gemacht, den einen an der Seite und den anderen direkt an der Oberseite der Couch. Dann wurde auch festgestellt, daß er aus der Kiste das ganze Korn in seine Behausung gebracht hatte. Sobald sich jemand der Couch näherte, ertönte aus dem Innern ein furchterregendes Fauchen. Es wurde deutlich, daß der Hamster seine neue Behausung nicht so leicht verlassen würde.

»Da hat uns aber das Gymnasium ein schönes Biest auf den Hals geschickt«, sagte Frau Honzátko.

Emma meinte, man könnte den Hamster dadurch vertreiben, indem man unter seine Behausung ein Öfchen stellte. Das jedoch wurde abgelehnt, weil man damit angeblich die Plüschcouch verderben könnte. Als ob noch irgend etwas an diesem von allen Seiten durchbohrten Gegenstand, aus dessen Tiefe ununterbrochen Fauchen zu hören war, zu verderben sei. Honzátko, auf dessen Haupt sich die Vorwürfe häuften, als hätte er sich selbst ein Nest in der Couch gemacht, holte den

Brehm, vielleicht könnte man daraus erfahren, wie Hamster aus einer Couch zu vertreiben sind. So ein Fall war nicht einmal Brehm bekannt, Honzátko las noch laut daraus vor, daß sich ein Hamster, wenn er angefallen werde, sehr mutig verteidigen könne.

Emma und auch die Mutter zogen sich also in die Küche zurück, wo sie mit Anna über weitere Vorkehrungen berieten. Anna schlug vor, den Hamster auszuräuchern, alle Notausgänge mit in Petroleum getränktem Papier zu verstopfen und anzuzünden. Diese Wahnsinnsidee wurde abgelehnt, und man stimmte ab, die Rückkehr des Familienoberhauptes abzuwarten. Herr Honzátko zeigte sich jedoch genauso ratlos. Er sah einen Augenblick zu, wie der Hamster hin und wieder ostentativ aus dem Sofa herausschaute, wobei er frech fauchte, dann gab er dem Sohn eine Ohrfeige, beschimpfte alle, zog sich an und ging eilig in eine Weinstube, in der er nach dem vierten Viertel mit einem unbekannten Herrn ein Gespräch anfing: »So praktizierte doch mein Sohn, ein Sekundaner, in unsere Couch . . .« »Das kenne ich«, sagte der Angesprochene, »Wanzen, das sind Mistviecher. Irgend jemand schleppt sie in die Schule . . .«

»So meine ich es nicht«, unterbrach ihn Herr Honzátko, »mein Junge hat einen Hamster in der Couch eingenistet.«

»Bitte, nehmen Sie uns hier nicht auf den Arm«, sagte der Herr, der wahrscheinlich sehr nervös war und seine Nervosität in der stillen Weinstube kurieren wollte. »Was sich die Leute heute schon alles ausdenken«,

brummte der Herr unwirsch. »Sehe ich so dumm aus?«
»Nein, nein, Verehrtester«, sagte der friedfertige Weinstubeninhaber, weil er dachte, die Frage gälte ihm. Der nervöse Herr bezahlte und ging.
»Ein komischer Mensch«, dachte sich Herr Honzátko, »ich will ihm ehrlich erklären, wie das mit dem Hamster ist, ihn um Rat fragen, und der Kerl ist beleidigt.«
Herr Honzátko vertiefte sich in seine Gedanken, und als er das sechste Viertel trank, stellte er mit Überzeugung fest, daß sich Hamster gelegentlich in den Sofas ordentlicher Familien aufhalten könnten.
Um halb zehn Uhr abends schilderte er einer Gesellschaft die ganze Angelegenheit, und zwar so verworren, daß seine Zuhörer glauben mußten, der Hamster wäre auf Grund einer Verfügung des Landesschulrats in die Couch gelangt.
Der weitere Verlauf der Angelegenheit war nicht mehr eindeutig zu rekonstruieren. Er erinnerte sich nur unklar daran, daß er in der Nacht mit irgendeinem Herrn dieser Gesellschaft, der von sich behauptete, er habe ein Tiergeschäft, durch die Straßen ging. Tatsächlich kamen sie zu einem Laden, den der Herr öffnete.
Sicher war nur, als Herr Honzátko am Morgen erwachte, daß er auf seinem Nachtschränkchen eine größere Kiste fand, in der etwas herumpfiff. Nur ganz langsam fiel ihm ein, daß er diese Kiste von seinem nächtlichen Besuch aus jenem Laden nach Hause gebracht hatte. Als er sie öffnete, blickte ihn ein Pärchen weißer Tierchen mit roten Augen an.
»Um Himmels willen, was sind das für Viecher?«

seufzte Herr Honzátko und begann angestrengt nachzudenken. Er erinnerte sich, daß in der Debatte, die in der Weinstube um den Hamster entstanden war, der Herr, von dem er sie bekommen hatte, geschworen hatte, daß man einen Hamster am besten mit Hilfe von Frettchen hervorlocken könne. Dann sind es also Frettchen. Die setzt man ja gegen alle Feldschädlinge ein. Man läßt sie in das Loch hinein, und sie werden das entsprechende Tier an die Oberfläche treiben. Wenn er sie also in die Couch hineinließe, wäre die Sache mit dem Hamster erledigt.
Er teilte seine Ansicht der Familie mit. Nach dem Frühstück ließen sie die Frettchen vorsichtig in die Couch hinein und warteten auf das Ergebnis. Aus dem Innern der Couch ertönte zuerst Fauchen und Pfeifen und dann ein Brummen, das jedoch freundlich war. Nach einem Augenblick erschienen die Köpfe der Frettchen, um schnell wieder zu verschwinden, dann sah der Hamster aus dem Loch heraus. Er blickte hämisch auf die Familie von Herrn Honzátko, fauchte geringschätzig und zog sich zurück. Der junge Honzátko näherte sich der Öffnung und sah vorsichtig hinein.
»Die Frettchen«, gab er das Ergebnis seiner Nachforschungen bekannt, »lecken dem Hamster den Kopf.«
Es war die traurige Wahrheit. Sie freundeten sich mit dem Hamster an, und es gefiel ihnen in der neuen Höhle. Honzátko brachte inzwischen wieder den Brehm und las unter allgemeiner Betrübnis, daß sich Frettchen in Gefangenschaft stark vermehren. Es war dort aber auch eine sehr interessante Bemerkung erwähnt. Der

selige Brehm mußte mit Frettchen wahrscheinlich traurige Erfahrungen gemacht haben; denn er schrieb, daß er aus eigener Erfahrung festgestellt hätte, daß Frettchen den Geruch von Meerschweinchen nicht vertrügen.

Herr Honzátko begann, sich eilig anzuziehen.

»Wohin willst du?« fragte Frau Honzátko unsicher.

»Meerschweinchen holen«, gab er betont zur Antwort, und die Tür schloß sich hinter ihm mit einem traurigen, hoffnungslosen Knirschen.

Die Meerschweinchen, drei an der Zahl, die er nach einer Stunde nach Hause brachte, waren wunderbar duftende Exemplare, ganz nach den Wünschen des Herrn Honzátko. Er hatte den Tierhändler gebeten, ihm die am stärksten stinkenden Tiere auszusuchen. Inzwischen stellte sich auch der Bräutigam ein, der sich übrigens als Hasenfuß entpuppte. Er erklärte, daß er vor Meerschweinchen Angst hätte, und er ließ sich nicht bewegen, sie durch die zernagte Oberfläche hineinzustopfen. Er spürte, daß man ihn opfern wollte. Endlich ließ er sich überreden, und mit den Worten: »Sie werden mich beißen«, fing er sich ein Meerschweinchen aus dem Korb. Und er hatte sich nicht geirrt. Das Meerschweinchen biß sich in seiner Hand fest, jetzt war die Reihe an Honzátko. Er zeigte sich als Held. Wohl brüllte er fürchterlich, aber es gelang ihm doch, alle Meerschweinchen, die sich wütend zur Wehr setzten, in die Couch zu stopfen.

Der Bräutigam sah inzwischen voller Mitleid auf Herrn Honzátko und dachte, daß vielleicht mit ihm doch nicht alles ganz in Ordnung sei, daß er einem so komischen Vergnügen huldigte. Ich weiß nicht, ob Meerschweinchen Sinn für Mitleid haben. Falls ja, so bedauerten sie sicher, daß sie sich ihren Wohltätern gegenüber so schlecht benommen hatten. In ihrer neuen Behausung war es ja so behaglich. Eine hübsche, bunte, anständige Gesellschaft, und dann, wohin man nur blickte, überall rundherum nichts als Seegras, mit dem die Couch gepolstert war. Es ist bekannt, daß Meerschweinchen Allesfresser sind. Ich hatte einmal ein Meerschweinchen, das während meiner zweitägigen Abwesenheit ein Photographiealbum fraß, und all die lieben Gesichter meiner Verwandten verwandelten sich in Häufchen kleiner Fetzen. Es zeigte sich auch, daß Brehm sich sehr geirrt hatte, zumindest in dem Fall der Couch der Familie Honzátko. Die Frettchen vertrugen den Geruch der Meerschweinchen sehr wohl, und sie verließen ihr Versteck nicht. Der Hamster wärmte sie aufopfernd, die Meerschweinchen schmiegten sich an die Frettchen, und innerhalb der Couch herrschte unter den Tieren eine wirklich paradiesische Übereinstimmung. Daraufhin wurde ein großer Familienrat abgehalten.

Selbst der Bräutigam hielt sich nicht zurück, sondern nahm an dem Gespräch teil und schlug als Lösung vor, einen Igel zu besorgen. Er sagte recht logisch, daß ein Igel Stacheln hätte, die stechen. Steckte man also einen Igel in die Couch hinein, so würde er alle von dort hinausstechen; denn die Couchbewohner würden ja sicherlich auch den Igel wärmen wollen und dabei dann

schrecklich reinfallen. Er bot sich auch an, einen Igel zu besorgen.
»Kaufen Sie lieber gleich zwei, Herr Kratochvíl«, sagte besorgt Frau Honzátko. Herr Kratochvíl entfernte sich also, wobei er noch in der Tür murmelte, daß Igel auch Küchenschaben fressen. Die Igel, mit denen er zurückkehrte, die die Menagerie des glücklichen Haushalts vervollständigten, waren melancholische Viecher. Als er sie auf den Fußboden setzte, streckten sie sich aus, steckten zwischen den Stacheln ihr Schnäuzchen hervor, sahen sich traurig um und rollten sich wieder zu einer stacheligen Kugel zusammen. Diese beiden Kugeln drückte dann Herr Kratochvíl mit Handschuhen in die Couch hinein.
Von dort ertönte ein wütendes Fauchen und Pfeifen, in der Öffnung erschien der Kopf des erregten Hamsters, als ob er fragen wolle, was das für eine Ordnung sei, dann verschwand er wieder nach unten. Die Igel waren inzwischen auf den Boden der Couch gekrochen und kümmerten sich weder um die Frettchen noch um den Hamster und die Meerschweinchen. Innen kehrte wieder Ruhe ein. Der zoologische Garten der Familie Honzátko verfiel in einen gesunden Schlaf. Als niemand aus der Couch herauskam, wurde beschlossen, die Hochzeit um ein paar Tage zu verlegen.
Herr Kratochvíl träumte, daß man die Igel mit Hilfe gestreifter Hyänen aus der Wohnung vertreiben könne, die gestreiften Hyänen wiederum mit Hilfe von Jaguaren, und der ganze Traum endete mit einem schrecklichen Bild von abgenagten Knochen in der Küche von

Honzátkos, und zwar mit den Knochen der Schwiegermutter und des Schwiegervaters.
Herr Honzátko aber war inzwischen nicht faul. Das Direktorium des Gymnasiums, in dem sein Sohn ansonsten nicht hervorstach, erhielt von ihm einen Brief, den der Herr Direktor nicht verstehen konnte:

»An das geehrte Direktorium des Gymnasiums
in der Jirovcová Straße.

Der Unterschriebene bittet ehrfurchtsvoll das geehrte Gymnasium, im Hinblick auf die veränderten Familienverhältnisse unverzüglich Schritte zu unternehmen, damit der Hamster, der bei dem Unterschriebenen aufbewahrt ist, ihm fortgenommen und ausgestopft wird.

Mit aller Ehrerbietung
Václav Honzátko, Kassierer,
Žižkov, Orebitská Straße 5.«

Der Herr Direktor ließ den jungen Honzátko zu sich rufen und fragte ihn interessiert, ob sein Vater öfter solche Briefe schriebe. Honzátko erklärte, daß er es nicht wüßte. Daraufhin fragte ihn der Herr Direktor noch, ob sein Vater nicht irgendwann in einem Institut oder Sanatorium gewesen sei. Damit Honzátko nicht immer nein sagen mußte, nickte er diesmal zur Abwechslung mit dem Kopf.
»Wir müssen ihn zufriedenstellen und beruhigen«, dachte der Direktor, und so erhielt Herr Honzátko folgenden Brief:

»Im Hinblick auf Ihren Brief müssen wir Ihnen mit

großem Bedauern mitteilen, daß das Direktorium des Gymnasiums an Ausstopfen nicht interessiert ist.

Das Direktorium des Institutes.«

Nach Erhalt dieses Briefes ging Herr Honzátko zum Hundefänger in Vyšehrad; dort wurde ihm gesagt, daß es auf dem Amtswege nicht möglich sei, Tiere in Privatwohnungen zu töten, sondern daß er diese dort hinbringen müsse.

Der junge Honzátko verkaufte inzwischen seinen Atlas und kaufte für das ganze Geld Körner, die er alle in die Couch hineinschüttete, damit die Tiere keinen Hunger litten. Und so ging es vierzehn Tage. In Prag wurden die Lebensmittel knapp. Und unten im Haus lebte ein Hausmeister, ein mutiger Mann, der zu allem entschlossen war. Er kam mit einem Beil. Man zeigte ihm schweigend die Couch und schloß die Zimmertür. Man hörte Schläge gegen die Couch, Pfeifen, Fauchen, Brummen. Nach einer halben Stunde war alles ausgestanden.

Am nächsten Tag wurde die Hochzeit gefeiert, und auf der Kriegsspeisekarte von Honzátkos waren folgende Gerichte angeführt:

Frettchensuppe

gekochtes Frettchen mit süß-saurem Meerrettich

gebratener Hamster mit Kartoffeln

Meerschweinchen in Kümmelsoße

Igelpastete

Und der junge Honzátko, der all den Wohlstand verursacht hatte, saß, ohne daß man ihm die gebührende Anerkennung zollte, bescheiden am Tisch, mit Tränen in den Augen, und nagte am gebratenen Kopf seines unglücklichen Hamsters.

Das verdächtige Faß des Großvaters Chovanec

Mit einem Lagerschuppen verglichen, war die Wohnung des Großvaters Chovanec, die gleichzeitig sein Lagerraum war, ungewöhnlich trostlos. Ein kleines, verrußtes Petroleumlämpchen gegenüber dem Bett erhellte bescheiden Tag für Tag drei Häufchen Hundekot. Ein Häufchen war fester, grießiger Kot, in weißgelblicher Farbe, das zweite war dunkler und das dritte noch dunkler.

Das war das Reich von Großvater Chovanec, der Hundekot sammelte. Er sammelte ihn unermüdlich, wobei er gegen die Verachtung anderer Leute unempfindlich war, gegen den Gestank durch Gewöhnung gepanzert. Er war unermüdlich und flink, stets bereit, wenn sich die Gelegenheit bot, schnell hinzuspringen und jenes weiße, grießige, auf dem Weg durch das Labyrinth feucht gewordene und im Tageslicht nach anstrengendem Durchgang Erscheinende in die Hand zu nehmen. Denn kaum erschienen, würde es sonst, herzlos vom Gehsteig heruntergefegt, auf die Fahrbahn rollen und dann von gefühllosen Fußgängern unter Flüchen zer-

treten werden. Es würde dann unter die Pferdehufe geraten und den Leuten in Lackschuhen Ärger verursachen. Es würde sich schließlich mit dem gewöhnlichen Pferdekot vermischen und von Straßenfegern weggekehrt werden, also völlig alltäglich vergehen, ohne daß es seine Berufung erfüllte, die ihm die Handschuhmacher bestimmten.
Jenes Weiße, dieser Hundekot, steht in enger Verbindung mit der eleganten Gesellschaft. Die feinsten Handschuhe werden in dem Ausgegorenen genetzt, wobei sie ihre Feinheit, Elastizität und Geschmeidigkeit erlangen. Wenn es den Hundekot nicht gäbe, was würde die Aristokratie beginnen, die Handschuhe aus schwedischem Leder liebt?
Um diese Konsequenzen allerdings hat sich der Großvater Chovanec nicht gekümmert. Ihm genügte es, wenn der Hundekot im Preis stieg. Obwohl er nicht an der Börse gehandelt wird und Börsenmakler keine Abschlüsse über Hundekot tätigen, schwankt sein Preis dennoch.
Etwa vor 10 Jahren kostete ein Fäßchen unter Brüdern zwei Goldstücke, heute bekommt man mit Mühe 3 1/2 Kronen dafür, denn heute geht es auch den Hunden schlechter.
Früher waren die wertvollsten Stücke die weißen, runden. Heute jedoch – vielleicht unter dem Einfluß politischer Verhältnisse – finden sich nicht mehr viele ganze Stücke. Es sind unförmige verlassene, die sich auf den Wegen wälzen, die auf den zweiten und dritten Haufen von Großvater Chovanec kommen.

Aber nicht einmal nach den allgemeinen Reichstagswahlen haben sich die Verhältnisse gebessert.
Hundekot machte keine Entwicklung mit, und für den Großvater kam noch ein neuer Schlag. Die Zahl seiner Konkurrenten wuchs an. Damit begann ein wirklicher Kampf um Brot und Hundekot.
Es wurde nötig, sich mehr zu plagen, noch früher am Morgen aufzustehen, wenn die Hunde nach draußen geführt werden, und schnell zu sammeln. Immer mehr haben sich die Verhältnisse verschlimmert.
Man fand nur wenige der weißen festen Stücke, die schon bei leichter Berührung auseinanderfallen. In dem Tageslicht erschienen braungewordene Häufchen, weich wie die Seele der Helden aus den Kalendererzählungen.
Dann begann die Krise im Handschuhgewerbe. Manche der Fabriken hörten ganz auf, Waren aus schwedischem Leder herzustellen, die anderen aber kauften billigeres Material, in dem die Handschuhe genetzt wurden. Der Großvater Chovanec unterlag immer mehr und mehr der drohenden Konkurrenz. Seine ständigen Abnehmer, eine Fabrik in Prag, wohin er es nicht weit von seiner Wohnung hatte, setzte den Ankaufspreis der Ware auf die Hälfte herab, so daß er doppelte Arbeit leisten mußte.
Großvater Chovanec blieb dabei aber ein ehrlicher Mann und versuchte nicht, seinen Verkaufsgegenstand mit Kreide zu verfälschen, wie die übrigen Sammler, die dann selbstverständlich für wenig Geld große Mengen liefern konnten.

Ware, die er lieferte, war immer »prima« Qualität. Das Herz lachte ihm beim Anblick der unverfälschten Häufchen. Seine gehorteten Schätze brachten ihm jedoch nichts ein, sondern die Vorräte wuchsen ununterbrochen.

Als er so seine Vorräte nicht absetzen konnte, besorgte sich der Großvater Chovanec ein Faß und verstaute darin sorgfältig die unverkauften Reste.

Dann lieh er sich eines Tages ein Wägelchen, und mit dem vollen Faß, sorgfältig verschlossen, damit bei dem Transport von dem gegorenen Kot nichts verlorengehe, fuhr er den Vorrat in eine der Handschuhfabriken in Karlín, in der Hoffnung, ihn vielleicht in der Vorstadt doch noch verkaufen zu können.

Es wurde nichts daraus. Er fuhr das volle Faß wieder zurück nach Prag, und in der Florenz-Straße wurde er vom Zolleinnehmer angehalten.

»Was transportieren Sie denn da, Opa, in dem Faß?«

»Ich fahre, lieber Herr«, sagte traurig Opa Chovanec, »die verdammte Scheiße zurück.« Hätte er gesagt »Hundekot«, hätte er keine Unannehmlichkeiten gehabt. Er aber, unbekümmert wie er war, benutzte das Wort, das für alle Arten von Kot zuständig war. Ein starkes Wort.

Der Beamte vom Lebensmittelzoll war jedoch kein Mensch, den so ein Wort bei der Ausübung seiner amtlichen Pflicht zurückgeschreckt hätte.

Er trat näher heran und fragte von neuem in scharfem Ton: »Ich fragte, was transportieren Sie da?«

Der Großvater Chovanec dachte nach: »Ja, ja, lieber

Herr, nicht jeder fährt hier Zucker durch, ich zum Beispiel die verdammte Scheiße!«
Ein zweiter Aufsichtsbeamter trat dazu: »Mann, sprechen Sie anständig, was haben Sie da?«
»Scheiße, lieber Mann«, sagte gutmütig der Großvater Chovanec, »mein Gott, das ist bestimmt kein Honig!«
Beide Aufsichtsbeamte, um die herum sich bereits Fußgänger versammelten, sahen aufgebracht aus.
»Das ist eine ungehörige Antwort«, schrie einer der Beamten, »antwortet man so einer uniformierten Person?«
Und Großvater Chovanec antwortete, sich dabei dem Publikum zuwendend: »Ich fahre hier Scheiße! Sie denken, ich will Sie verscheißern!«
Ein Schutzmann drängte sich durch die Menge. »Mein Herr«, sagte er streng, »nun frage ich Sie aus amtlicher Befugnis: Was transportieren Sie hier? Und warum geben Sie es nicht an?«
Großvater Chovanec zwinkerte mit seinen Augen, und mit fester, ernsthafter Stimme antwortete er nur das eine Wort: »Scheiße!«
Dann kam irgendein Herr mit einer Mütze und noch einer in Uniform, und sie steckten eine eiserne Stange in das Faß, zogen sie dann heraus und rochen daran, wobei sie klug um sich blickten.
Daraufhin sagte der Mann mit der Mütze: »Menschenskind, jetzt frage ich Sie das letzte Mal: Was ist da eigentlich drin?«
»Gnädiger Herr, Scheiße!«
Die letzten Worte vernahm ein Polizeiwachtmeister,

der sich gerade durch die Menge durchgewunden hatte, er legte dem Großvater Chovanec die Hand auf die Schulter und sagte mit blitzenden Augen: »Ich verhafte Sie im Namen des Gesetzes!«
Und während er durch den Menschenauflauf den völlig verwunderten Großvater Chovanec auf das Kommissariat abführte, wurde das verdächtige Faß in das Institut für Lebensmittelprüfung gebracht.

Heimatkunde

»Es gibt Augenblicke im menschlichen Leben, in denen auch ein Ochse weint«, sagte einst ein unbekannter Philosoph zu mitternächtlicher Stunde im Gasthof «Beim Fleck».
»Lustigkeit grenzt an Sentimentalität«, sagte ein bekannter Philosoph, vielleicht der Schwarzseher Schopenhauer.
Die Bedeutung dieser beiden Sätze abwägend, fuhr ich nach Vejvodovo Město, um meinen Schmerz, meine Trauer, mein Leid auszuweinen. So fuhren einst die Büßer in die Wüste, denn Vejvodovo Město ist ein grenzenlos verlassener Ort.
Ich fuhr also hierher, um über mich selbst zu weinen. In einem hellen Augenblick nämlich war mir bewußt geworden, daß ich ein Lotterbube war, und ich bedauerte die arme Erde, daß sie mich tragen mußte. Wie viele

Menschen hatten sich schon mit mir herumgeärgert. Aber lassen wir das, damit ich nicht von neuem anfange zu weinen. Vejvodovo Město ist eine sonderbare Ortschaft. In meinem ganzen Leben habe ich noch nichts Ähnliches gesehen. Sie heißt Město, das bedeutet Stadt, ist aber eine unbedeutende Ortschaft von acht Häusern, von denen sieben kurz vor dem Zusammenbruch stehen. Das alles gehörte früher wahrscheinlich irgendeinem Herzog, der offensichtlich arm wie eine Kirchenmaus gewesen sein muß. Diese verödete Ortschaft, in deren Umgebung ich wundervoll hineinpaßte, liegt inmitten von Wäldern; nie zuvor in meinem Leben habe ich etwas von diesem Ort gehört. Drei Stunden entfernt liegt im Wald die Försterei. Der Förster hat den poetischen Namen Pampeliška, das heißt Butterblume. Er trinkt Schnaps und hält es mit den Wilderern. Darum zog es mich zu ihm hin.
Ich wohnte bei ihm, gab mich der Reue hin, irrte durch die Wälder, trocknete mir die Augen mit einem großen roten Taschentuch, ich ging barfuß, nährte mich von Wurzeln, Grashüpfern und geräuchertem Fleisch mit Knödeln und Kraut und rasierte mich nicht. Nach einer Woche sah ich aus wie ein verkommener Landstreicher. Und um mich dann noch intensiver zu peinigen, bestellte ich mir aus Prag den letzten Jahrgang der Zeitschrift »Moderne Revue«. Ich las sie, in der Waldeinsamkeit auf dem Bauch liegend, vor mir einen verblichenen Hundeschädel, den ich auf dem Misthaufen der Försterei aufgegabelt hatte, und in meiner Tasche steckte eine Flasche gewöhnlicher Schnaps.

Und als sich auch dann keine tätige Reue in mir bemerkbar machte, begab ich mich auf eine Wallfahrt nach Vejvodovo Město, wo ich fünf Glas des dortigen fürchterlichen Dorfbieres trank, jedes Glas mit einem Dutzend Ablagerungsflocken versehen. Da war mein Leid vollkommen.

Eines Tages saß ich tief im Wald auf einem verwitterten Stein und überlegte, was wohl gerade in Dejvice* los war, als mich in diesem Augenblick ein lautes Gespräch, das von einem der verlorenen Wege in dieser Wildnis zu mir herüberkam, aus meiner Ruhe aufstörte, und vor mir erschien ein Herr, begleitet von zwei älteren Damen. Die eine trug ein großes Notizbuch in der Hand und eine Brille auf der Nase. Die zweite trug eine Mappe in der Hand und blickte umher, als wolle sie die ganze Landschaft verschlingen.

Der Herr sah bedauernswert ermattet aus, er war dick, und auf den ersten Blick konnte man sehen, daß ihm diese Art zu reisen nicht wohltat. Er schwitzte. An seinem Stock trocknete er zwei Taschentücher, die er durch das ständige Schweißabwischen naß gemacht hatte. An dem Stock hingen außerdem noch zwei Reisedecken und ein Mantel.

Als er vor sich einen barfüßigen, verkommenen und bärtigen jungen Mann sah, nämlich mich, fragte er: »Hör mal, du Mensch, ist es noch weit bis Vejvodovo Město?«

»Es ist, gnädiger Herr«, sagte ich.

* Stadtteil von Prag

»Und wie weit ungefähr?«
»Das kommt darauf an, gnädiger Herr.«
»Zwei oder drei Stunden?«
»So irgendwie, gnädiger Herr.«
Der Herr schwieg, und die mit der Brille sagte zu ihm auf deutsch:
»Frag doch diesen Kerl, ob es hier in der Umgebung nicht etwas Sehenswertes gibt, oder ob man sich hier nicht eine Sage erzählt.«
Der Herr übersetzte es mir, und ich antwortete zögernd: »Oh, Gott sei's gesegnet, Sehenswürdigkeiten haben wir hier genug und Sagen auch.«
Die Dame mit der Brille zückte ihren Bleistift, nahm sich das Notizbuch vor, und ich fuhr fort: »So zum Beispiel, gnädiger Herr, hier auf diesem Stein, wo ich sitze, saßen einst der heilige Cyrillus und Methodius, nein, eigentlich, die Großmutter sagte, daß . . . ja, so war es, der heilige Methodius saß hier, während der heilige Cyrillus dort auf dem Stein daneben stand, oder, zum Teufel, warten Sie, wie war denn das noch, dort auf dem Stein saß der heilige Cyrillus, während der heilige Methodius auf diesem, auf dem ich sitze, stand, aber nein, ich hab' ein schwaches Gedächtnis, und das ist schon lange her. Der selige Vater sagte wieder, daß beide auf einem Stein standen, aber daß er nicht wisse, auf welchem, auf diesem saß angeblich Napoleon, und dort stand der preußische Friedrich. Der Teufel weiß, was wahr daran ist. Aber unser Bürgermeister sah, daß hier der Christoph Columbus lag.«
Kaum hatte ich zu Ende gesprochen, setzte die Dame

mit der Brille als erste zur Flucht an, sie ließ das Notizbuch fallen, hinter ihr lief die zweite mit der Mappe, und der entsetzte Herr trabte mit den Decken und dem Mantel hinter den beiden her, und ich rief ihnen nach: »Fürchten Sie sich nicht, ich werde Ihnen erzählen, wie wir den König Samuel ermordeten.«
Sie waren jedoch schon fort.
Ich hob das Notizbuch auf und las auf dem Deckel: »Heimatkundliche Bemerkungen aus Wanderungen durch die böhmischen Lande.«
Dieser Tag hat mich erleichtert.

Wie Baluška das Lügen lernte

In einer Hinsicht übertraf Baluška all seine Mitschüler, nämlich wenn es um echten Patriotismus ging. Seine Mitschüler waren wohl auch hervorragende Patrioten, die als Einwohner des Prager Stadtteils Podskalí tiefen Haß gegen die Prager aus Smíchov hegten, aber niemand verteidigte die Farben des rechten Moldauufers so mutig wie Baluška. Als die denkwürdigen Kämpfe begannen, die sich von Jahr zu Jahr wiederholten, als nämlich die Moldau zufror und beide Parteien zueinander konnten, als die Parole durch die Straßen ging, daß das Eis schon trage, da stahl Baluška die Riemen von den Peitschen der Kutscher und fertigte daraus Zwillen. Seine Zwillen schossen auch am weitesten. Er war stets der erste, der sich mit fürchterlichen Flüchen und mit Taschen voller Steine auf die aus Smíchov warf und der erste, der sich, wenn die Munitionsvorräte verschossen waren, mit einem Riemen mit großer Schnalle auf die entsetzten Truppen der Smíchover stürzte. Die Riemen waren die Waffe für den Nahkampf. Baluška selbst nahm einmal fünf der Smíchover gefangen, die von seiner Mannschaft dann siegesbewußt auf ihr Ufer in ihre Heimat nach Podskalí geführt wurden. Sie wurden in einem Umzug in die hölzerne Umzäunung von Alt-Podskalí geleitet und dort verhört. Die gefangenen Smíchover waren sehr niedergeschlagen, denn sie wußten, daß sie von jenem fürchterlichen Feind, unter Baluškas Führung, kein Mitleid erwarten konnten. Beute gab es wie gewöhnlich nicht sehr viel, nur Zwillen, ein oder zwei Vierkreuzer-Taschenmesser, einen Federhalter, eine halbe Zigarette, einen Kreuzer, drei Schrauben, Nägel, einen Riemen und Heiligenbildchen, die die Braven vom Herrn Katecheten geschenkt bekamen, bevor sie nach der Schule aufs Eis zum Raufen gingen. Sie dienten jedoch nicht als Amulette, die vor dem Feind schützen sollten, sondern wurden mit in den Kampf genommen, um noch in der Kampflinie gegen Radiergummi oder Wasserfarben getauscht werden zu können. Nun waren sie um alles beraubt. Jetzt standen sie vom Feind umzingelt, der sie beschimpfte. Sie warteten ängstlich, ob sie noch eins auf die Hosen bekämen. Sie brauchten nicht lange zu warten, und als die Exekution vorbei war, feuchtete Baluška einen Kopierstift mit Spucke an, dann befeuchtete er ebenfalls mit

Spucke die Stirn der Gefangenen und schrieb einem nach dem anderen, so schön er konnte, einen schwer abwaschbaren Satz darauf: »Die Smíchover sind Scheißer.«

Dann mußten sie noch die Podskaler Fahne küssen, die aus dem Unterrock von Balušeks Schwester gefertigt war (der Diebstahl wurde von ihr später bemerkt), und dann konnten sie zu den Ihren nach Hause gehen, von einer Wache der Podskaler Kämpfer begleitet, die sie unterwegs noch quälte. Sie wurden bis zur Brücke geführt; dort losgelassen, rannten sie an den Brückeneinnehmern vorbei, und die Podskaler Kämpfer schrien hinter ihnen her: »Sie haben nichts für die Brücke, Herr Wachtmeister, sie haben nichts für die Brücke!«

Der Feind führte sich seinen Gefangenen gegenüber ähnlich grimmig auf und quälte sie auch. Selbst Baluška hatte es zu spüren bekommen, als er einst hinter der Kaiserwiese von den Smíchovern erwischt wurde.

Irgendwelche Freibeuter, die hinter der Armee herzogen, auf eigene Rechnung kämpften, die ihn nicht kannten, hatten ihn erwischt.

Sie fragten ihn grob, von wo er sei. Damals hätte er sich mit einer Lüge retten können, aber Baluška war ungeheuer stolz und erklärte würdevoll mit eisiger Ruhe: »Ich bin ein Podskaler, ihr Smíchover Stinker.«

Entwürdigt und beraubt kehrte Baluška zu den Seinen zurück.

Selbst sein Katabon wurde ihm abgenommen. Wer noch nie so ein Katabon gehabt hat, der kann diesen Verlust nicht bewerten.

Ein Katabon ist eine Gummizwille. Man schießt damit nach Spatzen oder Schutzleuten. Es eignet sich auch für Katzen. Nach dem üblichen Preis kann man es in den Schulen für ein Bild der ersten heiligen Kommunion tauschen oder für eine ganze Serie unserer heiligen Patrone, die ungefähr den Wert von zehn Zigaretten darstellen.

»Du hättest lügen sollen«, sagten sie ihm, als er berichtete, »du warst schön doof, du hättest ihnen sagen sollen: ›Ich bin aus Smíchov, du Ochse.‹«

»Ich kann nicht lügen«, gab Baluška zu, »deswegen mußte ich zu Hause schon sehr viel aushalten. Vor kurzem habe ich dem Vater einen Sechser aus der Schublade geklaut, und die knöpften mich vor, weil sie glaubten, ich hätte ihn genommen. Mir wurde ganz heiß, und da mußte ich mir auch schon die Hosen runterziehen. Ich habe alles zugegeben. Gestern habe ich wieder gestanden, daß ich die letzte Buchtel gegessen habe, die dem Großvater gehörte.«

»Du wirst schon das Lügen lernen«, sagte der lange Vítek. »Zuerst habe ich auch immer so doof geguckt, und das Blut stieg mir ins Gesicht, so daß man alles gleich sehen konnte. Aber heute, da lüge ich, ohne mit der Wimper zu zucken. Alles, was ich zu Hause kaputtmache, schiebe ich auf meine Schwester, und die wird dann verhauen, weil sie eine so blöde Trine ist. Wo sie geht und steht, da heult sie.«

»Mit dem Lügen klappt es bei mir nicht«, sagte Baluška, »da fange ich zum Beispiel an zu stottern und verhaspele mich, oder ich rede so komisch, daß sie mir schon einmal sagten, ich sei blöd geworden. Einmal habe ich durch Zufall den Strohsack angezündet und sagte dem Vater, daß es die Mutter gemacht habe.«

Der erfahrene Vítek dachte nach.

»Mach dir nichts daraus, wenn es mal ganz schlimm kommt, dann wirst du das Lügen schon lernen.«

Es wurde Frühling. Beide Parteien konnten nicht zueinander, und darum zogen die Podskaler, um nicht müßig zu sein, gegen die von Podolí*, gegen ihre heimatlichen Brüder.

Einmal fingen die aus Podolí den Baluška, und er gab zu, daß er aus Podskalí sei. Er büßte dafür.

Balušeks Vater hatte unten am Fluß eine Schenke. Eines schönen Tages, als die Sonne schien und die Podskaler in die Berge oberhalb von Vyšehrad zogen, um die Podoler gefangenzunehmen, schritt Baluška traurig nach Prag, wohin er vom Vater gesandt wurde, um für die Schenke Würste zu holen. Sein Herz war bei seinen Mitstreitern. Als er mit dem Wurstpaket zurückkehrte, beobachtete er in einer kleinen Gasse zwischen den Zäunen einen Jungen, der ganz frech vor sich hinpfiff. Baluška holte ihn ein, und dieser Junge war kein anderer als ein gewisser Zavadilka aus Podolí. Also ein ausgesprochener Feind. Als er Baluškas feindlichen Gesichtsausdruck sah, machte der Podoler Eindringling ein erschrockenes Gesicht und versuchte zu fliehen. Baluška stieß ihn jedoch an und rief: »Was rennst du?!« und begann sich mit ihm zu prügeln.

---

* Stadtteil von Prag

Das Paket mit den Würsten fiel auf die Erde und riß auf, heraus flogen zwei schöne Würste, und Baluška, mit dem Eindringling beschäftigt, hatte keine Zeit, sie aufzuheben, er sah nur, wie hinter einem der Zäune ein Hund hervorlief, der freudig danach schnappte, wobei er mit seinem Schwanz wedelte und dann in Richtung Emmauskloster davonlief.
Baluška ließ den Feind los, riß das Paket an sich und rannte hinter dem Hund her. Es war gar nicht daran zu denken, daß er es geschafft hätte. Als er den Hund endlich sah, leckte der sich nur noch genüßlich die Schnauze.
Baluška kehrte niedergeschlagen nach Hause zurück und begann voller Eifer, die Würste neben dem Schanktisch aufzuhängen. »Hast du denn alle mitgebracht?« fragte der Vater und begann, sie streng nachzuzählen. »Zwei fehlen«, sagte er trocken, Baluška dabei zunikkend, »komm ins Zimmer!«
Ergeben ging Baluška dem Vater nach und begann, sich die Hosen herunterzuziehen.
»Nein, nein, mein Liebling«, sagte der Vater, »erzähl mir zuerst, warum du sie gegessen hast?«
»Ich hab' sie nicht gegessen!«
»Wer also?«
»Der Hund.«
»Lüg nicht!«
»Der Hund hat sie gefressen, als mir das Paket auseinanderfiel«, klagte Baluška.
»So, du lernst also lügen?!« schrie der Vater. »Mutter, komm her, weißt du, wie der Junge wieder alles ver-

dreht. Ich habe dir schon so oft gesagt, daß du nicht lügen sollst. Und jetzt auf einmal beginnst du, dir etwas auszudenken, du wirst rot, ich werde dich schon lehren. Du wirst schon alles zugeben. Du wirst so lange auf Erbsen knien, bis dir das Lügen vergeht!«
Baluška kniete! Er spürte jede Erbse, und ihm gegenüber saß die Mutter und las ein heiliges Buch.
Hin und wieder sah sie zu ihm hinüber:
»Hast du sie gegessen?«
»Nein!«
Wenn niemand im Schankraum war, kam stets der Vater herein und fragte mit schrecklicher Stimme:
»Lüg nicht! Hast du sie gegessen?«
Und Baluška weinte jedesmal:
»Nein.«
Als der Abend kam, und man Essen auf den Tisch brachte, kniete Baluška immer noch auf den Erbsen und beantwortete weinend die gestellten Fragen:
»Ich hab' sie nicht gegessen.«
Das geräucherte Fleisch mit Knödeln duftete, und Baluška kniete noch immer auf den Erbsen. Endlich konnte er es nicht mehr aushalten, und er wartete, daß er noch einmal gefragt werde.
Gleich darauf fragte auch der Vater:
»Ich erinnere dich zum letzten Mal, daß du nicht lügen sollst. Hast du sie gegessen?«
»Ja!« sagte Baluška, ohne rot zu werden.
»So, dann kannst du jetzt die Hosen herunterziehen«, antwortete der Vater gutmütig, und Baluška beeilte sich eifrig, sich über das gute väterliche Knie zu beugen.

Dann erhielt er Geräuchertes mit Knödeln, und als er sich nach dem überstandenen Leid ins Bett legte, blickte Baluška auf das Bild des Schutzengels über dem Bett und flüsterte:
»Gott sei's gedankt, daß ich jetzt lügen kann.«

Die Kamillentropfen

Die Großmutter Pešek versorgte zahlreiche Drogerien in Prag mit getrockneten Heilkräutern, wie Kamille und Tausendgüldenkraut. Das meiste Kamille- und Tausendgüldenkraut verkaufte sie aber an die Drogerie des Herrn Kološka.
Sie erschien im Sommer und auch im Herbst mit einem großen Tragekorb auf dem Rücken im Laden, sie handelte nicht, wieviele Kreuzer sie für das Kilo bekommen sollte, sie ließ die Kräuter abwiegen und nahm das Geld ohne alle Einwände entgegen.
Dann setzte sie sich auf den leeren Korb, trank ihr übliches Gläschen Kümmelschnaps, den sie dazubekam, und sprach mit Herrn Kološka: »Sie müssen wissen, gnädiger Herr, von keinem Kräuterweib schmeckt die Kamille so wie von mir. Sie müssen wissen, gnädiger Herr, ich bin ein ehrliches Frauenzimmer, und ich sammle die Kamille ganz zeitig am Morgen, und das, müssen Sie wissen, ist Kamille, und nicht so etwas wie von der alten Kautský. Diese Kautský sammelt die

Kamille nämlich am Nachmittag, und davor, mit Verlaub zu sagen, versorgt sie das Vieh im Stall. Und Sie müssen wissen, gnädiger Herr, wenn Sie mal ihre Hände anschauen, da würde der Mensch am liebsten weinen und das Essen würde ihm vierzehn Tage nicht schmecken. Meine Kamille dagegen, die ist mit sauberen Händen gesammelt, und noch wenn der Tau liegt. Und das, bedenken Sie es, das fällt ins Gewicht, wenn ein Mensch so einen Aufguß trinkt, da geht es ihm gleich besser. In Štěchovice gibt es viele Leute, die sagen, daß nichts so gut wie die Kamille der alten Pešek hilft. Sie sollen wissen, ich bin ein ehrliches Weib, und diese Kautský kann sich mit mir nicht vergleichen. So ist es mit allem. Wenn Sie wüßten, gnädiger Herr, wie die Kautský die Kamille trocknet, da würden Sie die Hände über dem Kopf zusammenschlagen. Die hat dort auf dem Boden so ein Bettlaken. Der Boden der Kautský ist Tag und Nacht voller Katzen, und sie behauptet, daß sie das, was sie mit nach Prag nimmt, vorher durchsieht und säubert, nämlich von dem, was dort nicht hineingehört, aber bei meiner Seel', ich glaube ihr nicht. Und warum sollte ein Mensch so einem Weib glauben, das noch nicht einmal gute Kamille von der Feldkamille unterscheiden kann, und in einem Geschäft hat man es ihr gesagt und sie fortgeschickt, weil sie einmal die Hälfte Feldkamille und die Hälfte »wieessichgehört« brachte, und als es die Leute benutzten, wurde ihnen sehr schlecht davon. Und das Weib Kautský hat ihnen erzählt, daß sie kurzsichtig sei, und das ist auch nicht wahr. Die alte Kautský sieht besser als ich, und bitte sehen Sie nach, ist in meinem Gesammelten etwas von Feldkamille drin? Sie kann einen Dampfer auf der Moldau schon eine Stunde im voraus sehen. Ich nicht! Wenn ich wollte, so könnte ich Ihnen viele Geschichten von ihr erzählen, was das für ein Weib ist. Wenn Sie die Wohnung der Kautský sehen könnten, da würden Sie die Hände über dem Kopf zusammenschlagen. In dem Häuschen der alten Kautský wohnt noch ihre Schwiegertochter. Eigentlich ist es nicht ihre Schwiegertochter. Ihr Sohn, Josef Kautský, hat sie mitgebracht, er hat noch nichts, mit Verlaub, beim Pater unternommen, weil sie angeblich keinen Heimatschein hat. Und so leben sie dort zum Ärgernis der andern nur so zusammen, und er hat fünf Kinder mit ihr, und sie sagt, daß nicht alle seine wären. Und wenn Sie dort hinkommen, so laufen die Kinder nur im Hemdchen schmutzig herum und, mit Verlaub, nicht einmal die Hemdchen sind sauber, und die Kinder fassen alles an, und wenn Sie ihre Hände sehen, dann wissen Sie, was es bei der Kautský zum Mittagessen gegeben hat. Und jetzt bedenken Sie, daß die ganze getrocknete Kamille auf der Erde liegt, und die Kinder laufen dort beim Spielen umher, verstecken sich in der Kamille sogar so, wie sie von draußen kommen, und so spielen sie und wälzen sich auf der Kamille herum. Dagegen ist bei mir alles wie in einer Kirche. Wenn Sie bedenken, wenn der Josef Kautský nach Hause kommt, er sieht eben genauso aus wie alle, die in Davle in der Ziegelei arbeiten, und sich die Pfeife ansteckt, und mit Verlaub gesagt, daß ich es überhaupt aussprechen muß, spuckt er, egal wohin, auch wenn er sieht, daß in der Ecke auf dem Fußboden auf dem Laken die getrocknete Kamille liegt. Und dann macht er sich einen Spaß daraus, wenn jemand Kamillentee trinkt.«

In dieser Art erzählte die alte Pešek Herrn Kološka, was sie über die alte Kautský wußte, und jedesmal, wenn sie kam, erzählte sie, welch schlecht gewaschenes Weib diese Kautský wäre.

»Nun gehen Sie schon zum Mittagessen«, sagte Herr Kološka nach so einer Unterhaltung mit der Pešek, wenn sie fortgegangen war, zu seinem Kommis, der auch den Erzählungen der alten Pešek zugehört hatte, »gehen Sie zum Mittag, es ist schon zwölf Uhr.«

»Verzeihen Sie, Chef«, antwortete der Kommis, »mir ist nicht gut, heute werde ich nicht Mittag essen.«

»Und was fehlt Ihnen?« fragte Herr Kološka.

»Mir ist schlecht«, antwortete der Kommis, »die Pešek hält immer solche Reden.«

»Aber, aber«, lachte Herr Kološka, »die Pešek ist ein ehrliches Weib. Und wenn Ihnen schlecht ist, so nehmen Sie ein bißchen Kamille und machen sich auf dem Spirituskocher Tee. Mir hat es immer geholfen. Oder nehmen Sie Kamillentropfen.«

»Nein, danke, ich kann nicht«, antwortete der Kommis. »Gerade diese Kamillentropfen, danke, ich kann nicht.«

»Aber die Kamillentropfen sind gut«, bot Herr Kološka noch einmal an.

»Nein, nein, danke, ich kann nicht, glauben Sie, ich kann nicht«, antwortete der Kommis und ging hinaus.

Und Herr Kološka schüttelte hinter dem fortgehenden Kommis den Kopf und sagte zu sich selbst: »Er ist ein komischer Mensch, nicht einmal meine Kamillentropfen will er einnehmen.«
Die Kamillentropfen, die Herr Kološka aus der Kamille herstellte, die die alte Pešek brachte, waren das Ergebnis seiner langjährigen Erfahrung.
Er hatte herausgefunden, daß Kamille und Alkohol in einem ganz bestimmten Verhältnis gemischt werden müssen. Das beste ist, wenn man 200 Gramm Kamille in anderthalb Liter reinen Alkohol legt. Wenn sie dort in dem Alkohol vierzehn Tage gelegen hat, setzt man einen halben Liter Wasser und ein Viertelkilo Sirup dazu.
Das waren seine Kamillentropfen, die seine Abnehmer ehrliche Kamillentropfen nannten und die in Flaschen unter der Bezeichnung »Prager Magenlikör« in der Auslage der Drogerie des Herrn Kološka standen.
»Die beste Kamille bringt die alte Pešek«, sagte er zu allen Abnehmern, »das ist ein ehrliches Weib, die ehrlich nur die beste Kamille sammelt.«
»Diese Kautský muß aber ein verdammtes Weib sein«, sagte er zu sich selbst. »Von der würde ich niemals Kamille kaufen. Wenn die in meinen Laden käme, um mir Kamille zu verkaufen! Aber ich weiß, daß sie nicht kommen wird.« Und die Kautský ist auch nicht gekommen.
Und wenn sich Herr Kološka in guter Laune befand, klopfte er dem Kommis auf die Schulter und sagte: »Diese Kautský ist aber eine Person, hörten Sie schon

von den Katzen auf ihrem Boden? Möchten Sie nicht ein Gläschen Kamillentropfen?«

»Danke, ich möchte nicht«, sagte der Kommis. »Dann werde ich welche nehmen«, antwortete Herr Kološka und ging zu der Nische, in der die Flaschen mit den ehrlichen Kamillentropfen oder mit dem »Prager Magenlikör« standen, dort füllte er sich ein Gläschen, das er mit Genuß leerte.

»Ich könnte ohne meine Tropfen nicht leben«, erklärte er seinen Bekannten im Gasthaus. »Gut, daß Sie noch Junggeselle sind«, lachten die Bekannten. »Sie würden Ihre Frau jeden Morgen, Mittag und Abend zwingen, Kamillentropfen zu trinken. Und zu Weihnachten würden Sie ihr nichts weiter schenken als Ihren ›Prager Magenlikör‹.«

»Aber was für ein Likör und was für Tropfen«, sagte Herr Kološka, »solche Kamille, wie ich habe, hat niemand.«

Und zur allgemeinen Heiterkeit erzählte er von der Unterhaltung mit der Pešek, dieser wunderlichen Frau, er berichtete, was sie alles über die Kautský gesagt hatte und wie sie Kamille sammelt und trocknet.

»Solche Reden sind unfein«, bemerkten seine Bekannten.

»Das sagt auch mein Kommis«, antwortete Herr Kološka.

»Es ist einerlei, Herr Tauben«, sagte Herr Kološka an einem Samstag zu seinem Kommis, »ob Sie morgen am Sonntag einen Ausflug dahin oder dorthin machen. Wissen Sie was, Sie fahren nach Štěchovice und suchen

dort die alte Pešek auf. Wenn ich die Adresse wüßte, so würde ich schreiben. Wir haben keine Kamille mehr, und wer weiß, wann sie kommt. Fahren Sie also hin und sagen ihr, daß sie die Kamille so schnell wie möglich bringen soll. Die Fahrt werde ich Ihnen bezahlen.«
»Ich werde hinfahren«, antwortete der Kommis Tauben.
Am Montag früh hatte er dann mit seinem Chef die folgende Unterhaltung: »Chef! Ich bin also hingefahren. Ich suchte und suchte, bis ich sie fand. Die Pešek wohnt am anderen Ende von Štěchovice. Ich kam hin und klopfte. Ein Junge öffnete mir die Tür. ›Wo ist denn Frau Pešek?‹
›Die Oma‹, antwortete der Junge, ›ist bei den Kautskýs.‹ ›Und was macht sie bei den Kautskýs?‹ fragte ich. ›Sie holt Kamille bei denen und zahlt zwei Sechser fürs Kilo‹, antwortete der Junge. So ging ich also zu der Kautský.«
»Und was war dort?« fragte Herr Kološka erschrokken.
»Dort«, antwortete der Kommis, »dort sieht es geradeso aus, wie die alte Pešek immer erzählt, die Kinder wälzten sich in der Kamille herum.«
»Ist Ihnen schlecht, Chef?« fragte der Kommis nach einigen Augenblicken höflich, »ich könnte Ihnen Kamillentropfen holen . . .«

Ein psychiatrisches Rätsel

Es war so um die zweite nächtliche Stunde, als Herr Hurych aus der Versammlung der Abstinenzler zurückkehrte, die in einem der Restaurants auf der Kleinseite Prags stattgefunden hatte. Diese Versammlung zog sich deswegen so lange hin, weil in ihr über die Absetzung des Vorsitzenden, der in eine häßliche Affäre verstrickt war, verhandelt wurde. Er war nämlich überführt worden; er hatte in einem Gasthaus ein Glas Pilsener Bier getrunken. Er trat wie ein ehrlicher Mann zurück.

Herr Hurych schritt also über die Karlsbrücke nach Hause. Er schritt mit dem glückseligen Bewußtsein dahin, daß er für das Gute der Menschheit arbeite. In seinem Magen spürte er eigentlich die Kühle des Selterwassers, aber ein wenig höher schlug ein warmes, inniges, philanthropisches Herz, das beinahe verfettet wäre, wenn ihm der Arzt nicht das Biertrinken verboten hätte.

So war er nun schon ein halbes Jahr Abstinenzler. Er warf sich entschlossen in den Kampf gegen Alkohol, wurde der Geschäftsführer des Vereins für Abstinenzler, lernte Esperanto und aß Gemüse.

Ein Schrei vom Fluß unterbrach ihn in seinen Meditationen. Er beugte sich über die Brüstung der Brücke nach unten und rief voll unheilvoller Ahnung zur Wasserfläche der Moldau: »Wünschen Sie etwas?« In diesem Augenblick fiel dem menschenfreundlichen Herrn

Hurych nichts Klügeres ein, als sich von der Brücke nach unten zu neigen.
Zur gleichen Zeit, als Herr Hurych aufmerksam nach unten in das Wasser blickte, schritt über die Brücke in Richtung Kleinseite der Friseur Bílek.
Er war ein Mann, den man schwerlich als Abstinenzler bezeichnen konnte, besonders an diesem Tag, aber er hatte ein nicht weniger edles Herz als Herr Hurych, beseelt von ehrlicher Nächstenliebe, ein goldenes und aufopferndes Herz. Mit flinkem Blick erkannte er, daß sich Herr Hurych verdächtig über das Brückengeländer beugte; Herr Bílek war ein Mann der Tat. Leise wie eine Katze, mit der Geschwindigkeit eines Luchses näherte er sich von hinten Herrn Hurych, er ergriff ihn an den Händen und versuchte, ihn zur Erde zu reißen. Herr Hurych blieb jedoch nicht untätig; er griff dem unbekannten Mann an den Hals, und unter dem Ruf: »Polizei!« kämpften die beiden edlen Männer miteinander, während der Friseur rief: »Beruhigen Sie sich, warum sollten Sie verzweifeln?«
Die Polizei kam herbeigeeilt, und Herr Bílek, unter Aufbietung aller Kräfte, Herrn Hurych in den Armen haltend, rief ihnen außer Atem entgegen: »Meine Herren, dieser Herr wollte in den Fluß springen, und ich habe ihn gerettet!«
Herr Hurych wurde nun von vier erfahrenen Händen ergriffen, sie hielten ihn fest, und einer der Wachtmeister begann mit väterlicher Stimme Herrn Hurych die selbstmörderischen Gedanken auszureden.
Herr Hurych, überrascht von dieser Situation, schrie

wie in hysterischen Krämpfen: »Das ist ein Irrtum, meine Herren!«
Daraufhin begann er sehr gekünstelt zu lachen und wiederholte: »Sie irren sich, meine Herren, ich bin wirklich nicht in den Fluß gesprungen.«
Der edle Friseur ging hinter ihm her und unterbrach ihn: »Ich habe schon mehrmals Menschen das Leben gerettet, die in den Fluß springen wollten, aber noch keiner hat sich so wütend gewehrt wie Sie. Man sieht, daß Sie fürchterlich erregt sind. Sie haben mir ja meine Weste zerrissen.«
Dann redete der andere Schutzmann auf Herrn Hurych ein: »Mein Gott, wenn sich jeder Mensch wegen jeder Kleinigkeit gleich das Leben nehmen würde! Es wird schon alles wieder gut werden! Einerlei, was der Anlaß für Ihre Aufregung ist, alles wird wieder gut werden. Und wenn Sie morgen nüchtern sind, werden Sie sehen, daß diese Welt doch schön ist.«
»Die Welt ist schön«, beschwor der Schutzmann auf der rechten Seite Herrn Hurych, »wenn jeder, dem etwas zu Kopf steigt, gleich in das Wasser springen wollte, so würde jeder zweite Mensch ertrinken.«
Herr Bílek zupfte dabei am Mantel von Herrn Hurych und setzte betont hinzu: »Damit Sie wissen, wer Ihnen das Leben gerettet hat, erinnern Sie sich, wenn Sie wieder nüchtern sind, daß ich Bílek heiße und Friseur in Smíchov bin.«
Herr Hurych rief von neuem hysterisch aus: »Ich bitte Sie, meine Herren, lassen Sie mich los. Ich hatte ja nicht vor, mich ins Wasser zu stürzen, sondern ich habe mich

nur über das Geländer gebeugt, weil es mir so schien, als riefe unten im Fluß jemand.«

»Ich bitte Sie«, versuchte ihm der Friseur zu widersprechen. »Sie, Sie wollten nicht runterspringen? Da hab' ich so meine Erfahrung, mein Herr. Wenn ich jemanden sehe, so weiß ich gleich, ob er springen will oder nicht. Mein Herr, wenn Sie nicht hätten springen wollen, hätten Sie sich nicht so wütend gewehrt. Wenn Sie sich morgen früh daran erinnern, so danken Sie Gott, daß mich der Schutzengel Ihren Weg kreuzen ließ.«

Herrn Hurych riß der Geduldsfaden, er drehte sich um und schleuderte dem edlen und aufopfernden Mann mehrere grobe Beleidigungen entgegen.

Herr Bílek erklärte den Wachtmeistern mit enttäuschter Stimme: »Das hat der Mensch für seine Gutmütigkeit! Wenn der Herr morgen nüchtern ist, wird er sich schämen, wie er seinem Retter gedankt hat.«

Herr Hurych machte den Versuch, sich auf den Friseur zu stürzen, aber er ließ davon ab, als ihm die Schutzleute mitteilten, daß sie dann nach der Gemeindetruhe schicken lassen wollten.

In der Nähe des Polizeipräsidiums versuchte er zum letzten Male, die Situation zu erhellen und sagte: »Sie glauben mir also nicht? Ich schwöre Ihnen, daß es nur Zufall ist.«

»So beruhigen Sie sich doch«, versuchten ihn die Schutzleute ihrerseits zu beruhigen, »wenn Sie ausgeschlafen haben, wenn Ihr Kopf morgen wieder klar ist, werden Sie das Leben ganz anders betrachten.«

Es gibt eine ganze Reihe Geisteskrankheiten, die zu Selbstmordversuchen führen, wie zum Beispiel die Paralysis Progressiva, Paranoia, Melancholie, verschiedene Arten der Manie, Hysterie und Psychosen.
Die Polizeiärzte, die zu den geretteten Selbstmördern gerufen werden, benutzen als wichtigstes psychiatrisches Hilfsmittel ein Fragesystem.
Die Antworten der geretteten Selbstmörder geben den Ärzten Aufschluß über die Art der Geisteskrankheit.
Auch in diesem Fall wurde der Polizeiarzt gerufen, um den Geisteszustand des Herrn Hurych zu untersuchen. Bevor er jedoch eintraf, verhörte der diensthabende Wachtmeister den aufopfernden Friseur und schrieb mit seiner Hilfe ein Protokoll nieder.
Er ließ es sich auch nicht nehmen, Herrn Hurychs düstere Laune mit Hinweisen auf die Wonnen, die die Welt bietet, aufzuhellen.
»Es wird alles wieder gut werden, mein Herr, alles wird wieder ins Lot kommen, auch wenn es sich um eine unglückliche Liebe handelt. Alles wird sich geben. Man sagt ja: Die Sonne ist für alle da! Morgen, wenn Sie nüchtern sind, werden Sie sich bei Herrn Bílek bedanken, weil er Ihnen das Leben gerettet hat. Und wenn Sie irgendwelche Familienstreitigkeiten haben, so ziehen Sie fort und nehmen es nicht so ernst. Und wenn Sie vielleicht finanzielle Sorgen haben sollten, ich kenne ja Ihre Verhältnisse nicht, aber ein ehrlicher Mensch wird sich immer ernähren können. Die Arbeit läutert den Menschen«
Und was antwortete Herr Hurych darauf? Er bedeckte

das Gesicht mit den Händen und rief: »Um Christi willen, ich wollte es ja nicht tun!«
Dann drang Herr Bílek wieder in ihn ein: »Ich bin der Friseur Bílek aus Smíchov, mir können Sie doch anvertrauen, was Sie dazu brachte.«
Herr Hurych begann zu weinen.

Der Polizeiarzt erschien und sagte: »Bringen Sie den Patienten.«
Sie brachten Herrn Hurych, entsetzter Gesichtsausdruck, die Lippen blaß, das Haar zerzaust.
»Warum wollten Sie in den Fluß springen?«
»Ich schwöre, daß ich es nicht wollte.«
»Bestreiten Sie es doch nicht, Herr Bílek und die beiden Wachtmeister bezeugen es ja. Als sie Ihnen das Leben retteten, da haben Sie sich wütend gewehrt.«
»Das ist ja furchtbar«, stöhnte Herr Hurych.
»Sagen Sie mir, warum geht die Sonne unter?«
»Um Himmels willen, ich bitte Sie, Herr Doktor!«
»Kennen Sie irgendwelche freien Staaten in Asien?«
»Ich bitte Sie, Herr Doktor!«
»Wieviel ist sechs mal zwölf?«
Aber da konnte Herr Hurych nicht mehr an sich halten, und anstatt »zweiundsiebzig« zu sagen, klebte er dem Polizeiarzt eine ungeheure Ohrfeige.

Am nächsten Morgen fuhren sie ihn in eine psychiatrische Klinik, dort lebt er schon anderthalb Jahre unter ärztlicher Aufsicht, weil die Ärzte bisher noch kein Bewußtsein einer Geisteskrankheit bei ihm feststellen konnten, und erst das ist nach der Psychiatrie ein Zeichen der Besserung des Geisteszustandes.

Bei einer verlassenen Latrine

Manchmal wird der Mensch traurig, wenn er mitansehen muß, wie alles verfällt, wie einstiger Ruhm vergeht. Die verlassene Latrine auf dem ehemaligen Militär-Übungsplatz bei Dejvice machte einen deprimierenden Eindruck. Sie lag am Fuße eines Berges, dort wo sich der Weg zum Heiligen Matěj windet, hinter dem Steg, der über den Dejvicer Bach führt, der in jenen Zeiten, als er noch genügend Wasser hatte, allen Unrat, der einst aus der Latrine floß, in die Richtung zum königlichen Tiergarten führte; ach, lange schon ist es her, daß auf dem Dejvicer Feld Trommeln erklangen, Schnauben und Hufgeklapper der Pferde zu hören waren und kurz die Schüsse aus den Mannlicher-Gewehren ratterten und die Signalfähnchen flatterten.
Vor langem schon verschwanden die militärischen Scharen, schon lange ist das Feld nicht mehr blaugefärbt von den Uniformen, zurück blieb hier nur eine verlassene Latrine, ein paar zusammengestellte Bretter, die die Zivilisten vom Anblick des Inneren verschonen sollten. Das Innere bestand aus zwei Balken, die in kurzer Entfernung übereinander befestigt waren und ganz und gar ihrer Aufgabe genügten; unter den Balken war

ein von den Pionieren ausgehobener Graben, halb gefüllt mit schwarzen, trockenen Blättern der Pflaumenbäume, deren Stämme sich rundherum aufrichten und deren Baumspitzen sich neugierig nach innen neigen. Wenn die Pflaumenbäume blühen, fallen die weißen Blüten in die verlassene Latrine, rundherum blühen jetzt Löwenzahn und Tausendschönchen, als wolle sich die Natur bemühen, die verlassene Latrine aufzuheitern und mit den frischen Blüten den Hauch der Schwermut zu vertreiben, der von diesem traurigen Platz ausgeht.
Und zum Herbst und auch zum Frühjahr, wenn morgens und abends der Nebel in das Moldautal und auf das Dejvicer Feld fällt, da erreicht die Trostlosigkeit, die von der verlassenen Latrine ausgeht, den Höhepunkt. Der Wind, der sich gegen das vermoderte Holz lehnt, stört knirschend die Abendstille, und dadurch wirkt dieser Platz, dessen Ruhm so groß gewesen ist, noch trauriger. Nur wenn die Ausflügler sich auf einen Ausflug zum Heiligen Matěj oder in das Šárka-Tal begeben, gelangt die verlassene Latrine zur zeitweisen Benutzung. Aber diese Besuche sind selten und sind auch nicht ruhmreich. Bis zum Abend sind die Besucher verschwunden, und dann folgt eine stille Nacht und ein noch trostloserer Morgen und Vormittag.
Verlassen steht die Latrine da und schaut verbittert auf den leeren Übungsplatz.
Wo sind die Zeiten, als sie hörte, wie sich ihr eine Kompanie nach der anderen näherte? Die letzten Schüsse verklangen aus den Mannlicher-Gewehren, man hörte

zahlreiche Schritte und einen knappen Befehl: »Hosenriemen ab!« Und schon trat einer nach dem andern in die trauliche Latrine ein, sich der Tatsache bewußt, daß Befehl Befehl sei. Es war ein kurzer Moment der Ruhe, jedoch viel zu kurz, denn hinter dem Bach stand bereits eine neue Abteilung, und wieder ertönte der Befehl: »Hosenriemen ab!«

Dann verklangen die Schritte der Kompanie, und es kamen einzelne Flüchtlinge. Erfreut genossen sie die Ruhe und Stille unter dem weiten Himmel, und wenn sie gingen, warfen sie mit dem Bleistift ihre Eindrücke auf die Bretter, wobei sie ihre Gedanken mit passenden Zeichnungen begleiteten.

Hin und wieder verirrte sich eine feindliche Wache mit einem weißen Mützenband hierher, da saßen sie dann auf den Balken, Freund neben Feind, wobei sie ihre Ansichten austauschten.

Ach ja! Diese Zeiten voll regen Lebens sind verflogen, und sie verschwanden, so wie mit dem Wasser des Baches vieles davonschwamm.

An der verlassenen Latrine fährt auf einem Spaziergang der Major im Ruhestand, Herr Zettel, vorbei.

Auf dem Pflaumenbaum, dessen Äste sich herunterbeugen, sitzt eine Krähe. Sie paßt hierher, und der Major a. D. blickt schwermütig auf das Dejvicer Feld und auf die verlassene Latrine.

Er geht weiter den Berg hinauf, um die Umgebung besser übersehen zu können. Er bleibt auf der Höhe stehen, und durch den nachmittäglich zarten und durchsichtigen Nebel sieht er auf das Dejvicer Feld hinab.

Vor einigen Jahren ritt er hier allmorgendlich hoch zu Roß vor den Kompanien. Überall war es blau von lauter Militärs, die Trompeten schmetterten, Befehle erklangen, es wurde geschrien, geflucht, die Pferde galoppierten wild umher. Und heute – unten die verlassene Latrine, vor der es so lebendig zugegangen war.
Der Herr Major stieg wieder nach unten, von einem wehmütigen Gefühl erfüllt, wie einer, der an verstorbene Freunde denkt, an die verlorene Jugend und an vertanes Geld.
Der Herr Major eilte. Die Wehmut hatte eine physiologische Wirkung auf seinen Körper.
Schwungvoll, mit aufgeknöpftem Mantel trat er an die verlassene Latrine.
Dort, auf dem Balken, saß ein ganz gewöhnlicher Mensch, ein Zivilist, allem Anschein nach ein Wandersmann.
Der Herr Major a. D. Zettel machte eine verzweifelte Bewegung und fiel in den Graben, den einst die Pioniere ausgehoben hatten.
Sein militärisches Herz brach, weil es nicht ertrug, daß ein einfacher Zivilist eine körperliche Notdurft in einer verlassenen Militärlatrine verrichtete.
Der geistesgegenwärtige Wandersmann untersuchte seine Taschen und verließ freudig mit Uhr und Portemonnaie die Latrine.
Und der Geist des Herrn Major im Ruhestand sitzt noch heute während der dunklen Nächte auf den Balken der verlassenen Latrine, und man hört sein herzzerreißendes Weinen.

Es ist interessant, daß die meisten Menschen nicht selbst denken, sondern auf den Rat anderer warten. Ich erlaube mir daher, mehrere Ratschläge fürs Leben zu geben, und Sie werden sehen, es wird Ihnen sicherlich auf dieser Welt gefallen, wenn Sie sich ihnen unterordnen.

Freut euch und gebt euch glücklich!
Sollte uns selbst nichts Erfreuliches begegnet sein, sollten wir keinerlei Freuden haben, so finden wir einen schönen Ersatz in den Freuden anderer, damit wir nicht verlernen, uns zu freuen. Wenn jemand einen neuen Hut oder ein neues Kleid hat, so müssen wir ihm gratulieren, auch wenn wir ihn nicht weiter kennen. Wir schließen uns ihm auf der Straße an, stellen uns vor und begleiten ihn, wobei wir ununterbrochen unsere Freude darüber zeigen, wie gut ihm die Sachen stehen. Sollte er damit nicht einverstanden sein, so erklären wir, es sei unschön, daß er nicht erlaube, uns mit ihm zu freuen. Wir müssen uns an allem erfreuen, an den Blüten, am blauen Himmel, an den Wolken, an einem Schaufenster, am Lächeln der Vorbeigehenden, und wir müssen diese Freude mit den anderen teilen. Wir halten jeden auf der Straße an und sagen ihm: »Erlauben Sie, mein Herr (oder meine Gnädigste), wie schön heute die Sonne scheint und wärmt. – Seien Sie versichert, Verehrtester, daß ich eine unbändige Freude

darüber verspüre, daß dort oben auf dem Dach eine Katze läuft. – Verehrtester, ich erlaube mir, mich Ihnen vorzustellen und Ihnen mitzuteilen, daß ich am heutigen Morgen einen Herrn mit einem phantastischen Vollbart traf, weiß wie Milch. Ich hatte tatsächlich Freude an seinem Bart, und ich erlaube mir, Ihnen diese Freude mitzuteilen.«
Sollten Sie dabei zur Seite gezogen werden und in eine Zwangsjacke gesteckt werden, so müssen sie sich freundlich geben, um den Übeltätern diese Freude nicht zu verderben.

Lacht nicht über fremdes Unglück!
Häufig geschieht es, daß wir Zeuge fremden Unglücks sind. In so einem Fall müssen wir gefühlvoll sein. Sehen wir zum Beispiel, daß die Straßenbahn jemandem beide Beine abgefahren hat, so dürfen wir ihn nicht auslachen und ihn dabei fragen, womit er jetzt Fußball spielen wird! Hüten wir uns, lächerliche Bemerkungen zu machen. Fährt ein Lastwagen jemandem den Kopf ab, so dürfen wir ihn nicht in die Hand nehmen und ihn abwiegen. Es stimmt, daß so ein abgefahrener Kopf einem zartbesaiteten Menschen oft eine ungewöhnliche Prüfung auferlegt. Versuchen Sie jedoch zu bestehen, und vermeiden Sie grobe Bemerkungen. Das Leiden Ihres Mitbürgers darf Ihnen niemals lächerlich sein. Wenn zum Beispiel jemand ertrinkt und dabei Grimassen macht, so dürfen Sie nicht lauthals lachen. Wenn Sie sich nicht zurückhalten können, gehen Sie in so einem Fall lieber fort. Lachen Sie nicht den Heimgesuchten

aus! Wenn ein Theater brennt, so behalten Sie alle Bemerkungen für sich. Ein wirklich gebildeter Mensch lacht nicht über das geschwollene Maul eines Menschen, der Zahnschmerzen hat, er macht sich keinen Spaß aus einem Begräbnis oder gar einem Eisenbahnunglück.

Geht nicht in der Nacht in das Dienstmädchenzimmer!
Wenn Sie verheiratet sind, so seien Sie überzeugt, daß Ihnen keine Ehefrau vergeben wird, wenn Sie nachts in das Zimmer Ihres Dienstmädchens einzudringen versuchen. Auf jeden Fall müssen Sie irgendeine Ausrede zur Hand haben, allerdings hält davon jedoch keine Ehefrau etwas. Sich herauszureden, daß Sie das Dienstmädchen kontrollieren gingen, ist Blödsinn. Davon zu sprechen, daß Sie das Dienstmädchenzimmer mit Ihrem Schlafzimmer verwechselten, ist wenig einfallsreich. Die Ausrede, daß Sie mondsüchtig seien, verrät, daß Ihr Hirn erweicht. Für die beste Ausrede halte ich die Erklärung, daß Sie dort ein Taschentuch vergessen haben.

Flucht nicht!
Ein gemeiner Fluch verletzt sehr oft. Wir müssen stets bedenken, daß man den Menschen mit einem Fluch beleidigen kann. Schimpfworte wie »Ochse« oder »Kuh« sollten im Gespräch nicht benutzt werden. Über die Wirkung von Flüchen ist zu wenig bekannt. Glauben Sie nicht, wenn Sie jemanden beleidigen, er sei ein Idiot, weil er nicht darauf reagiert. Es stimmt schon,

daß es Leute gibt, die im Leben so oft beschimpft wurden, daß sie mittlerweile eine Elefantenhaut haben, aber das sind Ausnahmen, das betrifft nur Abgeordnete, Politiker und öffentlich tätige Menschen. Die meisten von ihnen sind aus dem Parlament an Beschimpfungen gewöhnt. Wir müssen uns jedoch dessen bewußt sein, daß das Leben kein Parlament ist, wo Beschimpfung zur politischen Debatte gehört. Außerhalb des Parlaments auf die Bahn der Gemeinheit einzuschwenken, zeugt von geringer Intelligenz. Außerdem müssen wir uns doch eingestehen, daß die Flüche, die wir benutzen, von wenig Geschmack zeugen. Meist sind wir mit irgendeinem ganz urgewöhnlichen Fluch zufrieden, wir platzen damit heraus, ohne darüber nachzudenken, daß auch beim Fluchen eine gewisse Eleganz möglich ist und daß sich so manches mit gewählten Worten sagen läßt. Warum sollte man sagen: »Sie sind dumm wie Bohnenstroh«, wenn es sich auch so formulieren läßt: »Mir scheint, Sie lehren auch ein Schaf apportieren.« Ich empfehle, die gemeinen Flüche zu meiden und mehr in Aphorismen zu sprechen, mit denen man sehr vieles ausdrücken kann. Ein Aphorismus schmerzt nicht so sehr, und man kann nur schwer darauf antworten, und im Streit ist Ihnen der Sieg sicher. Jemandem zu sagen: »Lauf mir bloß nicht wieder über den Weg, du Idiot«, ist nicht so elegant wie die Worte des Denkers Thomas Carlyle: »Das Vorteilhafteste ist jetzt, sich nicht in dem Bereich unseres Sonnensystems zu zeigen, sondern zu prüfen, ob es nicht für Sie irgendwo einen verfaulten Planeten gibt.« Um sich in hartnäckigen Fällen das Fluchen abzugewöhnen, versuche man es mit Arsenpillen. Es wird Ihnen gelingen, nur noch bei der ersten zu fluchen.

Geht nicht mit trübsinnigem und unfreundlichem Gesicht umher!

Wenn es eine Selbstverständlichkeit wäre, müßte man uns nicht beim Photographieren daran erinnern, ein freundliches Gesicht zu machen. Wir sollten bedenken, daß es nichts Häßlicheres gibt, als finster dreinzuschauen, wenn uns ein Unglück ereilt. Betrachtet man die erfreuliche Seite der Dinge, wird man beglückt und nicht mißmutig sein, wenn die eigene Frau mit einem anderen durchbrennt. Verlieren Sie Ihr Vermögen, sollten Sie von Herzen darüber lachen. Führt man Sie zum Galgen, so erzählen Sie dem Priester Witze, lachen Sie, und geben Sie sich gelassen. Unser Glück müssen wir hegen, und das wird uns jene ruhige Zufriedenheit einbringen, mit der wir der ganzen Welt entgegenlachen, die unser Herz mit Sanftmut erfüllt.

Kauft nicht die Katze im Sack!

Die Katze ist kein so ängstliches Geschöpf, wie wir gemeinhin annehmen. Ist sie gereizt, so beißt, faucht und spuckt sie und leistet Widerstand. Darum müssen wir sehr vorsichtig sein, falls wir eine Katze im Sack kaufen, damit sie uns nicht beißt, wenn wir sie aus dem Sack herauslassen wollen. Eine Katze kann mit ihrem Gebiß der menschlichen Gesundheit schaden. Einen Hasen in-den-Sack-stecken, ist Tierquälerei. Man braucht nicht darüber zu sprechen, daß wir auch betrogen werden könnten, weil im Sack ein Hase und nicht eine Katze sein könnte.

Je mehr man auf euch einredet, um so weniger redet!
Will dich zum Beispiel der Vater einer erwachsenen Tochter, hinter der du her bist, mit einem Wortschwall zur Verlobung nötigen, so mußt du bedenken, daß ein reeller Kaufmann nicht viel spricht. Du mußt dir vergegenwärtigen, wie groß der Schaden, den du mit übereilter Entscheidung verursachst, sein könnte, und das nur durch das viele Reden dieses Schwätzers. Nimm den Hut, geh ohne ein Wort und kehr nie wieder zurück. Beobachte so einen Quasselfritzen, der dir die Tochter aufdrängt, mit absoluter Ruhe. Sprich um so weniger, je mehr der Vater spricht. Ähnlich verhalte dich auch deiner Ehefrau gegenüber. Laß sie reden, soll sie doch ermüden und ihre Energie entladen. Geh dabei im Zimmer umher und pfeif eine Melodie aus irgendeiner Operette. Laß dich nicht durch ihren Wortschwall hinreißen. Laß sie nur angreifen, sie wird schon ermüden. Sprich nichts. Sollte es dich langweilen, so verhalte dich wie im ersten Fall. Nimm den Hut und geh. Auch vor Gericht sprich nicht viel. Denk daran, daß viele Leute nur deswegen eingesperrt wurden, weil sie zuviel geredet haben.

Verschiebt im Zorn gefaßte Entscheidungen!
Es gibt Menschen, die sehr leicht in Zorn geraten, und nicht jeder kann seine Wut bremsen, wenn ihm aus ei-

nem Fenster ein Blumentopf auf den Kopf fällt, wenn ihm versehentlich Vitriol ins Gesicht gespritzt wird oder wenn man irrtümlicherweise eine Gerte auf seinem Rücken in Stücke schlägt. Bedenken Sie, daß es keine Genugtuung bringt, sofort für Vergeltung zu sorgen, und daß es wichtig ist, nichts zu übereilen. Geschieht zum Beispiel, daß Ihnen ein Athlet aus Versehen auf den Fuß tritt, so könnten Sie es in Ihrer Unbedachtsamkeit mit Gleichem vergelten wollen, und zurück bliebe von Ihnen nur noch ein zusammengeschlagenes Häufchen. Halten Sie sich entschieden zurück, seien Sie nicht brutal. Denken Sie daran, daß der Gedanke: »Ich muß ihn erschlagen« unschön ist und daß es noch unschöner ist, weitreichende Vorbereitungen zur Verwirklichung Ihrer Absicht zu tun. Berücksichtigen Sie stets, daß sich unsere Gerichtsbarkeit und die Sicherheitsorgane auf solch einem Stand der Entwicklung befinden, daß sie Sie erwischen und hinter Gitter bringen werden.

Erzählt euren Freunden nicht von häuslichen Schwierigkeiten!

»Wissen Sie, daß der Herr Professor gestern betrunken war und im Gasthaus verdroschen wurde und daß ihn seine Frau, als er nach Hause kam, nicht in die Wohnung ließ und er die Nacht im Hausflur verbringen mußte? Er hat es mir heute erzählt«, teilte mir ein guter Freund des Professors mit. Ich konnte nicht an mich halten und erzählte die Geschichte weiter, und bald wußte es die ganze Stadt. Jawohl, meine Freunde, so geschieht es, wenn wir unsere häuslichen Schwierigkeiten unseren Freunden erzählen. Tun Sie das niemals. Verschweigen Sie eisern, was gestern mit Ihnen los war. Nur so werden Sie das vermeiden, was jener Herr Professor nicht vermieden hat.

Helft nicht, solange sich der um Hilfe Bittende selbst helfen kann!
Ich kannte einen Menschen, der beim Kartenspiel seinem Gegenspieler Geld lieh und sich sehr wunderte, daß er verlor, obwohl er gewann.

Es gibt viele Ratschläge fürs Leben. Diese hier sind nur einige Beispiele, eine Anregung. Sie werden sehen, daß Sie für jede Situation einen passenden Rat finden können. Ein jeder wird es Ihnen danken, wenn Sie ständig mit gutem Rat zur Hand sind, denn jeder Mensch will beraten und geführt werden. Wir müssen die Menschen, wenn sie sich sträuben, zwingen, unsere Ratschläge anzuhören. Wir müssen erfinderisch in unseren Ratschlägen sein, erst dann können wir zufrieden feststellen, daß wir nicht umsonst gelebt haben, daß wir Tausenden Rat geben konnten, wie sie zu leben haben.

Die Praktikanten der Speditionsfirma Kobkán

Der Inhaber der bekannten Speditionsfirma Kobkán ließ den Praktikanten des Korrespondenzbüros, Pecháček, in sein Büro rufen und hatte mit ihm eine lange Unterredung.
Als Pecháček an seinen Tisch zurückkehrte, war er blaß; er zitterte am ganzen Körper, und die Haare standen ihm zu Berge.
»Kündigung?« fragte der Buchhalter.
An Stelle einer Antwort nahm der Praktikant Pecháček seinen Wintermantel und seinen Hut, und ohne ein Wort zu sagen, verließ er das Büro. Der Buchhalter ging sofort in das Büro zum Chef, als er zurückkehrte, schüttelte er den Kopf und sagte: »Das begreife ich wirklich nicht. Der Chef hat ihm einen ganzen Nachmittag freigegeben, damit er in eine Weinstube gehen kann.«
Fünf Praktikanten sahen voller Neid auf den leeren Stuhl von Pecháček und vertieften sich wieder in ihre Rechnungen.
Im Büro der Speditionsfirma Kobkán kam eine sonderbare Stimmung auf; etwas Geheimnisvolles, Rätselhaftes und Unbegreifliches war geschehen.
Dabei war es so einfach, allerdings ein wenig seltsam. Der Chef hatte mit Pecháček eine freundliche Unterredung. Er sagte: »Herr Pecháček, Sie sind ein junger, begabter Mensch. Der Prokurist und auch der Buchhal-

ter loben Sie sehr. Sie sind fleißig, wendig, verständig, bescheiden, gutmütig, arbeitsam. Sie trinken nicht, rauchen nicht, kein Kartenspiel, keine Mädchengeschichten. Sie schulden niemandem etwas, Sie lassen sich keine Vorschüsse geben, Sie können gut rechnen und kalkulieren, Sie haben eine ausgeschriebene, elegante Schrift, Sie sparen mit Papier, Sie kommen pünktlich ins Büro und gehen als letzter nach Hause. Sie haben einen geschäftlichen Überblick, stenografieren sehr rasch, wendig, Sie schreiben fehlerlos auf jeder Schreibmaschine, gleich welchen Systems. Sie kennen einige Sprachen, und Sie kleiden sich bescheiden, aber anständig. Ihre Schuhe sind immer sorgfältig geputzt und Ihr Hemdkragen stets sauber . . .«

Dem vorbildlichen Praktikanten wurden vor Glückseligkeit die Augen feucht, und er sah starr auf seinen Chef, der einen lieben, gütigen Blick auf seinen Praktikanten warf, und mit sanfter Stimme sagte:

»In vierzehn Tagen habe ich meinen Namenstag. Ich würde gern in den Zeitungen einen Glückwunsch zu meinem Namenstag von Bekannten, Freunden und vom Personal sehen. Natürlich versteht es sich, daß ich die damit zusammenhängenden Ausgaben selbst tragen werde. Ich möchte jedoch nicht, daß der Glückwunsch zu diesem Fest alltäglich ist. Ich wünsche mir etwas Originelles, sagen wir, etwas im Spediteurstil. Etwas, was es noch nicht gab. Etwas Schönes, damit sich die Leser noch nach Jahren an diesen Glückwunsch zu meinem Namenstag erinnern werden. So etwas, das alle Menschen rührt. Und da habe ich an Sie gedacht. Es

versteht sich, daß Sie niemandem etwas davon erwähnen. Geben Sie mir die Hand.«
Der Praktikant reichte dem Chef seine zitternde Hand, der sie drückte und weitersprach: »Sie werden es machen. Heute ist ein schöner, sonniger Tag, an dem Ihre Gedanken sprühen werden. Ich gebe Ihnen dafür einen ganzen Nachmittag frei. Und damit Sie besser dichten können, gehen Sie in die Weinstube, dort trinken Sie zwei Viertel Muskat oder Wermut. Ich weiß, daß Sie sich nicht betrinken werden. Und dann gehen Sie in den Park, dort setzen Sie sich auf eine Bank und stellen den Glückwunsch zu meinem Namenstag zusammen. Hier haben Sie fünfzig Kronen.«
Und so geschah es, daß Pecháček, blaß wie Kreide, an seinen Tisch zurückkehrte. Den ersten und den zweiten Teil seines Befehls erfüllte er genau.
Er ging in die Weinstube und trank ein Viertel Muskat und ein Viertel Wermut, er betrank sich nicht, und er ging in den Park wie eine Maschine. Er setzte sich dort auf eine Bank und begann zu dichten.
Zu seinem Entsetzen stellte er aber fest, daß seine Gedanken nicht sprühten und daß alle Fähigkeiten, die sein Chef ihm als begabtem Praktikanten nachsagte, einfach nicht vorhanden waren, daß weder ein schöner, sonniger Tag, noch ein Muskat oder Wermut helfen konnten.
»Christus im Himmel«, seufzte er, »was habe ich denn für einen Mist geschrieben, da ist ja nichts Originelles drin. Na, ist es denn etwa kein Quatsch, zu schreiben: »Höret unsere inniglichen Wünsche, reich möge Ihres

Lebens Fülle sein wie der Himmel voller Sterne. Ihrer Arbeit tägliche Erfolge unter diesem Himmelszelt. Glück und lange Jahre, ein Erfolg den anderen jage. Noch lange Jahre in Freud' und Glück, alle Wünsche sollen erfüllt werden, das wünschen Ihnen alle Bekannten, Freunde und das Personal.«

Pecháček riß den verfaßten Glückwunsch aus dem Notizbuch heraus, zerriß ihn und warf ihn in einen Papierkorb, dann dachte er weiter nach und schrieb.

In dem Notizbuch erschienen mehrere Glückwünsche zum Namenstag:

»Unsere Wünsche sind auch in diesem Jahr Glücksbringer für Sie, das Schönste ein ganzes Jahr lang wünschen wir von Herzen wieder. Täglich nur Freuden und das Beste, Gesundheit und alles Gute in Fülle. Die Möbelwagen um 50 Prozent billiger, auch mit der verehrten Gattin und der Familie, das Angenehmste wünschen die Bekannten, Freunde und das Personal.«

»Nur lauter Freunde und ein langes Leben möge Ihnen das Glückshorn bringen. Erfolg und Glück, zahlreiche Geschäfte mit der verehrten Gattin, und alles Gute sollen Sie in Freude erleben. Das wünschen von Herzen Ihre Bekannten, Freunde und das Personal.«

»Das Geschäft möge erblühen nur in Freuden und für Sie ohne Leid. Glückselig möge Ihr Leben fließen wie ein stilles Bächlein. Der Herr gebe Ihnen ein langes Leben. In allen Unternehmungen Erfolg. Krankheiten soll es nicht geben. Die Erhöhung des Speditionstarifes soll nicht in der Ferne sein, das wünschen Ihnen auf jeden Fall alle Bekannten, Freunde und das Personal.«

Weiter erschienen in dem Notizbuch Vorschläge für Reime: gehen – stehen, im Wald – kalt, in Hülle – in Fülle, bald – Wald, springe – singe, tun – Ruhm, speditieren – meditieren.

Der unglückliche Praktikant strich alles durch, zerriß seine Notizen, warf sie fort und ging in den nächsten Park, wobei er sich den Kopf hielt.

»Ich bin doof, ein Idiot, nichts anderes als ein Schwachkopf, mein Gehirn erweicht. Etwas Originelles im Speditionsstil. Mein blöder Kopf! Ein Idiot bin ich, ich bin verrückt geworden! Intelligent? Ein Ochse! Nur Stroh im Kopf!«

In einer Weinstube versuchte er, sich mit Hilfe einer Flasche Wein zu inspirieren. An Stelle der erwarteten göttlichen Eingebung stellte sich ein derartiger Anfall von Stupidität ein, daß er schrieb:

»An diesem Tag, der so kostbar, wir wünschen inniglich ein weiteres glückliches Leben, und daß Sie stets fröhlich sein mögen zu jeder Zeit. Mag nur das Wohl erblühen und Erfolg über allen Unternehmungen wehen, lange Jahre Gesundheit und zahlreiche Blumen sollen hinter Ihrem Fenster stehen. Von Herzen wünschen dies die Bekannten, Freunde und das Personal.«

»Fertig«, sagte er, wobei er stumpf über seine Zeilen lachte, »ich bin erblich belastet, ein banaler Blödian und Paralytiker.«

Am frühen Morgen fand man seinen Hut auf dem Damm der Schleuse bei Klečany. Im Hut lag ein Stück Papier mit seiner Adresse und das Wort: »Ich kann nicht . . .« Weiter nichts.

Im Büro sprachen fünf Praktikanten über den mysteriösen Selbstmord des Kollegen Pecháček. Sie sprachen leise, mit einer gehörigen Portion von Trauer, denn er fehlte ihnen, dieser gute, zuverlässige Pecháček.
Der Bürodiener erschien und sagte: »Der Praktikant Klofanda ins Chefbüro!«
»Ich komme!«
Und dann sagte der Chef: »Herr Klofanda, Sie sind ein junger, begabter Mensch. Der Herr Prokurist und auch der Buchhalter loben Sie sehr. Sie sind fleißig und wendig, verständig, bescheiden, brav und arbeitsam.«
Und so weiter bis zum »Hier haben Sie fünfzig Kronen«.
Als Kofanda an seinen Tisch zurückkehrte, war er blaß, zitterte am ganzen Körper, die Haare standen ihm zu Berge, er sprach kein Wort, nahm Hut und Mantel und verließ das Büro.
Die Atmosphäre des Rätselhaften, Geheimnisvollen und Unbekannten verdichtete sich.
Die verbliebenen vier Praktikanten schüttelten die Köpfe.
Klofanda hatte nicht soviel schriftstellerische Begabung wie der selige Pecháček, aber er war eine reine, zarte und verantwortungsvolle Seele. Er konnte überlegen, soviel er wollte, ihm fiel nichts ein. Bevor er sich in der Nacht im Wald von Hodkovičky erhängte, war es ihm gelungen, nicht mehr zusammenzubringen als: »Es ist unser größter Wunsch, Ihnen zu überbringen einen Glückwunsch, das zu wünschen, wünschen Ihnen Ihre Bekannten, Freunde und das Personal.«

»An meinem Tod bin ich selbst schuld«, schrieb er auf ein Stück Papier, das er sich an seinen Wintermantel steckte.
Die vier Praktikanten im Büro hatten noch nicht einmal den rätselhaften Tod des zweiten Kollegen gründlich besprochen, als wiederum der Bürodiener erschien: »Der Praktikant Wenzel zum Chef!«
»Ich komme!«
Und dann sagte der Chef: »Herr Wenzel, Sie sind fleißig, wendig, klug, bescheiden, gutmütig und arbeitsam.«
Und so weiter, bis zum »Hier haben Sie fünfzig Kronen«.
Die Atmosphäre des Rätselhaften, Geheimnisvollen und Unbekannten verdichtete sich noch mehr. Ein Hauch des Todes wehte durch das Büro.
Der Praktikant Wenzel dachte sich überhaupt nichts aus. Er verstarb in den Steinbrüchen bei Prag, wo er sich die Pulsadern an den Händen durchschnitt. Er starb, ohne eine Zeile zu hinterlassen.
»Der Praktikant Košťák zum Chef!« . . .
»Ich komme!«
Košťák wehrte sich lange gegen den Tod. Ganze zwei Tage lang verbarg er sich in den Parkanlagen auf dem Petřín, und erst am dritten Tag sprang er dort vom Aussichtsturm herunter. Da war er schon völlig durcheinander und hatte die Vorstellung, daß sein Chef kein Spediteur sei, sondern einen Vogelhandel betreibe, und er müsse eine Gratulation zur silbernen Hochzeit verfassen.

Das erklärt auch, warum man auf einer Seite in seinem Notizbuch folgende Notiz fand: »Glückliche Zeiten mögen erblüh'n, die Silberhochzeit soll jedes Jahr wiederkehren, der Erfolg im Geschäft möge leuchten, daß Sie es fröhlich genießen können und daß tausend Tauben, Kaninchen und Fischchen im Verkauf sich befinden. Wünscht Ihnen Jan Košt'ák.«

Im Büro des Herrn Kobkán verblieben nur noch zwei Praktikanten.

»Praktikant Havlík zum Chef!« . . .

»Ich komme!«

Als er seine originelle Gratulation in der Form eines Geschäftstelegramms »Kobkán, Spediteur, Namenstag, herzliche Gratulation, Bekannte, Freunde, das Personal« verfaßt hatte, erstach er sich mit einem Taschenmesser in der Toilette des »Repräsentationshauses*«.

»Der Praktikant Pilař zum Chef!«

Der letzte der Praktikanten, der in den Büros der Speditionsfirma Kobkán noch verblieben war, erblaßte. Er ahnte unklar, daß hinter der Tür des Chefbüros der Ursprung zu jener riesigen Tragödie der Praktikanten dieser Speditionsfirma lag, einer Tragödie, die einfach unbegreiflich war, und er spürte, daß das Rätselhafte, Geheimnisvolle und Unbekannte sich jetzt auch ihm näherte.

»Der Praktikant Pilař sofort zum Chef!« wiederholte der Bürodiener.

---

* Prager Gesellschaftshaus mit Tanz- und Konzertsälen

Der letzte Praktikant erhob sich und rief verzweifelt aus: »Ich gehe nicht!«

Im Büro gab es vier blasse Gesichter: das vom Praktikanten, Prokuristen, Buchhalter und vom Bürodiener.

»Herr Pilař« ließ der Buchhalter vernehmen, »bedenken Sie, was Sie da sagen. Das ist in Böhmen noch nie passiert, daß ein Praktikant nicht gegangen wäre, wenn der Chef ihn ruft.«

»Ich gehe nicht«, wiederholte der letzte Praktikant verzweifelt, »ich werde nirgendwohin gehen.«

In der Tür erschien der Chef selbst. »Herr Pilař, kommen Sie ins Büro. Ich habe Sie schon zweimal rufen lassen.«

»Ich gehe nicht!« rief der letzte Praktikant, »wenn ich Ihnen sage, daß ich nicht gehe, so werde ich nicht gehen.«

Er begann wild mit den Händen zu gestikulieren und schrie: »Alle sind gegangen, der selige Pecháček, der selige Klofanda, der selige Wenzel, der selige Košt'ák, der selige Havlík. Nur ich gehe nicht, ich werde nirgendwohin gehen.«

Er nahm das schwere Kassenbuch und schlug damit auf den Tisch.

»Ich bleibe sitzen, ich werde nirgends hingehen, alles werde ich zerschlagen, alle werde ich erschlagen. Ich bin der Kapitan Mora, die Weltsensation mit der unerreichten Luftszene. Ich fürchte euch nicht!«

Die Krankenpfleger können sich über den letzten Praktikanten der Firma Kobkán nicht beschweren. Auf seinem Anstaltsumhang hat er fünf Knöpfe, und er zeigt auf die Knöpfe, rechnet und sagt: »Der erste ist Klofanda, der zweite ist Wenzel, der dritte Košt'ák, der vierte Havlík, der fünfte Pecháček. Nein, so ist es nicht. Der erste ist Pecháček, der zweite ist Klofanda, der dritte ist Wenzel, der vierte Košt'ák, der fünfte Havlík. Alle sind gegangen, aber ich gehe nicht, nirgendwohin werde ich gehen!«

Die Ärzte verloren langsam die Hoffnung, daß er gesund werden könnte. Der Namenstag des Herrn Kobkán ging ohne originellen Glückwunsch in der Zeitung vorbei. In dem Büro sitzen sechs neue, frische Praktikanten. Bis zum neuen Namenstag ist Schonzeit.

Drei Männer und ein Hai

Wir verbrachten eine wildbewegte Nacht, worüber es gar keinen Zweifel geben kann bei der Gesellschaft: ein Redakteur der Zeitschrift »Die Welt der Tiere«, ein Schlangendompteur und Inhaber eines Flohzirkus, Herr Mestek, und der Inhaber des Karussells und der amerikanischen Schaukel sowie einer Schießbude, Herr Švestka. Wir waren alles Leute von recht zweifelhafter Existenz, und wenn wir Visitenkarten gehabt hätten, so hätte jeder von uns zu seinem Titel, wollte er nicht für einen Betrüger gehalten werde, das Wort »ehemaliger« drucken lassen müssen. Also: ein ehemaliger Redakteur der Zeitschrift »Die Welt der Tiere«, ein ehemaliger

Schlangendompteur, ein ehemaliger Inhaber eines Karussells usw. Wenn in der Welt Exkönige und Exkaiser herumstreunen, warum sollte es nicht irgendwo einen Exinhaber von einem Flohzirkus geben.
Gegen Morgen, als wir aus einem Caféhaus eine Gruppe unschuldiger Studenten recht grob verjagten, wurden wir etwas ruhiger. Nichts wollte uns mehr so recht gefallen, nicht die Harmonika und die Zither, noch das Kreischen der betrunkenen Damenkapelle, ja sogar die Raufereien in den Lokalen und das Einschreiten der Polizeibeamten machten uns keinen Spaß mehr. Wir entschlossen uns, einen Spaziergang durch Prag zu machen. Als wir in die Lange Straße kamen, erregte ein Geschäft, in dem Meeresfische verkauft wurden, unsere Aufmerksamkeit. Das Personal versuchte in der Auslage ein Monstrum aufzuhängen, das von oben nach unten die ganze Auslage füllte, irgendein Tier, das einem Fisch ähnelte. Der Schlangendompteur Mestek vermutete, es sei ein Seehund. Der Inhaber des Karussells und der amerikanischen Schaukel, Švestka, sagte, es sei eine Meerjungfrau, und ich, der ehemalige Redakteur der Zeitschrift »Die Welt der Tiere«, betrat vorsichtig den Laden, um nachzufragen, was es für ein Fisch sei.
»Das ist ein junger Hai«, war die Antwort. »Das ist kein Fisch, der gebärt lebende Junge.«
»Aber der ist verendet, bitte«, bemerkte ich, um auch etwas zu sagen.«
»Was fällt Ihnen ein«, antwortete der Verkäufer von Meeresfischen beleidigt. »Dieser junge Hai wurde mit

einer Harpune getötet. Er ist nicht verendet, verstehen Sie. Er ist eingefroren.«
»Was kostet ein Kilo?«
»Wir verkaufen Haie nicht kiloweise. Das ist ein Reklameexemplar. Nachts kommt er immer aufs Eis. Wenn Sie einen Meeresfisch zum Braten haben möchten, so können wir Ihnen Seezunge empfehlen, Scholle oder Kabeljau, zusammen mit einem Rezept, wie man Meeresfische zubereitet.«
Ich kaufte ein halbes Kilo Scholle und kehrte damit zu meinen unausgeschlafenen Begleitern zurück.
»Ein sechzehnmonatiger Hai«, sagte ich, »bei der Insel Helgoland gefangen. Mit einem Schuß aus einem Schiffsgeschütz getötet, als er ein Unterseeboot unter Wasser drücken wollte, das versuchte, ihn mit einem Torpedo in die Luft zu sprengen.«
Der ehemalige Schlangendompteur und Inhaber des Flohzirkus, Mestek, dachte einen Augenblick nach.
»Kommt zum ›Goldenen Schiff‹«, forderte er uns auf, »ich glaube, wir können mit diesem Hai etwas unternehmen.«
›Beim Goldenen Schiff‹ wollte man uns mit dem Päckchen Scholle nicht in den Ausschank hineinlassen. Wir verteilten also die Scholle ehrlich unter zwei Fleischerhunde, die die Scholle, nachdem sie sie beschnuppert hatten, nicht einmal berührten und uns wütend anknurrten und anbellten.
Wir konnten dann aber in den Ausschank ›Beim Goldenen Schiff‹ hineingehen, wo wir uns Kognak bestellten und warteten, was Mestek sagen würde.

»Vor Jahren«, sagte Mestek nach einer langen Zeit, »hatte ich einen Glaskasten. In diesem Kasten hatte ich eine Ringelnatter, die ich als eine Kreuzung zwischen einer Riesenschlange und einer Königsschlange ausgab. Ich ließ mir Plakate machen, fuhr mit ihr durch ganz Mähren und verdiente 500 Gulden. Wenn wir einen wirklichen Hai kaufen, so sind wir in vierzehn Tagen Millionäre.« Wir steckten die Köpfe zusammen, und der Wirt sah uns recht mißtrauisch an, als er leise die Wortfetzen hörte: »Kiste – Reklame – Hai – schöne Vorträge – das wird eine Dieberei sein.«
Wir erkannten einstimmig an, daß Mestek das alles mit dem Inhaber des Haies am besten erledigen könnte.
Mestek ging fort und kehrte nach einer Stunde mit den Worten zurück: »Der Hai ist unser, einschließlich der Kiste. In kurzer Zeit wird er hier sein. Er kostet mit Kiste 70 Gulden.«
Von diesem Augenblick an begann unsere Wanderung mit dem Hai, an die ich noch nach Jahren die schönsten und angenehmsten Erinnerungen habe.
Wir verabredeten, mit dem Hai ausschließlich kleine Städtchen zu besuchen, in denen die Menschen noch nicht durch Kinobesuche abgestumpft waren und nur wenige Sensationen gesehen hatten, die unseren Hai als etwas Ungewöhnliches gebührend bewundern würden.
Die erste Station war der Ort Strakonice. Wir fuhren den Hai direkt in den Gasthof. Während ich zur Druckerei ging, um Plakate zu bestellen, sprach Mestek mit dem Inhaber des Gasthofes. Er versprach ihm einen rie-

sigen Besuch und forderte ihn auf, den Hai zu besichtigen, der in seinem langen Sarg auf dem Hof lag.
Als der Inhaber der Gaststätte das Ungeheuer sah, verlegte er das für den nächsten Tag geplante Tanzvergnügen und lieh uns den Saal völlig kostenlos.
Inzwischen hatte ich in der Druckerei folgendes Plakat zusammengestellt:

Der Schrecken der nördlichen Meere!
Die Tragödie der Meerestiefen!
Wir bereiten der verehrten Einwohnerschaft der Stadt Strakonice den selten Anblick eines Haies, der bei der Insel Helgoland gefangen wurde. Dieser Hai wurde nach einem schrecklichen Kampf durch den Schuß eines Schiffsgeschützes getötet, als er ein Unterseeboot in die Tiefe gezogen hatte, das ihn mit einem Torpedo in die Luft jagen wollte. Er tobte zwei Monate lang in den nördlichen Meeren, eine Quelle der Angst für Fischerboote und Auswandererschiffe.
In seinem Magen wurde der Leichnam des Kapitäns Träston, Schiffsführers seiner Königlichen Hoheit von Dänemark, gefunden! Wir führen hier das Verzeichnis der letzten Opfer auf, die von dem Meeresungeheuer verschluckt wurden:
Jan und Marie, Kinder eines armen Fischers aus Stralsund;
William Borus, ein Theologiestudent aus Schleswig;
Vladimír Novotný, ein tschechischer Auswanderer aus Beroun;
Jim Demlop, der oberste Marinekontrolleur von

Großbritannien, Ritter des Ordens der heiligen Julie, Botschafter der Stadt London;
Kapistran Matheus, Domherr und Bischof von Navarra und Palermo, Päpstlicher Vikar.
Nur am 15. Mai zu sehen im »Vereinshaus« von 14 bis 19 Uhr.
Eintritt: 30 Kronen. Schulkinder in Begleitung ihrer Eltern zahlen die Hälfte!

Im ganzen gesehen haben wir drei uns gegenseitig ergänzt. Jeder von uns war in diesem ersten Augenblick auf seinem Platz. Der ehemalige Besitzer des Karussells, der amerikanischen Schaukel und der Schießbude verstand es, so ein Plakat auch an das Tor der Kirche auf derart angenehme Art zu kleben, daß er keinen der Gläubigen beleidigte und daß ihm sogar der Kirchendiener dabei half. Mestek wandte sich inzwischen an den örtlichen Schulrat und erklärte, daß er armen fleißigen Schülern, die von den Herren Lehrern bezeichnet werden müßten, den Eintritt zum Hai völlig umsonst gewähren würde.

Zu dieser Zeit waren wir bereits auf dem Rathaus, um den Bürgermeister dieser Stadt persönlich einzuladen. Er war ein typischer südböhmischer Demokrat. Er drückte mir kräftig die Hand und sagte: »Ein Hai? Ausgezeichnet! Ich habe Haie sehr gern. Beißt er nicht? Tot? So wollen wir uns dieses Ungeheuer ansehen. Ich komme mit der ganzen Ratsvertretung.«

Mit dem etwas tauben Pfarrer war es schon schwerer. Es hat lange gedauert, bis ich ihn überzeugen konnte, daß wir keine wandernde Theatergruppe seien, gegen die er voreingenommen war. Als ich ihn endlich überzeugt hatte, daß es sich nur um einen Hai handelte, begann er irgend etwas von einem Walfisch zu sprechen, der den Propheten Jonas verschluckt habe. Wahrscheinlich hatte er Gehirnschwund und hielt an der Vorstellung fest, weil er den Kaplan rufen ließ und zu ihm sagte: »Lieber Franz, gehen Sie mit diesem Herrn, er wird Ihnen einen Walfisch zeigen.« Dabei begann sein Kinn erregt zu klappern.

Der Kaplan klammerte sich fest wie eine Klette an mich, und es dauerte bis zur Stadtmitte, bis ich ihm endlich erklären konnte, daß es sich hier um einen Hai handelte. Der Kaplan murmelte etwas von den Rätseln der Natur und von den Menschen, die sie enträtseln wollten, wobei das Mißtrauen in die Vorsehung Gottes entstehe, und dann verabschiedete er sich glücklich von mir. Ich besuchte auch die Gendarmeriestation. Der Kommandant war ein fortschrittlicher Mensch, er klopfte mir auf die Schulter und sagte: »Ihr wollt wohl mal so irgend etwas klauen, ihr Hampelmänner, Komödianten, Zigeuner, was?« Als ich ihm sagte, daß es sich hier um einen Hai handelte, bemerkte er mit der echten Eile der Gendarmerie, daß er schon mehrere Tausend solcher Haie gesehen hätte, und wenn es kein Hai wäre, würde er uns alle einsperren.

Ein pensionierter Professor, der den Rest seines Lebens in Strakonice verbrachte, lud mich zum Mittagessen ein, wobei er während des ganzen Essens die Theorie verkündete, daß die Wissenschaft keinen Dogmatismus zuließe, weil sie sich der Relativität ihrer Erkenntnisse

bewußt sei. Im großen und ganzen habe ich es aber nicht bedauert, daß ich diesen alten Herrn kennenlernte. Er besaß ein Lexikon, aus dem ich mir Auszüge für meinen Vortrag über den Hai herausschrieb.
Um zwei Uhr waren so viele Menschen im »Vereinshaus«, daß man nicht einmal mehr eine Stecknadel hätte fallen lassen können. Auf dem Podium befand sich die Kiste mit dem Hai. Die Leute traten zum Podium, als ob sie die Reliquie eines Heiligen zu küssen hätten. Zuerst hielt ich einen fesselnden Vortrag über Meeresungeheuer. Wir machten eine Kollekte für das Ausstopfen des unglücklichen Haies.
Um drei Uhr kamen die Schulkinder mit der ganzen Lehrerschaft. Ich erinnere mich an ein kleines Mädchen, das sich fürchtete und weinte und das von der Lehrerin mit Gewalt zum Hai geschleppt wurde. Die Stadtvertreter kamen um vier Uhr. Der Bürgermeister gab mir fünf Kronen und wollte nichts zurückhaben. Es waren glückliche Zeiten. Geld hatten wir im Überfluß.
Mestek machte an der Leiche des Haies die Bekanntschaft mit einer Witwe und blieb über Nacht bei ihr. Ich schlief beim Bürgermeister der Stadt und Švestka auf der Gendarmeriestation, weil er in einem Gasthaus mit einem Dreschmeister aus Skočice eine Rauferei gehabt hatte, der auf gemeine Art unseren Hai mit der Behauptung beleidigt hatte, daß es überhaupt kein Hai wäre, sondern ein Delphin, und er müßte es wissen, weil er bei der Marine gedient hätte.
Als wir am Morgen alle wieder glücklich im »Vereins-

haus« zusammenkamen. begrüßte uns der gestern abend noch so freundliche Besitzer dieser Restauration sehr grob.
Unser Hai würde stinken, seine Frau konnte angeblich die ganze Nacht nicht schlafen. Früh mußte man deswegen einen Arzt rufen. Allen wäre schlecht, auch dem Hausknecht, der schon seit dem frühen Morgen Unmengen Rum trinke. Wir sollten gleich das Viech aus dem Saal herausschaffen und uns nie wieder im »Vereinshaus« zeigen, denn er würde uns, den Komödianten, alle Knochen brechen.
Er war völlig im Recht. Mit dem Hai geschah über Nacht eine schicksalhafte Veränderung, die Zersetzung seiner körperlichen Reste schritt schnell voran.
Ich schlug vor, den Hai einzubalsamieren. Mein Vorschlag wurde angenommen. So kauften wir fünf Flaschen Kölnischwasser und noch Parfüm, ich glaube mit Patschuliduft, und badeten unseren Hai darin, außerdem gossen wir noch reichlich davon in das Innere des Haies.
Dann luden wir den Hai auf den Wagen und fuhren nach Vodňany.
In die Turnhalle wollte man uns damit nicht hereinlassen, obwohl sie uns durch ihre Geräumigkeit sehr zusagte.
Im »Nationalhaus« nahmen sie uns auf, nachdem für den Hai neue vier Flaschen Kölnischwasser draufgegagnen waren.
Und dann ging alles sehr schnell. Plakate, Agitation, viel Publikum. Dem Hai entströmte ein so grausamer

Geruch, daß im Saal alles in Ohnmacht fiel. Wir drei konnten uns kaum auf den Beinen halten, weil wir seit dem frühen Morgen Kognak tranken, um es überdauern und aushalten zu können.
Ich erinnere mich nicht, wer uns eigentlich verhaftete, aber in der Nacht wachte ich im Arrest von Vodňany auf. Rechts schlief Mestek, links Švestka.
Am Morgen mußten wir für irgendein Delikt gegen das Gesetz der Gesundheit oder etwas Ähnliches Strafe zahlen.
Wir waren nicht beim Begräbnis von unserem Hai. Er wurde auf Kosten der Ortschaft Vodňany bestattet. Sie begruben unseren »Schrecken der nördlichen Meere« wie eine verendete Katze. Ich kenne nicht einmal den Platz, wo er liegt. Auf seinem Grab gibt es nicht einmal ein einfaches Kreuz, obwohl laut unserem Plakat durch seinen Magen ein Päpstlicher Vikar, ein Domherr und ein Bischof von Navarra und Palermo sowie der Kapistran Matheus hindurchgegangen waren.

Die Geschichte mit dem Rettungsring für Selbstmörder

In Prag springen viele Menschen von den Brücken in die Moldau. Im Prager Rathaus wurde eine Kommission für Wohnungsreform ins Leben gerufen. Eine Kommission muß Untersuchungen anstellen, also machten sie sich auf, um an Ort und Stelle die Lage zu überprüfen, brachten aber an Stelle der erwarteten Prüfungsergebnisse etwas sehr anderes zurück. Vielleicht waren sie mittlerweile verzweifelt, sei es, weil sich eine Wohnungsreform in Prag nicht so leicht zu verwirklichen lassen schien oder vielleicht auch weil sie eigentlich nicht jene Dinge erforschen konnten, deretwegen sie gefahren waren, so daß sie an Selbstmord dachten. Dabei nun entdeckten sie die lebensrettenden Einrichtungen an den Brücken der fremden Städte, die Lebensmüde hindern sollten, sich in den Fluß zu stürzen. Und so kehrten sie von ihrer Reise mit einem völlig anderen Resultat zurück. An Stelle einer Wohnungsreform brachten sie all das mit, was man für das Wohl der Selbstmörder tun kann. Ein gewisser Bezug zu jener Wohnungsreform besteht jedoch: Springt zum Beispiel jemand von der Brücke in den Fluß, weil er die Miete nicht bezahlen kann, dann fordert die Wohnungsreform, daß dieser Mann herausgezogen und mit Hilfe moderner Mittel, von denen die Wohnungsreformer im Ausland erfuhren, gerettet wird.

Wichtig erschienen ihnen in erster Linie Rettungsringe für Selbstmörder. Als sie zurückkehrten, wurde beschlossen, daß diese Ringe, einschließlich der zugehörigen Seile, bei allen Prager Brücken und Ufern aufbewahrt werden sollten, damit sie den Selbstmördern, die in den Fluß springen, um sich zu ertränken, zugeworfen werden können.

Die Sache wurde einer besonderen Kommission anvertraut, die schnell ins Leben gerufen wurde und jenes

vorzügliche Bankett gab, das sehr wichtig für die Angelegenheit war, für die diese Kommission kämpfte.
Nach dem Bankett kehrte Nüchternheit zurück. Es wurde debattiert, wie man alles arrangieren sollte. Die teuren Rettungsringe ohne jede Aufsicht aufzuhängen, nur so, daß jeder Zutritt hätte, wäre sicher unverantwortlich, denn allein die Seile kosten für jeden Rettungsring 24 Kronen.
Sie befürchteten, daß sich aufopfernde Retter finden könnten, die diese Seile einschließlich des Rettungsringes stehlen würden.
Es wurde also bei der nächsten Zusammenkunft der Kommission beschlossen, besondere Schränke bauen zu lassen, die in die Brücken, respektive in die Mauern der Brücken, eingemauert werden sollten, aber so, daß sie zu öffnen seien. Die Schlüssel zu diesen Schränken sollten ursprünglich im Rathaus aufbewahrt werden.
Später aber wurde dieser Beschluß in dem Sinne geändert, daß es notwendig sei, sich mit dem Polizeipräsidium zu einigen, was dann auch geschah.
Gemeinsam wurde entschieden, die Schlüssel zu den Schränken, in denen die Rettungsgegenstände verwahrt werden sollten, beim jeweils nächsten Schutzmann zu deponieren.
Dieses Problem war sehr klug gelöst, und es war notwendig, den Entschluß konsequent durchzuführen, damit es zu keinerlei Konflikten mit der Anordnung des Polizeipräsidiums käme.
Die Schränke, in denen sich die Rettungsringe und Seile befanden, wurden alle mit der Aufschrift versehen:

»Der Schlüssel befindet sich beim nächsten Schutzmann.« Die Anordnung mußte strengstens befolgt werden, und wie der Fall des Herrn Krátký zeigt, bewährte sich diese Einrichtung in ungewöhnlichem Maß.

Herr Krátký, der sonst nichts zu tun hatte, hatte schon des öfteren auf den Prager Brücken Selbstmörder in das Wasser springen sehen.

Er bemerkte auch die Sicherheitseinrichtung und freute sich darüber.

Am Freitag ging er gegen Abend über die Karlsbrücke, und da sah er, daß eine unbekannte Frau, die wahrscheinlich eine große Verehrerin des heiligen Jan von Nepomuk war, direkt an seiner Statue in die Moldau sprang.

Ohne zu zögern, eilte er über die Brücke zum Kreuzherren-Platz, wo er den Fall einem Schutzmann meldete, ihn aufforderte, mit dem Schlüssel zum Schrank, der an der Brücke befestigt war, zu laufen und dort den Rettungsring herauszunehmen.

»Wo ist sie heruntergesprungen?« fragte der Schutzmann, sich dabei auf seine Vorschriften besinnend.

»Bei der Statue des heiligen Jan von Nepomuk.«

»Dann kann ich in der Angelegenheit nichts tun«, sagte der Schutzmann, »denn die Vorschrift lautet: ›Der Schlüssel befindet sich beim jeweils nächsten Schutzmann.‹ Der nächste Schutzmann aber ist beim Tor an der Kleinseite, auf der anderen Seite der Brücke. Von dem müssen Sie den Schlüssel holen, ich bin nicht der nächste.«

Herr Krátký lief also zu dem Kleinseitener Tor und fand dort den Schutzmann.
»Ja, mein lieber Freund, ich bin nicht der nächste, für diesen Fall ist mein Kollege am Kreuzherren-Platz zuständig.«
Herr Krátký stob also wie der Wind zurück und fand seinen Schutzmann schon weiter ab in der Karlsstraße. Der begann zu lachen. »Sie sagen, daß der Schutzmann am Kleinseitener Tor war, dann ist er doch näher als ich. Vorschrift ist Vorschrift. Laufen Sie nur zu ihm.«
Drei Tage lang lief Herr Krátký so hinter den Schutzleuten her und wußte immer noch nicht, welcher Schutzmann eigentlich der nächste war.

Ein Autor blutiger Romane

Bei uns im Hause wohnte Herr Peroutka. Er war ein sehr merkwürdiger Mensch, denn jedesmal, wenn er einem seiner Nachbarn begegnete, betrachtete er ihn aufmerksam von Kopf bis Fuß, wobei er lebhaft mit den Händen gestikulierte und zu sich selbst sprach, gleichzeitig aber auch etwas in sein Notizbuch eintrug. Herr Peroutka war nämlich Autor blutiger Romane, und er benutzte zur Schilderung seiner Gestalten alle bekannten Personen seiner Nachbarschaft. So zum Beispiel war der Klempner Karbus, der im zweiten Stock wohnte, der magere Bösewicht mit den langen Kotelet-

ten an den Wangen und mit der schüchternen Haarbürste auf dem Hinterkopf, der, der in dem Roman des Herrn Peroutka die Hauptrolle, den Räuber Vinanti, spielte, dessen Tochter Virginia den edlen Baron Macchiu heiraten sollte, dem wieder als Muster für seine Person der arme Professor im Erdgeschoß diente und den Herr Peroutka in einem Kapitel seines Romans: »Das Schicksal der roten Mühle an der Grenze oder die aristokratische Pompeia oder auch das Schicksal der eingemauerten Nonne Virginia, sonst die Geschichten in der Spelunke ›Beim letzten Henker‹«, beschrieb.
Der bescheidene Professor ahnte nicht, daß das, was Herr Peroutka schrieb, ihn schilderte: »Sich den Zwikker und seine tränenden Augen wischend, sah er mit seinen blauen Augen umher, wobei auf seinen unrasierten Wangen ein matter Ausdruck durchzechter Nacht in Gesellschaft von Frauen zweifelhaften Rufes zu bemerken war. Er trug einen seltsamen Rock. Den arg mitgenommenen Rockschößen war anzusehen, daß dieser junge Mann, der Baron Macchiu Inkognito, die ganze Nacht in der Gesellschaft von Räubern durchzecht hatte, die in der furchterregenden alten Burgruine der Ritter von Kveton Karten gespielt hatten.«
Auch der Kutscher vom Milchgeschäft Wanja, der ehrbare František Trachta, dem Herr Peroutka sehr oft begegnete, war dort genauso geschildert, wie er aussah, etwas dicklich, mit einem schwarzen Bärtchen unter der Nase, mit blutunterlaufenen Augen; und er diente als Modell für die Gestalt des allen Lesern jenes blutigen Romans bekannten Besitzers der Spelunke im Wald

»Beim letzten Henker«, jenes Mörderbuben Resorcini. Den Namen Resorcini hatte Herr Peroutka einem Rezept des Herrn Professors Janovský entnommen, das ihm ausgestellt wurde, als er einst unter dem bekannten Leiden litt, das man vulgär Glatze und wissenschaftlich Seborrhoea capilli nennt.
Die Namen seiner Helden nahm Herr Peroutka so, wie sie ihm über den Weg liefen, und ganz besonders gern ließ er sich von ärztlichen Rezepten inspirieren. So nannte sich zum Beispiel in einem anderen seiner Romane ein Betrüger fürstlichen Geblüts, der siebzig Verwandte des Grafen Phonetika ums Leben brachte, um sich einer Erbschaft bemächtigen zu können, Rudolf Ulcus; sein Widersacher, ein echter Graf, wurde nach einem Rezept Mercurio genannt, weil ihm dieses Mittel einst für seinen Ulcus durum verschrieben wurde. Einem anderen Rezept entnahm er den Namen einer Tänzerin. Er kurierte nämlich seinen Magen mit Kamillentropfen, die er mit Wasser auflösen und nach folgendem ärztlichem Rezept einnehmen sollte: Spiritus herbi Camillae g 100,0. Aquae destillatae g 500,0. Flugs benannte er daraufhin die Heldin seines Romans »Die erdrosselte Tänzerin in den Klauen von Kupplern« Camilla Aqua.
Mehrmals hatte ich Gelegenheit, hinter ihm zu gehen, und einmal konnte ich dabei belauschen, wie er mit sich selber sprach: »Ich muß das Hinrichtungsgerüst länger als drei Meter machen, damit der Verurteilte fliehen kann. Unter diesem Gerüst wird dann ein Brunnen sein, in den der Räuber springen kann. Mit Hilfe seiner

Freunde, die als Henker verkleidet sind, wird er sich auf ein Pferd schwingen und sofort zur Teufelshöhle reiten und sich dort verstecken.« Er drehte sich plötzlich um und stieß mit mir zusammen. Ich wandte mich ebenfalls um und ging wieder hinter ihm her. Er aber fuhr in seinem lauten Selbstgespräch fort, bis sich die Leute umdrehten: »Es bleibt mir nichts anderes übrig, als diese russische Gräfin zu den Wölfen in die Wolfsgrube werfen zu lassen, und wenn die Wölfe sie gerade fressen wollen, lasse ich sie vom Förstergehilfen herausziehen, der die Ränke ihres Stiefonkels enthüllen wird. Das mache ich, das werde ich tun! Und ich muß es noch tun, bevor der Verleger kommt!« Er ging nach Hause, und ich ging ihm nach; wir wohnten nämlich nebeneinander, unsere Zimmer waren nur durch eine Rabitzwand abgeteilt, so daß man jedes Wort gut verstehen konnte.

Ich hörte das Gespräch, das er mit sich selbst führte, von dem folgenden Sätze klar bei mir zu hören waren: »Sollte ich vielleicht diesen Kommandanten der Piraten auf den Pfahl spießen lassen? Aber wie kriege ich ihn von diesem Pfahl wieder herunter? Das ist ein Problem! Ich muß ihn ja noch drei Jahre am Leben lassen! Ich werde es so machen, daß ich ihm bei lebendigem Leib die linke Hand durch einen wildgewordenen Stier abreißen lasse, an den sie ihn angebunden haben.«

Man hörte Klopfen, mein Nachbar rief »Herein«, und dann fuhr seine Stimme fort: »Meine Verehrung, Herr Verleger!« Danach hörte man ein tiefes Seufzen, und der Ankommende sprach mit einer Baßstimme: »Herr

Peroutka, Sie machen nur lauter Mist. Warum haben Sie diesen Baron erschossen, konnten Sie ihn nicht anders aus dieser Welt schaffen? Das wird ja die Polizei gleich entdecken. Ich habe Ihnen schon vor 14 Tagen gesagt, daß Sie Curare oder Strychnin benutzen sollten. Sie hätten ihn auch erwürgen können!« Herr Peroutka sagte darauf: »Bei der Obduktion würde sofort das Strangulationsmal am Hals entdeckt werden, darum hielt ich Selbstmord durch Erschießen für klüger. Sie haben doch den gefälschten Brief gelesen, Verehrtester, den der Erschossene hinterließ.« »Den Brief hätten Sie auch nicht schreiben sollen, es war zu eindeutig, daß er nicht zu diesem Lotterbuben paßt. Der hätte anders geschrieben sein müssen! Und dafür wollen Sie 20 Kronen Vorschuß haben? Kommt nicht in Frage!« Dann fiel die Tür ins Schloß, und nach einiger Zeit klopfte Herr Peroutka bei mir an. »Um Himmels willen«, jammerte er, »könnten Sie mir liebenswürdigerweise bis morgen drei Kronen leihen? Mein Verleger war hier. Ich habe in drei Monaten 82 Menschen aus dieser Welt geschafft durch Gift, Revolver, Dolch, Messer, Beil, Strick, ich habe sie in Schluchten geworfen, zerhackt, gevierteilt und in einer Waldhütte verbrannt, und dieser Lump erdenkt sich immer neue und neue Morde und will mir nicht einmal dafür, daß ich einen bei lebendigem Leibe auffressen ließ, einen Vorschuß geben.«

Beichte eines alten Junggesellen

Das Peinlichste, was einem Menschen passieren kann, ist, daß seine Bekleidung fühlbare Mängel aufweist. Er kann in einem bestimmten Fall nicht einmal in Gesellschaften erscheinen; denn die Gesellschaft macht keine Unterschiede zwischen einem alten Junggesellen und einem verheirateten Mann, sie fordert von beiden einen gewissen Anstand. Wenn die Knöpfe an den Hosen nicht in Ordnung sind, erweckt das bei zahlreichen voreingenommenen Menschen eine beträchtliche Portion Abneigung. Die Gesellschaft beurteilt diese Angelegenheit nicht sachlich, und sie erfaßt weder von der psychologischen noch von der praktischen Seite den rechten Stand der Dinge. Sie vergißt, daß ein alter Junggeselle auch ein sehr schamhafter Mensch sein kann, der sich nicht getrauen würde, eine Hose mit fehlendem Knopf der Frau seines Freundes mit der Bitte zu bringen, alles liebenswürdigerweise instand zu setzen, was fraglos von Ordnungssinn zeugen würde. Sollte er sich dann mit ähnlicher Bitte und mit seinen Hosen an die ledige Tochter seiner Zimmervermieterin wenden, wer weiß, ob er nicht in der zarten Mädchenseele auch eine gewisse Portion Verachtung gegen sich erwecken würde, wobei diese Verachtung sicher angebracht wäre.

Und so bleibt einem alten Junggesellen, der seinen guten Ruf bewahren möchte, nichts weiter übrig, als sich den Knopf selbst an die Hose zu nähen.

Sollte jemand einwenden, daß er sich mit dieser diffizilen Frage auch an den Herrenschneider wenden könne, der ihm die Hose genäht hat, so ist das unbedacht, denn wenn ich zu meinem Schneider ginge und sagte: »Hier haben Sie die Hosen, dort und dort fehlen mir Knöpfe, nähen Sie sie bitte an«, dann würde ich mich wahrscheinlich auch seinem Gelächter aussetzen, denn einen Knopf anzunähen scheint eine leichte Angelegenheit sowohl für den Schneider als auch für die breite Öffentlichkeit zu sein. Jeder würde sicherlich staunen, wenn er zu hören bekäme, daß ein Schneider einen Knopf an die Hosen nähen solle. Das würde bedeuten, daß so ein alter Junggeselle in aller Augen als Mensch erscheinen würde, der nichts wert ist, ein verhätschelter, verzogener Mensch, ein aufgeblasener Blödling und ähnliches. Aus diesen Gründen habe ich mir Knöpfe an die Hosen stets selbst angenäht.

Zuerst wurde der abgerissene Knopf durch eine Stecknadel ersetzt. Einmal, in der Straßenbahn, stach mich eine Stecknadel, die aus dem Stoff gerutscht war, so heftig, daß ich mir vornahm, den Knopf anzunähen und ihn nicht nur mit der Stecknadel zu befestigen.

Ich gestehe, daß ich es zuerst, als ich den Verlust jenes Knopfes bemerkte, nicht tragisch nahm. Erst in der Nacht, als ich mich an die verschiedenen Blicke erinnerte, die mich während des ganzen Abends im Kaffeehaus verfolgt hatten und die ich nicht einmal dann abwehren konnte, als ich meinen Mantel zuknöpfte, gelangte ich zu der Entscheidung, daß ich dort einen neuen Knopf, den ich von der Weste abschneiden

könnte, annähen müsse. Ein fehlender Westenknopf ist weniger schlimm als ein fehlender Hosenknopf. Bei der Weste sieht es aus, als wäre sie nur nachlässig zugeknöpft, was bei alten Junggesellen Gewohnheit ist, wie ich aus eigener Erfahrung weiß. Aber unangenehm für die Umwelt ist es im großen und ganzen nicht. Etwas anderes ist es natürlich, wenn es gerade um jenen Teil der Bekleidung geht, den ich bereits erwähnte.
Aus diesen Gründen bereitete ich mich darauf vor, mir diesen Knopf anzunähen. Ich erinnere mich, daß ich den ganzen Tag über irgendwie erregt war und daß sich diese Erregtheit steigerte, je mehr ich darüber nachdachte. Fragen, wie man einen Knopf annäht, das wollte ich nicht, denn ich wollte nicht, daß man mich für einen dummen Menschen hielte, der ich eigentlich in diesem Fall war, um es offen zuzugeben.
Mein erster Gedanke war, in die Bibliothek zu gehen, um mir dort ein Lexikon zu leihen, und zwar für den Buchstaben A: annähen.
Ich habe mich davon überzeugen müssen, daß unser Lexikon unvollständig ist. Über das Annähen von Knöpfen habe ich dort absolut nichts unter dem Buchstaben A gefunden, dieses Stichwort fehlt dort vollständig! Unter K fand ich zwar das Wort Knopf, aber dort stand: »Der Knopf ist der Teil der Bekleidung, mit dem man zwei Kleidungsstücke verbindet. Das Befestigen der Knöpfe geschieht durch Nähen. Die alten Ägypter kannten bereits Knöpfe, Griechen und Römer dagegen nicht. In Böhmen erschienen die Knöpfe mit dem Christentum.«

Ich suchte also unter dem Stichwort »Christentum«, ob Knöpfe erwähnt seien, aber sie wurden dort nicht genannt. Hätte ich wenigstens gefunden, wie die alten Ägypter Knöpfe annähten. Stichwort Ägypten: »In Ägypten gab man den toten Priestern goldene Knöpfe in die Hand, damit wurden sie begraben.« – Aber wie man sie annähte, das stand dort nicht.
So mußte ich mich also auf mich selbst verlassen. Durch Nachdenken gelangte ich zu der Ansicht, daß das beste System ein schrittweises Vorgehen sei. Systematisches Vorgehen!
Ich sah mir also die Knöpfe an. Ich stellte fest, daß ein Knopf vier Löcher hat.
Vorerst war es mir ein Rätsel, wozu sie da sind. Aber weiterforschend, welchen Einfluß diese Löcher auf die ganze Angelegenheit haben könnten, fand ich heraus, daß allen Anzeichen nach durch sie der Faden hindurchgehen muß, der durch diese Löcher wahrscheinlich mit jenem handwerklichen Hilfswerkzeug gelangt, nämlich der Nadel. Die Nadel wiederum, wie ich aus dem Lexikon erfuhr, ist nichts weiter als ein langes, schmales, spitzes Stahlstück und hat im Gegensatz zum Schwein nur ein Öhrchen.
Meine Phantasie arbeitete sehr lebhaft. Da ich hörte, daß Stahl zerbrechlich sei, kaufte ich gleich ein Dutzend Nadeln. Außerdem noch ein Dutzend verschiedener Garnspulen, die meisten schwarz. Weißes Garn kaufte ich für den Fall, daß sich das schwarze Garn nicht bewähren sollte. Ich hatte auch braunes zur Hand, das ich aber nur im äußersten Fall benutzen

wollte, nämlich wenn das schwarze und auch das weiße versagen sollten.
In dem Geschäft, in dem ich all das kaufte, fragten sie mich, ob ich einen Fingerhut brauchte. Ich vermutete, daß es etwas sehr Wichtiges sein müsse und kaufte zwanzig. Dem Wort nach zu urteilen, schloß ich, daß man den Fingerhut auf den Finger steckt. Warum und wozu, war mir ein Rätsel! Um jedoch keinen Fehler zu begehen, habe ich gleich zwei Sätze, also zwanzig gekauft. Als ich mit den gekauften Gegenständen nach Hause ging, kam ich mir wie ein Zauberer vor. Zu Hause habe ich einheizen und mir drei Flaschen guten Wein bringen lassen, und nachdem ich mich mit einem ausgiebigen Abendbrot gestärkt hatte, suchte ich die unglücklichen Hosen hervor und begann eifrig mit der Arbeit. Ich kann mich noch heute erinnern, daß es ein erbitterter Kampf war! Ein unbeschreibliches Durcheinander von verheddertem, verknotetem Garn, Nadeln, Fingerhüten und leeren Garnrollen war das Ergebnis. Ich resignierte. Was blieb mir übrig? Ich kaufte mir neue Hosen.

Ich habe eine gute alte Tante, eine Person, die hin und wieder Anfälle der Liebe für ihre Verwandten bekommt. Fünfzehn Jahre lang läßt sie nichts von sich hören, und dann bringt mir plötzlich der Briefträger ein Paket von ihr, das sie gerade in einem dieser Anfälle geschickt hat. Das letzte Mal hatte sie mir einen großen Kuchen geschickt, und nun, fünfzehn Jahre nach diesem Ereignis, brachte mir der Postbote einen großen

Korb, in dem ich ein ganzes Schock Eier entdeckte und dieses ergreifende Schreiben:

Lieber Neffe!

Wie bin ich froh, daß ich Dir ein Schock Eier aus meiner eigenen Zucht schicken kann. Ich habe Dich sehr gern, mein lieber Junge, und ich denke, daß ich hier nicht mehr lange sein werde und daß dieses der letzte Beweis meiner Gunst ist, den ich Dir bieten kann. Koch sie Dir weich und erinnere Dich an Deine alte gute Tante Anna. Mögen diese sechzig Eier in Dir Erinnerungen an das kleine Gehöft im Norden erwecken, wo die Hühner lustig gackern und an Dich denken mit Deiner Dich inniglich liebenden
Tante Anna

Aus Pietät zu meiner Tante habe ich mich entschlossen, die sechzig Eier alle weichzukochen.

Ich habe mich niemals mit der Frage befaßt, wie man eigentlich Eier weichkocht. In der Nacht träumte ich davon, denn das Weichkochen von sechzig Eiern ist für einen alten Junggesellen ein gewaltiges Problem.

Ich esse sehr gern weiche Eier. Aber darum kann ich ja nicht sechzig Eier auf einen Ruck aufessen, ich befaßte mich daher mit dem Gedanken, sie zu konservieren.

Ich dachte sehr lange darüber nach, wie ich es durchführen sollte. Ich befand mich auf einmal in einer sehr verzwickten Situation. Ich weiß, daß man oft in Zeitungen und anderen Journalen über Ehefrauen lacht, die Eier nicht weichkochen können, aber wie ein alter Junggeselle Eier kochen soll, darüber hat man noch

nicht geschrieben, und darum will ich wahrheitsgemäß beschreiben, wie das Weitere geschah. Es ist eine einfache Anleitung, wie man eigentlich Eier kochen soll.
Zuerst kaufte ich mir verschiedene Bücher über Hühnerzucht, in denen ich eine Belehrung über das Eierkochen zu finden hoffte.
Leider fand ich in all den Fachbüchern über Hühnerzucht nicht eine einzige Stelle, die diese Frage gründlich klärte. Über Eier stand dort zwar sehr viel geschrieben, zum Beispiel, daß aus den Eiern Küken geboren werden und ähnlicher Unsinn. Ich las einen Hinweis, man müßte die Eier im Trockenen aufbewahren, weiter eine Anleitung, wie man Eier ausbrütet. Da mir jedoch die Tante die Eier gesandt hat, damit ich sie weichkochen und nicht damit ich sie ausbrüten sollte, klappte ich das Buch wieder zu.
Ich wollte auch nicht bei befreundeten Familien nachfragen, wie man Eier kocht, und darum nahm ich mir vor, in eine Lesehalle zu gehen, um zu einem Lexikon zu greifen. Ich fand unter dem Stichwort »Eier«, daß sie ein Produkt der Tierwelt sind und daß jede Vogelart Eier legt. Ich begann, darüber nachzudenken. Zwar war das keine Neuheit für mich, aber hier sah ich es schwarz auf weiß geschrieben, und ich glaubte es zum zweitenmal. Es war also keine Mär, sondern gebührend von der Wissenschaft bestätigt, sie untermauerte es mit einem ganzen Artikel.
Ich forschte weiter nach, wie man Eier kocht. Der Mensch wird es nicht glauben, daß eine so komplizierte Frage von wissenschaftlichen Kreisen vernachlässigt

wird. Dort steht nichts Näheres darüber geschrieben. Im Lexikon habe ich zwar gefunden, Eier seien ein Nahrungsmittel, das man auf verschiedene Arten zubereiten könne, aber wie man sie zubereitet, blieb für mich auch nach dreistündigem Durchblättern des Lexikons ein Rätsel.

Ich fand zwar Sätze, die diese Frage streiften, wie zum Beispiel: »In England dienen Eier als Nahrungsmittel meist in rohem Zustand oder in gekochtem hartem und weichem Zustand. In keinem ordentlichen englischen Haushalt darf das weichgekochte Ei zum Frühstück fehlen. Man reicht es zu jeder Gelegenheit.«

Aber wie man es macht, damit sie in diesem Zustand auf den Tisch kommen, das habe ich nicht erfahren.

Es blieb mir also nichts weiter übrig, als den Versuch zu unternehmen, die ganze Theorie des Eierkochens selbst zu erforschen und so von allein zu einem ordentlichen Ergebnis zu kommen, auch wenn ich mehrere Eier verderben sollte, die ich dann wegschmeißen müßte. Ich kaufte mir also einen Spirituskocher, fünf Liter Spiritus und einen Dampfschnellkochtopf, ich wußte noch aus dem Physikunterricht meiner Jugend- und meiner Gymnasialzeit, wie man damit umgeht. Dann schritt ich zur Tat. Ich goß Wasser in den Topf, und in das Wasser legte ich zehn Eier. Dann zündete ich den Spirituskocher an.

Nach einer Viertelstunde nahm ich die Eier aus dem Dampf-Schnellkochtopf heraus. Ich schlug die Schale vom ersten Ei auf, es war noch hart; das zweite ebenfalls. Alle waren noch hart. Darum pellte ich die Scha-

len ab, warf die Eier von neuem in den Topf und kochte sie eine Stunde lang. Sie waren noch immer schrecklich hart. Ich kochte sie also bis zum frühen Morgen, und immer noch waren sie hart.
Am frühen Morgen fand man mich im Eierkorb, in den ich infolge meiner Erregung gefallen war, als es mir auch nach zehn Stunden nicht gelungen war, nur ein einziges Ei weichzukochen. Sie blieben immer zu hart und wurden nicht weich.

Ich gebe zu, daß ich immer Schwierigkeiten mit der Damengesellschaft hatte. Und zwar recht große Schwierigkeiten, denn ich fürchtete die Frauen sehr. Ich setzte voraus, daß Frauen Geschöpfe sind, die mit Freundlichkeit und liebreizendem Äußeren spielen und die Männer bestricken möchten, damit diese sie zu ihren Ehefrauen nehmen. Millionen von Erfahrungen, die Männer jeden Alters mit Frauen hatten, bezeugen meiner Meinung nach eindeutig, daß der Ehestand etwas Furchtbares ist. Der Mann wird von einer Frau verschlungen wie der indische Hase von einem Krokodil, der, wenn er zum Wasser geht, um zu trinken, zerdrückt, zerschlagen, kaputtgemacht und erschossen wird! Und wenn selbiges dem Frauenzimmer nicht gelingt, so quält sie ihn zu Tode mit Töpfen, schlechten Suppen und verschiedenen anderen langsam wirkenden Marterwerkzeugen. Die ungewöhnliche Liebenswürdigkeit der Frauen vor der Hochzeit wandelt sich nach der Hochzeit in Wutausbrüche auch für geringfügige Mißgeschicke, in grausame Vergeudung von Küchen-

geschirr, in furchtbare Verfolgung des Ehemannes, der die Martern der ersten Christen erleidet . . .
Aber zu Anfang geben sich diese hinterlistigen Geschöpfe sehr liebenswürdig, zart, verständig, ihre Stimmen sind durch innere Bewegung weich, sie umarmen und küssen einen, wenn sie nur Gelegenheit dazu finden, die sie aber auch selbst suchen. Und Sie fliegen auf diese Liebenswürdigkeit, auf diese Küsse und dieses Entzücken, auf diesen vertrauensvollen Händedruck. Durch ihren zarten Blick voll verräterischen Vertrauens kleben Sie an ihr wie eine Fliege auf dem klebrigen giftigen Fliegenpapier. Und dann geht es Ihnen schlecht. Als Festgeklebter werden Sie in die Kirche gefahren, und die Verfolgung der ersten Christen ist überhaupt nichts dagegen, was Sie dann zu leiden haben.
Die entzückenden Blicke wandeln sich in ärgerliche. An Stelle von Küssen werden Sie aus der Küche gejagt, wenn Sie dort rauchen. Jenes zarte Wesen beginnt zu befehlen, wie Sie sich zu kleiden haben, es stampft mit dem Fuß auf und knirscht mit den Zähnen, es schneidet Fratzen, als ob es Sie verschlingen möchte, es zittert voller Wut, wenn es Sie sieht, es schlägt mit allem, was gerade zur Hand ist. Jenes zarte Wesen stößt grobe Flüche aus und glaubt dabei noch nachsichtig zu sein, weil es Sie mit seinem zarten Fuß nicht gleich auf der Stelle zertreten hat. Es verspricht und schwört Ihnen, daß es Sie früher oder später töten wird, weil Sie gewagt haben zu bemerken, daß die Soße angebrannt ist.
Die Frau macht Lärm, wenn draußen Schmutz liegt, sie

weint und ist wütend, weil Sie schmutzige Schuhe haben. Sie läßt Sie eine halbe Stunde draußen warten und die Schuhe auf dem Fußabtreter abputzen, damit Sie den Fußboden in der Küche nicht schmutzig machen, und wenn sie Ihnen dann öffnet, dann sehen Sie auf dem Fußboden nur Ruß und Erde, weil eine Stunde vorher der Ofensetzer den Ofen repariert hat. Dieses barbarische Handeln verärgert Sie, und Sie wissen nicht, was Sie dazu sagen sollen, und da legt sie schon los: Warum Sie nicht mit ihr darüber sprechen, was es Neues im Amt, auf der Straße und in der Welt gibt.
Weil Sie gerade vorher ausgeschimpft wurden, sagen Sie besänftigend: »Liebling, ich weiß aber nichts.« Dann beginnt sie wieder mit den Füßen aufzustampfen, herumzuspringen, wie eine Katze zu fauchen und die Zähne zu fletschen, mit dem Kopf auf den Tisch zu schlagen, natürlich nur so, daß sie sich nicht wehtut. Sie öffnet die Tür und lärmt so laut, damit es das ganze Haus erfährt, daß Sie ein Lotterbube sind, der nicht einmal ein Stückchen Herz hat und es nicht verdient, daß ihn die Erde trägt.
Und dann wirft sie Ihnen vor, daß Sie sie nicht ein bißchen gern haben, und sie wartet, daß Sie sie um Verzeihung bitten, und sie weint und rauft sich die Haare, sie zerreißt sich die Bluse und verlangt drei neue, und dann legt sie von neuem los und brüllt, daß es unter diesen Verhältnissen ein Hundeleben sei, das sich erst dann ändern würde, wenn sie aus dem Fenster spränge.
Dann geht sie zum Fenster, aber Sie rühren sich nicht. Sie kehrt zu Ihnen zurück und schreit, Sie seien ein

Rohling, Sie wollten nur ihren Tod und warteten nur darauf, um jenes »Luder« heiraten zu können.
»Welches Luder, Liebling?« Natürlich nennt sie nicht den Namen dieses Luders, den sie nicht kennt, das nur in ihrer Phantasie existiert, und auf einmal macht sie sich zur verlassenen Ehefrau, zur Verschmähten, und schreit, daß alle Männer Lotterbuben und schlechte Kerle seien, die nichts anderes täten, als ständig ihre Frauen zu quälen, die ihnen alles gewidmet hätten, was sie nur konnten und durften.
Darauf beginnt sie sich anzukleiden und pöbelt weiter herum, sie würde zu den Eltern zurückkehren und die Möbel verkaufen, daß diese Möbel außerdem ihr gehörten, und sie beginnt Sie zu treten, zu beißen, zu ohrfeigen, spuckt Ihnen ins Gesicht, und zum Schluß wirft sie mit einem rußverschmierten Topf nach Ihnen und beginnt daraufhin fürchterlich zu kreischen, daß Sie so nicht unter die Leute gehen könnten, daß Sie überhaupt nicht auf Ihr Äußeres achteten, und wiederholt: »Ach, wenn ich doch tot wäre!« Sie bedauert, daß sie überhaupt geboren wurde, und Sie sagen zu ihr, zu diesem Krokodil, diesem Tiger: »Liebling!«
Und wenn dann der Lärm vorbei ist, quält sie Sie drei Tage lang mit Tomatensoße oder mit einer anderen Soße, die Sie nicht mögen. Sie kocht Ihnen stets das, worauf Sie sich nicht freuen.
Und sie behandelt Sie wie einen Hund, gleich darauf pfeift sie sich eins wie ein Lausejunge, und dann wieder fängt sie unvermittelt an zu heulen.
Und wenn Sie aus dem Büro oder von anderen Pflichten

nach Hause zurückkehren, gibt sie sich traurig, sie geht umher wie zehn Tage Regenwetter.
Verklärt spricht sie vom Friedhof, von sterbenden Hoffnungen auf Glück, sie erzählt von einem Herrn, der sie gegrüßt hat, als sie einkaufen ging, ihre Augen strahlen, wenn sie erklärt, er wäre blond gewesen oder brünett. Sie spricht immer von der Haar- und Bartfarbe, die Sie gerade nicht haben, und schließlich blickt Sie sie an und ruft: »Pfui, du bekommst ja langsam eine Glatze, du ekelst mich an!« Und sie schlägt einen Teller auf Ihrem Kopf kaputt. –
Das war also meine Ansicht über die Frauen.

Alle Qualen der Welt sind nichts, verglichen mit dem, was ich bei einem Ausflug auszustehen hatte, den meine Zimmervermieterin mit ihrer Tochter und noch einer Frau arrangierte, die einen traurigen Ehemann und drei erwachsene Töchter hatte, die wiederum drei Freundinnen mitbrachten, so eine Art embryonaler Megären. Und mich zerrte sie mitten in diese Ansammlung junger Hyänen, die mich wie einen jungen Hund über irgendwelche Berge schleppten, wo es nichts als Bäume und Blumen gab, während ich in der Zwischenzeit ruhig im duftigen Rauch des Tabaks in meinem Zimmer auf der Liege hätte ruhen und so einen glücklichen Sonntag genießen können.
Ich veröffentliche mit vollem Namen diejenige, die mich auf diesen Turnierplatz der Mücken zerrte. Sie heißt Karolina Engelmüller, ist die Witwe eines Inspektors der Staatsbahnen und wohnt im Prager Bezirk

Weinberge, in der Böhmerwaldstraße 11. Ich veröffentliche ihren Namen, weil ich mit diesem Weibsbild noch vieles zu erledigen habe, wie Sie später noch erfahren werden. Ihre Tochter heißt Anna, und sie hat auf den ersten Blick ein angenehmes Äußeres. Wenn Sie sie jedoch aufmerksam beobachten, so muß sie Ihnen häßlich erscheinen, weil dieses Mädchen an nichts anderes denkt als daran, wie sie am schnellsten heiraten könnte, und sie versucht, Sie um den Finger zu wickeln.

Nicht nur sie geht so gemein vor. Auf diesem gemeinsamen Ausflug erkannte ich, daß es noch viel mehr dieser wohlgeratenen Mädchen auf der Welt gibt. Sie hießen: Josefa Jenšik, Viktorie Svoboda, Růžena Ducháček, Miroslava Suchomel. Die anderen waren auch nichts wert, aber sie hatten ihre Verlobten mit und sahen siegesbewußt auf die hinab, die sich noch einen Mann mit großem Portemonnaie einfangen mußten, um ihn, wie es sich gehört, auszunutzen.

Sicher geschieht das immer auf irgendeinem gemeinsamen Ausflug, daß ein neues Opfer verschlungen wird. So ein Gesellschaftsausflug ist eine Niederträchtigkeit, er ist ein vorsätzliches Verbrechen, das der weiblichen Arglist und Hinterhältigkeit entspringt.

Der gemeinsame Ausflug ist eine Sünde wider den gesunden Verstand. Recht überlegt, kann man dabei nur über die menschliche Dummheit lachen. Anstatt in Ruhe zu Hause zu sitzen, ziehen Sie in der Hitze über verstaubte Wege, bei fürchterlichem Sonnenschein, und dann kommen Sie in einen Wald, und plötzlich hören Sie: »Oh, wie ist es hier schön!« Und schon legt sich alles wie eine Herde Schweine ins Moos, wo Ihnen Ameisen und Käfer ins Ohr kriechen, und alle sehen die blöden Äste an. Nach einer Weile laufen alle wieder auseinander, um Blumen zu suchen. Hier finden sie angeblich Immergrün, dort wieder das Ackergold oder wilde Rosen, oder wie auch immer das ganze Gemüse genannt wird, und alle Arten haben angeblich irgendeine Bedeutung. Diese Blume bedeutet Treue, diese Liebe, jene wieder Eifersucht. Man müßte sie euch alle ums Maul schlagen, ihr Unverschämten, all die Blumen, damit ihr nicht ordentliche Leute auf den Arm nehmt!

Jawohl, elende Anna Engelmüller, mit der schwarzen Seele im grünen Wald, wenn du diese Zeilen lesen wirst, erinnere dich daran und bessere dich, solange es noch nicht zu spät ist!

Am meisten wurmt es mich, daß ich mich trotz dieser Grundsätze und trotz des Wissens, wie die Frauen in ihrer Nacktheit aussehen, natürlich nicht in der körperlichen Nacktheit, sondern der geistigen, zu so einem Unternehmen ködern ließ.

Diese Anna Engelmüller klebte wie eine Zecke an mir. – Ach, was erzähle ich da – was ist schon eine Zecke gegen so ein Geschöpf! Auf eine Zecke kann man ein wenig Spiritus gießen, und sie fällt ab, aber so ein Weibsbild könnte man von früh bis spät mit Spiritus begießen, sie würde sich immer noch an einem festhalten und dabei ständig kokettieren.

Und das Geschwätz von diesem Weibsbild, und alles mit diesen Verniedlichungen! Das war nicht jene di-

rekte Sprache, in der ich sie einmal zu ihrer Mutter sagen hörte: »Das Aufwaschwasser werden wir in das Klosett gießen!« Jetzt gab es nur lauter Käferchen, Vögelchen, Blattkäferchen, Blümchen – so daß ich angewidert ausspuckte. Sie fing so ein Blattkäferchen mit einer Gewandtheit, mit der wir Flöhe fangen, setzte es auf ihr Fingerchen, wie sie sagte, und das Blattkäferchen spreizte die Flügelchen und flog zum göttlichen Sonnchen – und ich dachte mir: »Du Aas, mich lullst du mit so einem Gequassel nicht ein! Da kannst du machen, was du willst!«
Und dann kamen wir in ein Wäldchen. Sie sprang lustig umher, bückte sich flink und zupfte Blüten ab, die man Goldblumen nennt. Auf einmal sprang sie zu mir und steckte mir aus heiterem Himmel so ein ekliges Gemüse ins Knopfloch vom Mantel, sah mir in die Augen und lief ein Stückchen fort, sprang hierher, dann dorthin, kam wieder angelaufen, lächelte mich an und begann zu singen: »Liebe, Liebe, du mächtige Herrscherin!«
Ich konnte mich vor Lachen kaum halten. Ich sagte mir: Jetzt wird sie ernst werden. Sie wird seufzen und vorschlagen, wir sollten uns in das Gras setzen, dann wird sie mir in die Augen sehen und leise sagen: Ich bin heute irgendwie komisch – Sie sind doch nicht böse? Und dann wird sie meine Hand ergreifen.
Und genauso kam es auch. Dieses Weib wurde auf einmal ernst, ging dicht neben mir und seufzte: »Ja, ja, ja!« Dann seufzte sie wieder, und als sie wieder ein Weilchen herumgesprungen war, sagte sie: »Jetzt werden wir uns in das Gras setzen. Ich habe Gras sehr gern!«

Ich wollte eigentlich bemerken, daß jeder Wiederkäuer Gras gern hat, aber dann schwieg ich, um keine Affäre zu machen, aber dazu kam es dann schließlich doch noch.
Wir setzten uns also hin, und sie legte los: »Sie sind irgendwie schlecht gelaunt!« Sie stützte sich mit den Ellbogen auf die Knie, sah mich kokett an, und sicher dachte sie dabei: »Du Dummkopf!« Dann nahm sie meine Hand und sprach: »Sie haben so ein hübsches weißes Händchen!« Und dann sah sie mir direkt in die Augen. Auf einmal sagte sie: »Ich bin heute irgendwie komisch!« Und dann begann sie zu weinen.
Das war zuviel. Ich sprang hoch, begann laut zu lachen.
Sie sprang ebenfalls hoch und schrie wieder ganz natürlich: »Sie sind wohl verrückt geworden – worüber lachen Sie? – Das sind aber komische Späße!«
»Keine Späße, Fräulein«, sagte ich ernst. »Glauben Sie ja nicht, ich hätte Ihre Betrügereien nicht verstanden, nehmen Sie schön Ihren Sonnenschirm und sehen Sie zu, daß Sie nach unten zu der Gesellschaft kommen! Mit Ihrem ›Erfolg‹ können Sie jetzt bei Fräulein Jenšík, Svoboda, Ducháček und Suchomel prahlen.«
Und ich schickte mich an, ruhig zu der Gesellschaft zurückzukehren.

Bevor ich noch den kleinen Bach übersprungen hatte, lief Fräulein Anna an mir vorbei aus dem Wald heraus und rannte zu der bunten Gruppe der Ausflügler, die dort im Gras saßen und sich widerwärtig mit kaltem

fettem Schweinebraten nährten, dessen Fett in der Wärme bereits auseinanderlief und schmierig wurde.
Ich ging langsam weiter und beobachtete aufmerksam, wie dieses betrügerische Frauenzimmer zu der Gesellschaft lief, wie sie irgend etwas mit schrecklichen Handbewegungen erklärte, zum Wald zeigte und plötzlich auf das auseinandergebreitete Tischtuch ins Gras niedersank, wie ihre Mutter händeringend umherlief, wie die ganze Gesellschaft hochsprang und sich über den Körper beugte, der auf den Resten des Schweinebratens lag.
Ich ging ebenfalls hin, denn ich ahnte, daß dahinter wieder irgendeine Intrige dieser Elenden stecken würde. Ich war überzeugt, daß sie nicht behaupten würde, ich hätte ihr eins mit dem Stock übergezogen, sondern daß sie etwas ganz anderes erklären würde, daß sie mich mit anderen Mitteln dorthin bekommen wollte, wohin sie mich vorher mit ihrer Koketterie haben wollte.
Und ich irrte mich nicht. Ich wurde mit Fragen, was geschehen sei, überschüttet und vor Anna geführt, die immer noch auf dem Schweinebraten lag.
Die Frauen weinten, und die Männer starrten auf das alles mit einer gewissen Stumpfheit, weil sie sicherlich gewohnt waren, daß Frauen bei jeder Gelegenheit in Ohnmacht fallen. Ich bemerkte nur, daß allein Herr Ducháček, jener Vater von drei Töchtern, mit größerem Interesse auf die Tischdecke blickte, auf der zwei so ungleiche Gegenstände lagen: der Schweinebraten und Fräulein Anna. Statt Fräulein Anna hochzuheben, nahm er den Schweinebraten, rief: »Ist das ein Un-

glück«, und lief damit während der großen Aufregung davon.
Ich setzte mich ruhig ins Gras und fragte, was hier vor sich gehe. »So helfen Sie uns doch, sie wieder zu sich zu bringen«, rief Frau Engelmüller, wobei sie die Hände faltete und schrie: »Ännchen, Ännchen, sieh uns doch an!« Da öffnete Anna die Augen, sie richtete sich auf, und dann sah sie mich an wie die Fürstin Libussa, als sie einst prophetisch den Ruhm der Stadt Prag voraussagte, dann zeigte sie auf mich und schrie: »Oh, dieser Schuft!« und fiel wieder um, auf die Butter, also auf die andere Seite. Und nun fielen alle Frauen über mich her. Sie ließen Fräulein Anna liegen und begannen, mich anzukeifen und zu bepöbeln. All die zärtlichen Gesichter wurden plötzlich wütend. Sie sprangen um mich herum wie eine Horde Menschenfresser um einen gefesselten Missionar, kreischten wie die Flagellanten, wenn sie ihre religiösen Zusammenkünfte abhielten, und spieen vor Wut wie kleine Vulkane der philippinischen Inseln. Auf der einen Seite stand Frau Engelmüller, wie der große Vulkan Hekla auf Island, und stieß unentwegt Beleidigungen hervor. Sie faßte mich an der Weste und schrie mir ins Ohr: »Sie wollten sie schänden!«
Nach diesem Aufschrei liefen die fünf Mädchen plötzlich von mir fort, als hätte man in einen Haufen Rebhühner geschossen und fanden sich dann wieder zu einem Haufen zusammen, der sich auf mich warf wie die Phalanx der Spartaner auf die Perser. Und in dem schrecklichen Durcheinander hieben sie mit ihren Regenschirmen und Sonnenschirmen wie mit Hellebarden

auf mich ein. Ich wehrte mich wütend – von hinten wurde ich von den Verlobten der jungen Mädchen angefallen –, als in diesem Augenblick die Stimme Annas zu hören war, der es zu unangenehm auf der Butter wurde: »Muttichen, Muttichen, Hilfe, ich sterbe.« Und schon liefen alle zu ihr und begannen, sie zu trösten. Sie hoben diese Intrigantin auf, und sie weinte: »Er hat sich im Wald, in den er mich lockte, so komisch benommen, aber laßt nur, es wird sich alles aufklären. Oh, ich Unglückliche!« So gaben sie mir für einige Augenblicke Ruhe, und ich hatte genug Geistesgegenwart zu verschwinden. Ich begab mich auf einem Feldweg in schnellem Tempo zum nächsten Dorf, dessen Kirchturm hinter den Getreidefeldern auftauchte, und dort angekommen, stürmte ich gleich in das erste Gasthaus. Herr Ducháček saß dort bei einem Glas Bier und aß gerade, über und über mit Fett beschmiert, den Schweinebraten zu Ende, den er bei jenem Unglück gerettet hatte.

Als er mich erblickte, erklärte er einfach, er wäre gegangen, um einen Arzt zu holen, daß es aber hier auf dem Dorf keinen Arzt gebe, und so wäre er in seiner Verzweiflung hier eingekehrt.

Irgendwie mußte er sein Glas schnell ausgetrunken haben, denn er war sehr mitteilsam, und sagte mir, er hielte die ganze Angelegenheit für eine Komödie, es handelte sich wahrscheinlich darum, daß ich ihr die Bluse aufknöpfen wollte und daß ich sie angeblich schon längst lieben würde und ein sehr unterhaltsamer Mensch sei.

Sie hätten immer so gelacht, wenn sie ihnen erzählte, wie ich mir einen Knopf an die Hose genäht und die Eier weichgekocht hätte. Ich schwor, daß ich mit ihr kein Verhältnis hatte. Er lächelte darüber und sagte: »Ich glaube Ihnen nicht, ha, ha, ha, das dürfen Sie mir nicht sagen, ich verstehe schon etwas davon, ich bin nicht von gestern. Als ich auch bei so einer Familie wohnte – als ich noch ledig war –, da ging ich auch mit der Tochter meiner Zimmervermieterin. Was gab es da für Küßchen, mein Gott – am Morgen, wenn ich in die Küche kam, am Mittag beim Mittagstisch und am Abend. Mein Gott, das waren Abende, schmeckt Ihnen das Bier nicht mehr? Das waren Abende voller Schönheit. Das waren Küßchen, Kamerad.«

»Und wie endete es?« fragte ich ihn voller Ernst.

»Ich hab' sie genommen, weil ich mußte.«

»Na, sehen Sie«, sagte ich, »so schaffen es die Frauen.«

Und ich verließ diesen Mann, ohne ihm zu sagen, wohin ich gehen wollte.

Ich nahm mir vor, niemals mehr in die Wohnung der Frau Engelmüller zurückzukehren, deren Tochter Anna all die herrlichen Fähigkeiten einer Intrigantin besitzt.

Und was ich mir vorgenommen hatte, führte ich auch aus. Ich kehrte nicht mehr in das Zimmer zu Frau Engelmüller zurück, und weil ich nun wußte, wie gefährlich es ist, in privaten Wohnungen zu wohnen, nahm ich mir vor, bis zwölf Uhr in der Nacht in Gasthöfen zu bleiben und dann in irgendein Hotel zu ziehen.

Ich wählte das Gasthaus »Bei der Sonne«, weil es dort

keine Kellnerin gab, denn alle Frauen, gleich in welchem Beruf sie auch sein mögen, haben es sowieso nur auf eingefleischte Junggesellen abgesehen.
Als Wohnung wählte ich das Hotel »Post«, das mir wegen seiner Lage an einem Park gefiel und auch wegen seines bescheidenen, einfachen Äußeren.
Die erste Nacht verbrachte ich folgendermaßen: Im glückseligen Bewußtsein, endlich die Tochter meiner Zimmervermieterin losgeworden zu sein und auch die ganze widerwärtige Gesellschaft, die nichts wollte, als daß ich Fräulein Anna Engelmüller, dieses hübsche Biest, nehmen sollte, einfach nur weil ich meine eigenen schönen Einkünfte hatte, trank ich in der »Sonne« fünf Pilsener Biere und hielt im Laufe des Abends mehrere Reden über die Niederträchtigkeit der Frauen, und ich hielt damit auch nicht zurück, daß ich künftig im Hotel schlafen und wohnen würde.
Ich gebe zu, daß sie zu lachen anfingen und daß dieses Lachen mich zu der Frage reizte, was sie eigentlich dächten.
Ich bekam zur Antwort, es sei ja sehr schön, in ein Hotel zu gehen, aber es käme darauf an, ob ich dabei allein sei.
Das habe ich absolut nicht verstanden, und darum mußten sie es mir erklären, worüber ich mich dann sehr erregte, weil ich in meinem ganzen Leben, das einzig und allein auf sittlichen Grundsätzen gegründet war, nicht nur noch nie an so etwas gedacht, sondern weil ich auch von ähnlichen Verderbtheiten noch nie etwas vernommen hatte.

Es verärgerte mich sehr, daß man mich so verkannte. Ich bezahlte aufgebracht und ging in mein Hotel, um auszuschlafen, mit dem Plan, an irgendeinem der nächsten Tage den Hausdiener in jene verdammte Wohnung, in der sie mich beinahe in eine schöne Situation gebracht hätten, nach meinem Koffer zu schicken.
Ich kam in das Hotel, und der Hausdiener sagte mir, er würde am Morgen an die Tür klopfen, ob ich mir die Schuhe putzen lassen möchte oder nicht, weil es Herren gäbe, die sich darum nicht die Schuhe putzen ließen, um dem Diener kein Trinkgeld geben zu müssen. Ich antwortete ihm, daß ich es mir überlegen würde. Der Kerl fragte mich noch, weil er betrunken war, ob er beide Paare putzen sollte, meine und die Damenschuhe.
»Welche Damenschuhe?« fragte ich verwundert. »Na, die Damenschuhe, die vor Ihrem Zimmer stehen.«
»Welche, um Himmels willen?«
»Wieso um Himmels willen? Am Abend kam hier eine Dame mit einem Kriminalpolizisten an und sagte, daß sie Sie schon in allen Hotels gesucht hätte. Es ist eine ältere Dame. Wir sagten ihr, Sie hätten sich hier das Zimmer für einen ganzen Monat gemietet. Sie erklärte, sie wäre eine nahe Verwandte von Ihnen, wir sollten ihr ruhig noch ein Klappbett in Ihr Zimmer stellen, sie würde warten, sie könnte Sie kaum noch erwarten, verehrter Herr. Der Kriminalpolizist ist fortgegangen, und wir stellten ein Bett in Ihr Zimmer, die Dame legte sich dorthin, und jetzt schläft sie.«
»Das wird meine Tante sein«, dachte ich mir, »die hat

solche Einfälle, wahrscheinlich konnte sie mich nicht in meiner früheren Wohnung finden, also ließ sie mich durch die Polizei suchen.«
Ich ließ mir ein Licht geben und öffnete das Zimmer. »Tantchen«, sagte ich, dabei an das Bett tretend, »was ist los?«
Vor Entsetzen fiel mir die Kerze aus der Hand, und es wurde stockfinster. Auf dem Bett saß völlig angekleidet, mit furchterregendem Gesicht, Frau Engelmüller. Als die Kerze verlosch, packte sie mich am Hals, und unter Aufbietung aller Kräfte schleppte sie mich auf den Flur und rief: »Hilfe, ich habe ihn jetzt, den Verführer meiner Tochter!«
Das ganze Hotelpersonal kam angelaufen, und dann legte sie vor diesem Durcheinander von Köpfen und entsetzten Gesichtern wieder los: »Sie Niederträchtiger, jetzt kehren Sie sofort zu meiner unglücklichen Tochter zurück, bei der jetzt Frau Mazuch weilt.«
Meine Knie wurden weich. Frau Mazuch wohnte im Nebenhaus, sie besaß dort ein Unternehmen, und ihr Name trug den sehr bedeutungsvollen Zusatz: »Geprüfte Hebamme«.
»Seht nur, wie dieser Kerl zittert. Er weiß, in welchem Zustand sie sich befindet, und da jagt er sie noch auf einen Ausflug, und wenn es zum Schlimmsten kommt, dann verschwindet er, als ob ihn die Erde verschlungen hätte. Und die Tochter, die ihm so vertraute, ruft in ihrem größten Schmerz: ›Bringt ihn mir zurück, bringt ihn nur, er wird mir meine Ehre wieder zurückgeben, ich werde ihm alles verzeihen.‹ Und so lauf ich rasch

zur Polizei und zu Ihrem Freund, bei dem Sie heute morgen waren. Der erklärte, daß Sie ihm anvertraut hätten, Sie würden in einem Hotel übernachten. Die Polizisten weinten mit mir, als ich ihnen alles erklärt hatte.« Sie begann zu weinen. »Und da, als ich nun wußte, wo Sie sich aufhalten, lief ich in alle Hotels, bis hierher, wo Sie erklärt hatten, einen ganzen Monat bleiben zu wollen. Ich bitte Sie, meine Herren, helfen Sie mir, ihn nach Hause zu meiner armen Tochter zu bringen, die er mit einem Eheversprechen in die schlimmste Situation gebracht hat, in die ein junges unschuldiges Mädchen, die so einem Hallodri Glauben schenkt, geraten kann.« Sie wandte sich zu mir: »Weil wir Sie schon durchgefüttert haben, da sind Sie wohl übermütig geworden und haben Ihre heiligste Pflicht vergessen.«

Der Hausdiener faßte mich fest unter und trug mich aus dem Hotel. Dort lockerte er seinen Griff, als Frau Engelmüller, die mich mit der einen Hand am Mantel festhielt, ihm mit der anderen Hand in die offene Handfläche zwei Kronen drückte. Diesen Augenblick nutzte ich, schlüpfte aus dem Mantel, den ich ihr in der Hand ließ, dieser Mutter einer Potiphar, und lief davon.

In meinem Kopf ging alles durcheinander, und in meiner größten Aufregung schwang ich mich über das Geländer am Fluß, der von hier nur wenige Schritte entfernt war. Über mir schlug das Wasser zusammen, ich hörte ein Sausen, und dann verlor ich das Bewußtsein, und irgend jemand zog mich aus dem Wasser in ein Boot.

Auf dem Boot stand wie eine Furie Frau Engelmüller mit Polizeibeamten.

Nachdem sie mich aus dem Wasser in das Boot gezogen hatten, versuchte ich, mich von neuem ins Wasser zu stürzen, als ich Frau Engelmüller sah. »Haltet ihn, laßt ihn nicht los«, schrie Frau Engelmüller, und sie umklammerte mich, der ich völlig durchnäßt war, fest mit ihren Armen. Die Kräfte verließen mich, und ich fiel in das Boot. Was dann anschließend mit mir geschah, daran kann ich mich nicht mehr erinnern, denn ich verlor das Bewußtsein.
Als ich wieder zu mir kam, machte mich der Geruch von Lysol und Karbol darauf aufmerksam, daß ich mich in einem Krankenhaus befand.
Unter dem Arm hatte ich ein Fieberthermometer, mein Kopf war schwer, und in der Brust verspürte ich Stechen. Langsam erinnerte ich mich an all das, was vorangegangen war, und ich fühlte mich glücklich, jetzt Ruhe zu haben.
Um mich herum wurde lustig gesprochen, die Schwestern gingen in ihren weißen Schürzen von einem Bett zum andern und fragten, wie es einem ginge. Dann kam ein Arzt mit einem Assistenten, und sie zeigten über meinen Zustand Zufriedenheit. Ich hatte furchtbaren Hunger, und alle lächelten mich an und sagten, daß es gut wäre, aber daß ich hier eine ganze Woche nichts zu essen bekäme außer Suppen und Milch.
Morgen würde Herr Kraus zu mir kommen, der sehr oft nach meinem Gesundheitszustand fragte.

Ich kannte keinen Kraus, mein Leben lang habe ich mit keinem Kraus gesprochen. Was wird der wohl wollen?
Ich fragte, wann ich wieder aufstehen könnte.
Der Arzt lächelte wieder und sagte, wenn meine gebrochenen Beine geheilt seien.
Und tatsächlich, das hatte ich noch nicht einmal bemerkt, ich hatte zwei Gipsbeine, die von einem Gewicht über die Bettkante nach oben gezogen wurden.
Was hatte ich nur getan? Was war geschehen? Ich fragte, was Frau Engelmüller mache. Sie lächelten wieder und antworteten, daß sie auf dem Friedhof von Olšany in der VII. Abteilung läge.
Eine Weile war mir herrlich ums Herz, aber ich konnte mir um nichts in der Welt vorstellen, wie sie auf diesen Friedhof gekommen sein könnte – ich hatte sie doch noch lebendig auf dem Boot gesehen. Unerklärlich war mir auch, warum ich zerbrochene Beine hatte.
Dann wurde ich wieder müde, und als ich eine Bouillon getrunken hatte, schlief ich zufrieden ein, mit dem gesunden Schlaf eines Menschen, der beide Beine gebrochen hat, und wachte erst am nächsten Tag wieder auf.
Um zehn Uhr öffnete sich die Tür des Saales, und eine Schwester führte eine Reihe ernst aussehender Herren an mein Bett.
Der neben mir liegende junge Mann sagte: »Das ist also die Gerichtskommission.«
»Welche Kommission?« fragte ich mich selbst erstaunt, wozu eine Gerichtskommission und warum gerade hier bei mir?
Es waren fünf Herren.

Die Schwestern stellten Stühle an mein Bett, und die fünf Herren setzten sich und zogen irgendwelche Akten aus ihren Taschen.
Der Älteste von ihnen, mit einem schönen weißen Bart und einem angenehmen Lächeln in einem vom Trinken rot gewordenen Gesicht, sagte: »Ich bin der oberste Ermittlungsrichter Kraus, damit Sie es wissen. Und jetzt, meine Herren, glaube ich, können wir beginnen. Sind Sie bei vollem Bewußtsein?«
Ich dachte, er würde einen der Herren fragen, und so schwieg ich.
»Hören Sie, Herr Hanzlíček«, sagte der Ermittlungsrichter zu mir, »ich frage Sie, ob Sie bei vollem Bewußtsein sind.«
»Im Augenblick, ja.« – »Dann sagen Sie uns doch, warum Sie es getan haben?« – »Was habe ich getan, ich weiß von nichts?« – »Aber, Herr Hanzlíček, bestreiten Sie es doch nicht! Ich bitte, Herr Kollege, lesen Sie die Anklage.«
Ein junger Mann mit Zwicker lächelte und las: »In der Nacht zum Dienstag sprang der einundvierzigjährige Angestellte des Landausschusses Josef Hanzlíček in selbstmörderischer Absicht wegen Familienstreitigkeiten in die Moldau. Als er durch die Mutter seiner Geliebten, Karolina Engelmüller, die Witwe des Inspektors der Staatsbahnen, wohnhaft Böhmerwaldstr. 11, herausgezogen wurde, bei der er schon fünfzehn Jahre wohnte, mit deren Tochter, der dreißigjährigen Anna Engelmüller, er ein Verhältnis hatte, wurde er mit der Droschke bewußtlos in seine Wohnung gebracht, wo er

wieder zu sich kam, nachdem er ins Bett gelegt worden war. Um die elfte nächtliche Stunde kam es zwischen ihm, seiner Geliebten und der Vermieterin zum Streit, wobei Herr Josef Hanzlíček nach einem erbitterten Kampf zuerst Frau Engelmüller und dann seine Geliebte, Fräulein Anna Engelmüller, durch ein geöffnetes Fenster des zweiten Stockes auf die Straße hinauswarf, um dann selbst nach unten zu springen, wobei er rief: ›Sie bewegen sich noch.‹ Beide Frauen starben bei der Überführung ins Krankenhaus, und Josef Hanzlíček erlitt dabei Brüche an beiden Beinen und wurde in ernstem Zustand in das allgemeine Krankenhaus überführt.«
»Das ist doch nicht wahr«, rief ich plötzlich aus, und auf einmal sah ich das grüne Licht der Hängelampe. Jesus Maria, ich lag ja auf dem Bett bei Engelmüllers, und Frau Engelmüller rief: »Na also, Josef, geht es Ihnen schon besser?«
Ich sah nach. Die Beine waren gesund, das alles hatte ich nur geträumt. Ich hatte keine gebrochenen Beine, und ich hatte niemanden getötet. Vor Erleichterung begann ich zu weinen.
»Na, sehen Sie, Josefle«, hörte ich sie krächzen, »nicht wahr, es tut Ihnen leid, daß Sie unser Vertrauen enttäuscht haben.«
»Ach, laß mich in Ruhe, Alte«, rief ich mit Tränen in den Augen, »oder ich schmeiße dich aus dem Fenster.«
Sie gab mir dafür so eine Ohrfeige, daß ich mich unter die Bettdecke duckte, und sagte darauf trocken: »Morgen werde ich Ihnen die Frucht Ihrer sündigen Liebe

zeigen, und dann werden wir sehen, wer gewinnen wird. Wir haben ja Ihre Briefe.«
Um Himmels willen, die Alte hatte ja recht, ich hatte ja immer von meinen Reisen geschrieben, wenn ich mich im Urlaub befand: Mir ständen diese Wiener Schnitzel bis zum Halse, und ich freute mich auf das Gulasch, das Fräulein Anna so gut zubereiten könnte, und ich ließe sie also grüßen.

Am nächsten Tag lag ich im Bett wie ein gehetzter Hirsch im Gras. Auf dem Nachttisch hatte ich eine Tasse Kaffee, aber ich kostete ihn nicht einmal. Daß man mich vergiften wollte, habe ich nicht befürchtet, denn sicher würde man sich bemühen, mich am Leben zu erhalten, damit ich alles zugeben und dieses falsche Frauenzimmer, diese Betrügerin, heiraten würde.
Ich nahm mir vor, nichts zuzugeben. Schon dreimal war die Hebamme mit einem kleinen Geschöpf bei mir und sagte zu ihm: »Schau mal, der Papa«, und ich tat, als schliefe ich. Ich kam mir wie eine Wöchnerin vor, als die Hebamme an meinem Bett stand. Dann öffnete sich die Tür, und ich hörte jemanden sagen: »Wo ist dieser Lotterbube? Im Zimmer. Gut!« Und in das Zimmer stürmte ein Mann mit einem Hut auf dem Kopf, er zog ohne weiteres einen Stuhl an mein Bett. Ich tat, als schliefe ich, aber er stieß mich an den Kopf und sagte: »Schlafen Sie nicht, ich bin der Vormund dieser armen Anna, mein Name ist Vilím. Ihnen ist wohl überhaupt nichts heilig, auch ich nicht, der ich noch im hohen Alter so eine Schande erleben muß, und erst die arme

Mutter, meine Schwester, Frau Engelmüller, dieser unglückselige Wurm.«
»Ich schwöre Ihnen.« – »Schwören Sie nicht, das Mädchen wird schon selbst schwören, wenn es zu einer Gerichtsverhandlung kommt. Jawohl, sie wird schwören, Sie werden sie nach dieser großen Schande, die Ihnen blüht, nehmen müssen. Ihre Stellung im Amt, Ihr Charakter, das wird erschüttert werden. Am besten ist es, wenn Sie ihr die Ehre zurückgeben, um die Sie sie auf eine Art gebracht haben, die wohl bei Gecken üblich ist; aber bei einem gesetzten Menschen, für den Sie gehalten wurden, ist es etwas Ungewöhnliches, etwas Unerhörtes, etwas Widerwärtiges, Häßliches, Schuftiges, Scheußliches, Lumpiges! Suchen Sie sich davon aus, was Sie wollen. Es ist eine Niederträchtigkeit, eine Verworfenheit, Scheußlichkeit, Lumperei, Widerwärtigkeit, Grausamkeit, es ist ein Verbrechen, mein Herr, und das alles geht auf Ihr Konto, Sie sind der Schuft, dieser Elende, dieses Ungeheuer, der Verbrecher, dieser Widerling. Schämen Sie sich denn nicht in Grund und Boden, Mensch?« Er holte Luft und fuhr fort: »Und dieses gute, brave, unbescholtene, ehrliche und ordnungsliebende Kind kroch Ihnen auf den Leim, wie eine unschuldige, unerfahrene Fliege auf den Leim kriecht, der ihr süß und verlockend vorkommt, sie hörte auf schöne Worte, auf ein ehrliches Versprechen und hat nicht bedacht, daß nach neun Monaten ein Kind auf die Welt kommt, das dann keinen Vater hat, weil der verworfene Vater in ein Hotel davongelaufen ist, um dort in Stille den Sturm abwarten zu können.

Aber wir haben Sie, Sie sind in unserer Hand, Sie sind in der Hand Gottes, aber nicht in der Hand irgendeines guten Gottes, ich bin der Jehova, der zürnende Gott der Juden. So ist es, mein lieber Herr! Etwas anderes kann man nicht machen. Wir haben Beweise in der Hand, vor allem das Neugeborene. Das ist der beste Beweis, und dann haben wir noch einige Schreiben in der Hand, und dazu noch den Vorfall, als sie Sie im Wald an Ihr Versprechen erinnerte, Sie würden sie zur Frau nehmen, da zogen Sie ihr eins mit dem Stock über. Das haben Sie gemacht, Sie Unverschämter. Jungfräulichkeit bedeutet Ihnen nichts, Sie haben sich das Vertrauen dieser ehrlichen Familie erschlichen, das Mittagessen wurde Ihnen nur mit siebzig Heller berechnet und jetzt, in der Zeit der schrecklichen Teuerungen, brauchten Sie sonntags nur achtzig Heller zu zahlen, und was haben Sie sich vollgestopft, und als Sie vollgestopft waren, da brachen Sie jene weiße Blüte, Sie Unverschämter. Den Kaffee bekamen Sie umsonst zum Mittagessen, dafür haben Sie nichts bezahlt. Sie nahmen mit beiden Händen. Nicht nur das Schmalzgebäck, sondern auch die Ehre eines unschuldigen Mädchens. Sie aßen achtundzwanzig Pflaumenknödel, und dann brachten Sie sie um die Ehre. Drei Koteletts bekamen Sie zum Mittagessen, und dann haben Sie sie verführt. Wenn es Klopse gab, bekamen Sie vier, so groß wie eine Faust, und dann haben Sie dem Mädchen diese Schande gebracht. Und erst die großen Stücke vom Schweinebraten, vom geräucherten Fleisch und die Knödel. Sechs Stück haben Sie immer zum Gulasch genommen, und dann gingen Sie, um mit einschmeichelnden Worten zu erreichen, daß sie Ihnen glaubte und Ihnen alles gab, was ein unschuldiges Mädchen dem geliebten Mann bieten kann. Die Beefsteaks wurden für Sie so groß gemacht, daß sie kaum auf einen Teller gingen, und das haben Sie schön belohnt. Wenn es eine Gans gab, da haben Sie alle Keulen nur für sich genommen, packten sich sogar noch die Brust auf den Teller, türmten sich Knödel und Graupen auf, ein Wunder, daß Sie nicht platzten, und dann sprachen Sie zu dem unschuldigen Mädchen über innige und heiße Liebe, Elender. Was sagen Sie dazu?« Ich schwieg. Darauf kam die Hebamme mit meinem vermeintlichen Sohn.

»Sehen Sie, wie aus dem Gesicht geschnitten«, rief Herr Vilím aus, »die gleichen Augen, keine Haare wie Sie, und dann, er ist männlichen Geschlechts, genau wie Sie, das ist der beste Beweis, daß es Ihr Kind ist.«

»Und ob es sein Kind ist«, hörte man von der Tür, und Frau Engelmüller stellte sich mit aufgekrempelten Ärmeln vor mich hin. »Meine Tochter lügt nicht. Ich wußte schon längst, daß Sie mit ihr ein Verhältnis haben, habe ich euch nicht einmal im Dunkeln im Zimmer erwischt? Sie sagten, Sie wären alleine? Und Anna wäre fortgewesen? Das ist nicht wichtig. Sie haben auf sie gewartet, bis sie vom Spaziergang zurückkam, und auf ein lediges Mädchen wartet man nicht im dunklen Zimmer. Kein Petroleum in der Lampe? Sehen Sie, jetzt haben Sie es zugegeben, daß Sie auf sie gewartet haben. Übrigens, das hier werden Sie unterschreiben. Hier ist

Tinte und Feder. Ich werde es Ihnen noch einmal vorlesen: »Ich bestätige hiermit, daß ich mit Anna, der Tochter der Frau Karolina Engelmüller, ein intimes Verhältnis hatte, das nicht ohne Folgen geblieben ist, und daß ich innerhalb von drei Monaten Fräulein Anna Engelmüller zur Ehefrau nehmen werde.«
Und dann redeten alle drei auf mich ein, und ich nahm die Feder und unterschrieb: »Josef Hanzlíček.«

Was werden nun die, die diese ganze Beichte gelesen haben, denken! Welche Inkonsequenz in meinem ganzen Handeln! Das Beste an dieser ganzen Geschichte ist, daß ich mich gut verstellen konnte. Es war gar nicht so, wie ich das alles aufgeschrieben habe, denn wahr ist, daß in Wirklichkeit ein intimes Verhältnis zwischen uns bestand, und daß ich nur vor der Öffentlichkeit als Märtyrer dastehen wollte, wie alle alten Junggesellen, die verlogen und böswillig sind.

Die Plagen eines Lokalreporters

Einst machte ich mich auf, um Material für eine Reportage über einen großen Diebstahl zu sammeln. Der Geschäftsmann, bei dem der Diebstahl verübt worden sein sollte, begrüßte mich mit entsetztem Gesicht. In so einem Fall können wir Reporter keine Rücksicht auf persönliche Gefühle der Betroffenen nehmen, uns geht es

dann ganz einfach darum, Tatsachen und interessante Einzelheiten zu erfahren.
»Wie alt sind Sie?« fragte ich sachlich. Er begann am ganzen Körper zu beben und rief: »Achtundvierzig Jahre.« »Hm«, sagte ich darauf, dabei den Polizeibericht studierend. »Hier steht, daß Sie dreiundfünfzig Jahre alt sind, wie erklären Sie das?« Der Mensch darf als Lokalreporter keine Rücksichten nehmen, er muß die Wahrheit feststellen. »Wenn Sie möchten, wenn Sie wünschen«, sagte der blasse Mann, »bringe ich Ihnen meine Geburtsurkunde!« »Bringen Sie.« Ich steckte mir eine Zigarre an, setzte mich bequem in den Sessel, der am Schreibtisch stand, und begann lässig, seine Korrespondenz durchzublättern.
Unsereins muß diese Kerle, die sich bestehlen lassen und den Menschen um sein bißchen Ruhe bringen, verschrecken.
»Sie haben Ihre Korrespondenz nicht nach dem Alphabet sortiert«, sagte ich, als der Geschäftsmann mit der Geburtsurkunde kam und sie mir reichte. Er begann sich zu entschuldigen, es imponierte ihm offensichtlich, daß ich seine Korrespondenz durcheinanderbrachte.
Ich verglich die Geburtsurkunde. »Ihr Glück«, sagte ich streng, »daß Sie ein eheliches Kind sind.« Er sagte, daß es in seiner Familie noch nie uneheliche Kinder gegeben habe.
Ich trommelte mit den Fingern auf den Tisch, und um nicht zu schweigen, sagte ich: »Die Presse ist eine Macht, lieber Mann!« Er sagte, daß er keine Zeitung

lese. »Ich habe es geahnt, Ihrem ganzen Äußeren nach zu urteilen«, rief ich wütend aus, »he, mein Freund, wir wollen uns nicht lange unterhalten, und so werden Sie mir jetzt sagen, wie Ihre Frau heißt.« Er antwortete, daß er ledig sei, und stand vor mir wie ein verprügelter Hund. »Und warum haben Sie nicht geheiratet?« Er erklärte mir, er sei nicht dazu gekommen, weil er wegen des Geschäftes keine Gelegenheit hatte, sich mit derartigen Fragen zu befassen. »Sind Sie aus guter Familie?« fragte ich ihn, um ihn noch mehr einzuschüchtern, denn wie ich schon sagte, die Presse ist eine Großmacht. Er erklärte, daß seine Familie immer ehrbar gewesen sei. »Sind Sie vorbestraft?« Er hob drei Finger zur Decke und schwor, daß er es nicht sei. »Warum waschen Sie sich nicht Ihre Hände?« »Weil ich dazu keine Zeit habe.« »Putzen Sie sich die Zähne?« »Bitte, ja.« »Schnupfen Sie Tabak?« »Das nicht, bitte.« Ich schwieg eine Weile, und dann sagte ich voller Ernst, ihm dabei in die Augen sehend: »Und jetzt werden Sie mir erzählen, wie das alles geschah, als Sie bestohlen wurden. Haben Sie gegen jemanden Verdacht? Haben Sie Fußspuren gefunden? Um welche Zeit, glauben Sie, geschah es? Sind Sie versichert? Wann haben Sie es entdeckt? Sie selbst haben es nicht geklaut?« Er sah mich mit entsetzten Augen an und rief dann aus: »Aber, ich bitte Sie, mich hat man nicht bestohlen, den Nachbarn nebenan hat man bestohlen!« Sie können sich nicht vorstellen, wie ich tobte. Ich versicherte ihm, daß er eingesperrt würde, daß es in die Zeitung käme, daß ich zusähe, daß sich Derartiges nicht noch einmal wiederholte,

daß es so nicht weiterginge und daß ich Genugtuung verlangen wollte.
Mit fürchterlichen Flüchen ging ich in das Haus nebenan zu dem tatsächlich Bestohlenen, wo ich zuerst einen großen Schrecken verursachte und die Großmachtstellung der Presse und den Ruf, daß der Lokalreporter jedem ordentlich auf den Schlips zu treten habe, weidlich ausnutzte.

In der folgenden Woche geschah nichts, niemand wurde erschlagen oder bestohlen. In der Redaktion brachte ich darüber mein Bedauern zum Ausdruck und erklärte, daß das Leben für mich reizlos sei, wenn sich die Leute nicht gegenseitig ermordeten. Wenn wenigstens irgendeine Mutter ihr Kind zu Tode quälen würde. Aber nichts, überhaupt nichts.
Ich habe meine Gedanken auch außerhalb der Redaktion zum Ausdruck gebracht. Nun zum Wochenende, als nichts geschah, saß ich in einem Kaffeehaus und trommelte mit den Fingern auf den Tisch. Bei der Polizei wußten sie nichts Neues, im Krankenhaus sprang niemand aus dem Fenster. Es war schrecklich.
Mir gegenüber saß ein mir unbekannter Mensch. Ein älterer Herr, der mir nach einiger Zeit, nachdem er vertrauensvoll zu sprechen begonnen hatte, mitteilte, daß er nach Prag gekommen wäre, um sich hier zu amüsieren.
Ich machte ein so mitleidiges Gesicht, daß er erschrokken zusammenfuhr.
»Sie sind nach Prag gekommen, um sich hier zu amüsie-

ren?« rief ich skeptisch aus, »aber in Prag ist absolut nichts los! Die ganze Woche über wurde nicht ein einziger Raubüberfall gemacht, niemand hat sich erschossen, keine Notzucht, und Sie kommen nach Prag, sich zu amüsieren. In dieser Woche wurde noch nicht einmal jemand bestohlen. Mein lieber Herr, früher, das waren Zeiten, da konnte man noch voller Begeisterung auf dieser Welt leben. Da gab es immer mal jemanden, der sich mit Petroleum begoß und anzündete, oder jemanden, der sich und seiner ganzen Familie Unglück brachte, weil er sie mit einem Beil erschlug oder Mutter und Vater zu Tode quälte. Welch ein Vergnügen! Aber heute ist in Prag absolut nichts mehr los. Vergangen sind die Zeiten, als man hin und wieder einen Ertrunkenen finden konnte. Oder einmal, ich kann mich daran noch genau erinnern«, setzte ich angeregt die Unterhaltung fort, »da war ein Kerl, der sich den Hals durchschnitten hatte und eine ganze Stunde auf der Ferdinandstraße herumzuckte. Das war schön! Heutzutage beißt Sie noch nicht mal ein tollwütiger Hund, noch nicht mal ein Kessel in der Maschinenfabrik quetscht Sie zu Tode. Es geschieht einfach nichts, es ist eine große Langeweile. Sie wissen nicht einmal, wie schlecht man in solchen Verhältnissen lebt.

»Jetzt langt es mir aber!« entrüstete sich der alte Herr. »Sie Unhold!« und er spuckte mir ins Gesicht. – Mittlerweile ist diese Angelegenheit beim Gericht gelandet.

Ich schrieb für die Zeitung einen knappen Bericht: »Er stiehlt Wintermäntel. Gestern kam in das Kaffee-

haus ›Orient‹ in der Hybernerstraße ein älterer grauhaariger Herr, der sich, nachdem er seinen Kaffee ausgetrunken hatte, zur Garderobe begab; dort holte er sich einen neuen Wintermantel, der dem Geschäftsmann Josef Pollak aus der Eisengasse gehörte, und wollte damit verschwinden. Er wurde jedoch festgehalten, und man nahm ihm den Wintermantel wieder ab. In dem Wintermantel befand sich eine Brieftasche mit zwei Einhundertkronenscheinen und mehrere Privatbriefe. Der Täter wurde als der nach Prag zugehörige bekannte Dieb Václav Novák aus der Herrengasse in Prag II identifiziert.«
Zwei Tage nachdem diese Nachricht erschien war, und ich gerade ruhig zu Hause im Zimmer saß, da trat plötzlich jemand gegen die Tür, und ein älterer grauhaariger Herr stürmte mit dem Ausruf in das Zimmer: »Jetzt habe ich Sie!«
Er zitterte vor Aufregung und schlug mit seinem Stock so heftig auf den Stuhl, so daß er zerbrach, dann setzte er sich auf einen zweiten Stuhl, und während er seine blutunterlaufenen Augen auf mich heftete, tobte er: »Das mit dem Václav Novák werden Sie widerrufen. Ich stehle keine Wintermäntel.«
»Das glaube ich gern, geehrter Herr, denn dieser Václav Novák sitzt bereits im Gefängnis.«
»Papperlapapp, ich bin Gewerbetreibender und Hausbesitzer, ich heiße auch Václav Novák und wohne ebenfalls in der Herrengasse. Ich bin auch Prager, habe auch graues Haar, und Sie haben mir das angetan. Ich, Václav Novák, aus der Herrengasse, zugehörig nach

Prag, mit grauem Haar, stehle angeblich Wintermäntel. Himmelherrgott! Sehen Sie her!« Er zog aus der Tasche etwa zwanzig Nummern der Morgenausgabe mit dem unglücklichen Artikel in der Lokalrubrik »Er stiehlt Wintermäntel«, der mehrmals mit einem blauen Stift angestrichen war. Dann zog er einen Revolver und ein Glasröhrchen mit weißem Pulver aus der Tasche. »Hier habe ich Arsen«, sagte er, »und hier einen Revolver. Wenn Sie diesen Artikel in der Zeitung nicht berichtigen, dann erschieße ich Sie und vergifte mich.« Er knallte die Tür hinter sich zu und lief fort.

Ich schrieb also eine Berichtigung:

»Er stiehlt keine Wintermäntel. Zu unserer gestrigen Lokalrubrik »Er stiehlt Wintermäntel« möchten wir hinzusetzen, daß Herr Václav Novák aus der Herrengasse in Prag nicht mit dem bekannten Dieb Václav Novák aus der Herrengasse in Prag identisch ist.«

Ich war zufrieden. Dieser unschuldige Mann hat sich inzwischen dann doch wegen der Schande erschossen, aber dafür sandte mir der Dieb einen innigen Dankesbrief, weil ich seinen Ruf wiederhergestellt hatte und er jetzt überall den Widerruf herumzeigen konnte, daß er, Václav Novák, aus der Herrengasse in Prag, nicht identisch sei mit dem bekannten Dieb Václav Novák aus der Herrengasse in Prag.

Gast ins Haus, Gott ins Haus

Wie bewundernswert ist doch das altslawische Sprichwort »Gast ins Haus, Gott ins Haus«, und wie groß sind, wenn es um Gastlichkeit geht, die Unterschiede zwischen Osten und Westen. Im Osten können Sie, wenn Sie Gast sind, ohne weiteres im Morgenrock und in den Hausschuhen ihres Gastgebers spazierengehen; wenn Ihr Gastgeber ein Verhältnis mit dem Dienstmädchen hat, so muß er während der Zeit Ihrer Anwesenheit schweigend zusehen, wenn Sie die erste Geige spielen. Sie haben in allem den Vortritt: im Essen, im Trinken; wenn die Pferde eingespannt werden, so fahren Sie, wohin es Ihnen beliebt. Sie wechseln sein Personal aus, Sie schlagen den Umbau des Hauses vor – sollten Sie mit der Suppe unzufrieden sein, so werfen Sie dem Gastgeber Ihren Teller an den Kopf, Sie entlassen das Personal, kurz und gut: »Gast ins Haus, Gott ins Haus.«

Dagegen kann sich bei uns im Westen der Gast vor lauter Bücklingen gegenüber seinem Gastgeber nicht retten. Er verneigt sich, küßt die Hand der Hausfrau, mit einem erzwungenen Lächeln schluckt er alles, was er auf den Teller bekommt, sollte es auch etwas sein, was sein Magen nicht verträgt, und er tut gehorsam alles, was seinem Gastgeber einfällt.

Und wenn Sie endlich genug davon haben und aufbegehren, kann es Ihnen leicht passieren, daß Ihr Gastgeber Sie aus dem Haus weist.

Wenn Sie wieder weg sind, entstehen noch Hunderte von Tratschereien in der Stadt: Daß Sie Tabak kauen, daß Sie vierzehn Tage Ihre Socken nicht gewechselt hätten, daß Sie sich nie die Nase abwischen, und wenn doch, dann nur mit einer Serviette, daß Sie sich von dem Dienstmädchen 100 Kronen geliehen hätten, daß Sie nur gekommen wären, um gut essen und trinken zu können, und daß Sie der Tochter Ihres Gastgebers den Hof gemacht hätten, obwohl Sie verheiratet sind und bereits acht uneheliche Kinder haben.
Alle möglichen üblen Nachreden werden Ihnen angehängt: Sie seien ein verkappter Nichtsnutz und hegten nur einen Wunsch, das Haus Ihres Gastgebers völlig leer zu essen. Leider ist ja manchmal etwas Wahres daran.
Ich habe zahlreiche schöne Erinnerungen an meine Besuche in der tschechischen Provinz. Abgesehen von kleinen Nachspielen mit der Polizei bei meiner Rückkehr nach Prag, habe ich nur noch angenehme Erinnerungen an mein edles Wirken in den verschiedensten Teilen des Landes.
Natürlich ist es nicht so leicht, sich irgendwo für längere Zeit als Gast festzusetzen.
Dazu ist eine gewisse Portion frecher Unbekümmertheit notwendig, und man muß diplomatisch und zweckmäßig handeln. Das nennt man praktischen Sinn für das Leben.
Wie schön sind zum Beispiel die herbstlichen Tage. Wer in der Großstadt lebt, der kennt nicht die weiten breiten Blicke über das Land, das in die verschiedensten

Farben getaucht ist. Wälder, Felder . . . Aber, verzeihen Sie, das Ganze ist dummes Geschwätz.
Mir ging es um ganz andere Dinge. Der Herbst hat auch andere Schönheiten: Gänse, Hasen, Rebhühner und Fasane. Das farbige Laub lassen wir ruhig auf die verlassenen Wege fallen, betrachten wir doch zum Beispiel lieber die Schönheiten von Gänseklein. Mag das Gold von Eichen und Buchen in den Wäldern niederregnen, das herbstliche Kupfer auf einer wundervoll gebratenen Gans macht sich ebenfalls gut und hat zudem auch einen praktischen Wert, und erst ein Hase auf Sahne oder mit Zwiebelchen, der Duft der Soße von Rebhühnern und der süße Duft von gedünsteten Kastanien im Innern gebratener Fasane! Das alles sind Produkte des Landes, das alles kommt mit dem Herbst. Wer sollte also nicht das Land lieben, und wer wäre nicht gern inmitten dieser Schönheiten?
Nur finden Sie mal einen Gastgeber! Ich erfuhr, daß sich all diese Tiere, die den Herbst erst so erhaben schön machen, in großer Menge auf dem böhmisch-mährischen Hochland befinden.
Aus verschiedenen Ortschaften in diesem Landstrich suchte ich mir eine Kreisstadt aus, ein reiches Städtchen, von dem ich überzeugt war, daß sich dort schon einer finden würde, der mich ernähren könnte.
Und so erschien ich auf dem Marktplatz jenes Städtchens inmitten alter historischer Häuser und begann systematisch vorzugehen. Vor allem hielt ich Ausschau nach Firmen, und am besten gefiel mir die Aufschrift: »Karel Lábler, Großhandelskaufmann.« Dieses Haus

war das größte auf dem Platz, und es machte einen sehr guten Eindruck.
Ich begab mich in einen nahen Gasthof, wo ich ein Gespräch mit dem Gastwirt begann: »Sieh einer an, dieser Lábler, wie er sich jetzt herausgemacht hat, als er noch mit meinem Vater . . .«
»Warum sollte er sich herausgemacht haben, es ist doch eine der ältesten Familien in der Stadt. Mein Herr, man rechnet, daß sie 200000 Kronen Barschaft haben. Sein Bruder in Bousov soll ebensoviel besitzen.«
»Der Josef?«
»Ja, der Josef.« (Ich habe mich selbst sehr gewundert, daß ich gleich richtig geraten habe.) »Der Josef Lábler, wissen Sie, der, der sich die Hauser in Žd'ár zur Frau genommen hat. Die ist in Chlum geboren, dann siedelten sie nach Žd'ár über, dort haben sie ein Geschäft. Ihr Bruder Jan hat sich bei den Manövern in Ungarn erschossen.«
Ich seufzte: »Der arme Jan, wie schön ihm die Uniform zu Gesicht stand, aber er war so wunderlich. Einmal sagte er zum Beispiel zu meiner Mutter: ›Herr Lábler wird sich bestimmt nicht mehr an mich erinnern, vielleicht hat er mich früher noch nicht einmal gesehen.‹«
Ich schrieb mir auf, während der Gastwirt herausging, um es nicht durcheinanderzubringen:
Karel Lábler,
Josef (der Bruder), Bousov.
Hauser in Žd'ár (Ehefrau), früher in Chlum.
Jan (der Bruder, hat sich in Ungarn erschossen).
Als der Gastwirt zurückkehrte, sagte ich:

»Es ist schon eine Tragödie. Sehen Sie, so ist es in unserer ganzen Familie. Mein Neffe aus dem zweiten Glied spießte sich, als er fünf Jahre alt war, auf einem Zaun auf, die Cousine der Tante meiner Mutter, die fiel mir nichts dir nichts in einen Keller.«
Der Gastwirt fragte mich, ob Herr Lábler schon wisse, daß ich angekommen sei. Ich winkte mit der Hand ab: »Ich weiß nicht, ob es ihm recht sein wird. Ich bin doch nur ein entfernter Verwandter und dränge mich nicht gern auf.«
»Aber er wird sich freuen, er ist so ein guter Mensch, ich werde schnell ein Mädchen zu ihm schicken.«
Nach einer Weile erschien ein älterer Herr mit rötlichem Gesicht im Lokal, mit einer Brille auf der Nase. Voller Freude kam er auf meinen Tisch zu.
Er ergriff gutmütig meine Hand und tönte: »Einer aus der Familie der Lábler, nicht wahr? Von Mutters Seite?«
Jeder Mensch ist von Mutters Seite, und darum nickte ich mit dem Kopf und erwähnte beiläufig den Josef aus Bousov, die Hauser aus Žd'ár, vorher aus Chlum, und den Jan aus Ungarn, der bumm bei den Manövern gemacht hätte. Ich kann mich erinnern, daß wir beide über fünf Minuten lang weinten.
Dann kam es zu gegenseitigem Ausfragen. Ich fragte ihn, wie die Geschäfte mit der Kohle gingen. Das widerlegte er mir, da er doch schon seit uralten Zeiten mit Getreide und Heu Geschäfte mache. Ich schmeichelte ihm damit, daß Heu ein sehr wichtiges Futter sei, sprach über eine halbe Stunde lang von verschiedenem

Blödsinn, was ihm gefiel. Dann fragte er mich, was ich hier eigentlich machen wollte. Ich sagte ihm, da mir nichts Schlaueres einfiel, daß ich ein Buch über die alten Keller in dieser Stadt schreiben möchte, weil sich angeblich die alten Schweden hier versteckt hätten. Vor diesen Schweden erschrak er, begann mir das auszureden und sagte, daß wir morgen seine Keller besichtigen könnten. Sie zögen sich angeblich bis zum Platz unter dem Gericht hin. In der Stadt gäbe es viele Keller, und ich würde bestimmt Freude daran haben. Hin und wieder gäbe es darin Wasser, so daß ich schwimmen müßte. Ich sollte mich jedoch nicht fürchten, er würde mir einen Waschzuber leihen.

Ich fragte ihn, welches Hotel er mir empfehlen könne, und ich hätte mir vor Freude fast selbst auf den Mund geschlagen, als er sagte: »Wir haben hier eine ganze Reihe guter Hotels. ›Kubánkek‹, ›Zur Post‹, ›Moravec‹ und . . .« Ich wagte kaum zu atmen. Am liebsten wäre ich in die Erde versunken.

». . . ›Beim Stelz‹, ›Bei Budín‹ – aber das alles ist nichts für Sie, Sie werden schön bei mir wohnen, bis Sie mit den Kellerangelegenheiten fertig sind. Ist es sehr wichtig?«

»Ich möchte dem mein ganzes Leben weihen.« Wir sprachen ungefähr noch eine Stunde von Kellern und Kellergewölben, ich erzählte ihm, daß bisher niemand die Keller beachtet hätte, obwohl sie es nicht verdienten, und dann gingen wir über zu Höhlen und Hungertürmen. Letzteres weckte in uns Appetit, und so gingen wir zum Mittagessen.

Ich begann, ein neues Leben zu führen.
Plötzlich erlangte ich in der ganzen Stadt Sympathien. Bisher war nämlich noch nie ein Mensch in der Stadt erschienen, der ein Buch über die Keller schreiben wollte. Der Kreisschulinspektor wünschte, daß ich ihm vorgestellt werde, und als ich seinem Wunsch nachkam, erklärte er, daß er mir behilflich sein würde und daß er sich schon längst für die Keller der Stadt interessiert hätte.
Herr Lábler, mein Gastgeber, war begeistert. Überall erzählte er, was er alles von mir lernen würde. In einem Gespräch mit dem Kreishauptmann erklärte er, Keller wären niedrig, hoch, tief, kurz, lang, hell, dunkel und naß.
Ich wurde in verschiedene Häuser eingeladen, um dort die Keller zu besichtigen. Ich kam immer um die zehnte Vormittagsstunde und erklärte mit Bestimmtheit, ich würde nach dem Mittagessen mit meinen Kellerforschungen fortfahren.
Es versteht sich von selbst, daß man mich in jedem dieser Häuser zum Mittagessen einlud. Nach dem Mittagessen streckte ich mich dort auf der Couch aus. Und was für Mittagessen waren das! In ihnen schwelgte die Schönheit des Herbstes, wie ich bereits erwähnte. Am Abend kehrte ich dann zu meinem Gastgeber zurück, der bereits langsam durchdrehte. In der Nacht ging er mit einer Kerze im Haus umher, kroch in den Keller, wo er sich in einem mit Wasser gefüllten Gang auf einen Absatz setzte und irgend etwas in die Dunkelheit schrie.

In der ersten Woche fand er das alles wohl noch recht lustig, aber schon in der Woche darauf war er weniger erfreut, besonders, als ich gewisse Anspielungen machte und erwähnte, daß mir dieses Städtchen sehr gefalle und daß gerade das Wohnen auf dem Lande in der Übergangszeit zwischen Herbst und Winter ungewöhnlich gesund sei und daß ich mich trotzdem darauf freuen würde, wenn man in Prag anfinge, Schlittschuh zu laufen, wieder nach Prag zurückzukehren.
Er sagte nicht ein Wort. Er wurde weiß wie eine Wand. Erst nach einer Weile gab er zur Antwort: »Ich verstehe und begreife.« Der gute Mann begann zu begreifen, daß mir seine Küche mundete, daß ich mich bei ihm wie zu Hause fühlte.
Am frühen Morgen vor dem Einkaufen beeilte ich mich und sagte: »Gnädige Frau, heute wäre es gut, dies oder jenes zu braten, das habe ich gern.« Der unglückliche Herr Lábler begann, zum Ende der dritten Woche meines Aufenthaltes gewisse zarte Anspielungen zu machen, die sich alle auf unser verwandtschaftliches Verhältnis bezogen. Endlich entschloß er sich zu direkten Worten: »Lieber Freund«, sagte er mit einem herb-bitteren Lächeln, »was, wenn Sie nicht mein Verwandter wären? Ich habe über verschiedene Einzelheiten nachgedacht, aber ich kann mich nicht erinnern, daß es jemanden Ihres Namens in unserer Familie gibt.«
»Da haben Sie recht«, antwortete ich ruhig, »auch ich hatte gewisse Zweifel daran, als Sie begannen, mir von Ihrer Familie zu erzählen. Mir scheint, wir sind überhaupt nicht miteinander verwandt. Darüber bin ich

teilweise sogar froh, weil ich Ihnen jetzt viel besser meine Dankbarkeit zeigen kann, als wenn ich Ihr Verwandter wäre. Wenn man sich bei Verwandten festsetzt, glaubt man, daß es ihre Pflicht sei, einen zu bewirten, und denkt überhaupt nicht an Dankbarkeit. Ein Fremder wie ich weiß jedoch für die Gastfreundschaft tiefste Dankbarkeit zu empfinden.« Ich sprach noch eine Weile, und ich kann mich erinnern, daß wir uns umarmten und küßten. Ich hörte dabei ein Geräusch, als knirsche jemand mit den Zähnen.

An diesem Tag fuhr er in die nächste Stadt und sprach nicht mehr mit mir. Während seiner Abwesenheit stellte ich Unordnung in der Wohnung fest und brachte zum Ausdruck, daß es am besten wäre, die Möbel umzustellen. Frau Lábler schloß sich in ihr Zimmer ein und weinte.

Eine traurige Umgebung habe ich nicht gern. Ich ging nach draußen und lud mehrere junge Leute, die ich zu Beginn meines Aufenthaltes in der Stadt kennengelernt hatte, bei Lábler auf einen Cognac ein. Wir tranken den ganzen Vorrat aus.

Frau Lábler weinte noch mehr.

Am nächsten Morgen erschien Herr Lábler bei mir mit einem Gewehr. »Können Sie schießen?« fragte er süßlich.

»Nein«, antwortete ich, denn mir schien, als ob in seinen Augen etwas Bösartiges loderte.

»Nun, so schlimm wird es ja nicht sein«, sagte er, »das können Sie sehr leicht erlernen, wir gehen in mein Revier auf Rebhuhnjagd.«

»Also dann mit Gott«, seufzte ich, »hoffentlich wird mir nichts passieren.«
»Wenn Sie mit dem Gewehr vorsichtig umgehen, muß alles gut ausgehen. Sie können sicher nicht schießen?«
»Wirklich nicht!« Er lachte wieder so wunderlich auf, daß ich in seinen Augen lesen konnte: »Dieser Gast wird sich sicherlich durch einen unglücklichen Zufall auf der Jagd erschießen.«
Und so gingen wir auf Jagd.
Zuerst habe ich nichts getroffen. Ständig nötigte er mich, über den Kartoffelacker zu laufen und achtzugeben, daß ich nicht stolperte. Ich tat, als könnte ich überhaupt nicht mit einem Gewehr umgehen, und er rief: »Na, vielleicht werden Sie doch noch etwas schießen, wir haben hier im Revier zwei Völker.« Auf einmal stöberte ich ein Volk auf, bumms, vier Rebhühner fielen zu Boden. Ich befestigte an den Schnäbeln Schnürchen, hängte sie hinten an meine Riemchen und schritt munter weiter. Er konnte nicht mithalten, und so rief er: »Bis dort an den Bach, weiter geht mein Revier nicht mehr. Dieser Berg gehört noch dazu.«
Bis zum Abend verlor ich ihn aus dem Blick. Ich schoß ihm zwanzig Rebhühner ab und brachte die Beute in die Stadt; dort verkaufte ich sie an die Gasthöfe. In einem Restaurant habe ich erklärt, ich verkaufte sie nur aus Not und Hunger.
Gast ins Haus, Gott ins Haus!
Gutgelaunt kehrte ich zu meinem Gastgeber zurück und gab ihm seine Flinte.
»Wo haben Sie die Rebhühner?« »Alle zwanzig sind gut

weggegangen, sie ließen sich gut verkaufen, ich danke Ihnen herzlichst«, sagte ich friedfertig. Er wurde blaß, dann lachte er fürchterlich auf und begann, die Möbel zu zerschlagen. Heute hat sich sein Zustand schon gebessert. Zwar wird er immer noch im Santorium bewacht, aber er tobt nicht mehr. Er schaut apathisch um sich, und bisweilen lächelt er stumpf, wobei er flüstert: »Gast ins Haus, Gott ins Haus.«
Nur hin und wieder brüllt er noch: »Wo ist der Herr mit meinen Rebhühnern?«

Ein Silvester der Abstinenzler

Ich weiß nicht, wie es geschah, daß sich der Vorsitzende des Vereins für Abstinenzler Voráček, sein stellvertretender Vorsitzender Beck und der Schriftführer Mašek verabredeten, gemeinsam Silvester zu feiern, natürlich auf eine Art, die den Interessen des Vereins und seiner Bedeutung entsprechen sollte. Man erzählte sich später, daß sie von den anderen Vereinsmitgliedern aufgefordert wurden, auf die Straßen zu gehen, um das Gedankengut der Abstinenzlerbewegung zu propagieren.
Zwar wird das heute von den Vereinsmitgliedern bestritten, aber im Protokoll, das mit jenen drei Abstinenzlern auf dem Polizeipräsidium aufgenommen wurde, steht auf jeden Fall, sie hätten angegeben, daß

sie einzig und allein, um in der Silvesternacht ihre reinen antialkoholischen Bemühungen zu propagieren, abends auf die Straße gegangen seien.
Darum auch hatte der Vorsitzende Voráček, als sie damals auf die Straße gegangen waren, sehr ernsthaft den nächsten Schutzmann gefragt, ob er ihm liebenswürdigerweise sagen könnte, wo er die meisten und schlimmsten Betrunkenen finden könnte. Es war erst sechs Uhr abends.
Der Schutzmann sah ihn an und sagte: »Daß Sie sich nicht schämen, schon seit dem frühen Morgen einen zu zwitschern.«
»Aber erlauben Sie!« »Ich erlaube gar nichts, noch ein Wort, dann führe ich Sie ab.« »Dann danke ich Ihnen also.«
»Passen Sie ja auf, das will ich Ihnen sagen.«
Betroffen zogen die Abstinenzler weiter, und an der Ecke der Korngasse sahen sie zwei Männer, die schwankend in das Stadtinnere zogen. Dem Schriftführer kam der Gedanke, daß sie wahrscheinlich in eine Alkoholhöhle gehen würden, und er schlug vor, ihnen zu folgen. Sie kamen aber nicht sehr weit; die andern bemerkten ihre Verfolger und flüchteten, dabei schmissen sie ein Paket zur Seite.
Kopfschüttelnd öffnete Herr Beck das Paket und erblickte darin zwei Paar Schuhe. Inzwischen versammelten sich schon zahlreiche Leute um sie, da ergriff ein vierschrötiger Mann Herrn Beck mit einer Hand am Ärmel, fuchtelte ihm mit der anderen vor dem Gesicht herum und schrie, das hätte er gern, so ein reicher Stin-

ker, gleich zwei Paar Schuhe, und er selbst, ein armer Mensch in diesem Winter . . .

Herr Mašek hörte dann eine Stimme: »Langt ihm doch eine«, das war das Zeichen zum Angriff auf die drei Apostel, die daraufhin an die Häuserwände zurückwichen und schließlich in einen Laden liefen, dessen Besitzer bereitwillig die Tür abschloß, als sie drin waren. Sie blickten sich um, und zu ihrem Schrecken sahen sie, wie ihnen von kleinen Fäßchen Aufschriften entgegenleuchteten: Rum, Korn mit Rum, Sliwowitz I, Sliwowitz II – sie waren damit von allen Seiten umzingelt.

»Etwas ohne Alkohol«, stieß Herr Mašek als Schriftführer hervor.

»Für fünf oder für zehn?« fragte der Inhaber des Schnapsladens mit einem Lächeln. »Für zehn.« Er goß allen ein – sie kippten es in sich hinein, und Herr Voráček äußerte als erster gewisse Zweifel, ob nicht doch Alkohol darin gewesen wäre. »Aber was fällt Ihnen ein? Was für Alkohol – das war eine echte alte polnische Kontuszowka.« »Aber erlauben Sie, das ist ja eine Gemeinheit.«

»Wieso Gemeinheit? Sie Schnapsdrossel, Sie treiben sich ja sowieso den ganzen Tag nur in den Spelunken herum, so daß Sie schon einen Menschenauflauf verursacht haben, und jetzt wollen Sie wieder Krach anfangen. Dieses Silvester fangen Sie ja schön an, jetzt aber hinaus!«

Entschlossen schob er sie aus dem Schnapsladen auf die Straße, wo inzwischen die Menschenansammlung auseinandergegangen war.

Der Vorsitzende des Vereins für Abstinenzler stand, nachdem er hinausgeschmissen worden war, noch nicht wieder ganz fest auf den Beinen, als ein Herr mit einer Dame vorbeikam.
Er hörte, wie der Herr sagte: »Siehst du, Anna, dieser Betrunkene ist ein gewisser Herr Voráček aus der ersten Abteilung unserer Bank. Er war früher ein so anständiger Mensch, und jetzt führt er sich so furchtbar auf.«
»Ich bitte Sie, mein Herr«, trat verängstigt Herr Voráček an ihn heran. »Verzeihen Sie, Herr Direktor, das ist ein Irrtum; unsere Bemühungen mit diesen Freunden hier sind durchaus ehrbar: Wir wollen überall die Bewegung der Abstinenzler propagieren, besonders heute, da die Menschheit das Silvesterfeiern so schändlich begießt.«
Der Schutzmann, der die Volksmenge vor dem Alkoholausschank auseinandergetrieben hatte, trat an Herrn Voráček heran und sagte streng: »Ich beobachte Sie und Ihre zwei Freunde schon recht lange; zum letztenmal fordere ich Sie auf, niemanden zu belästigen, oder Sie werden Ihren Rausch auf einer Holzbank im Revier ausschlafen.«
Sie tippelten wie vom Regen naßgewordene Hühner wortlos davon, und Herr Voráček erklärte seinen Freunden, wie furchtbar dieser Irrtum für ihn wäre. Er hatte nämlich gehört, wie der Herr Direktor ganz klar zum Schutzmann sagte: »Aber einen Schwips hat er!«
Sie gingen die Straße entlang, und die Kontuszowka stieg ihnen ein wenig zu Kopf. Sie erzählten sich gerade Geschichten von Justizirrtümern und Justizmorden,

als sie um die Ecke aus einem Gasthaus Harmonikaklänge hörten.
»Hier ist eine solche Stätte des Lasters, das wir bekämpfen«, sagte der Schriftführer, »wir werden ihnen vorsichtig erklären, wie die Dinge stehen, daß sie Gefahr laufen, langsam zu Tieren zu werden.«
Sie traten ein, ließen sich eine Flasche Selterwasser bringen und betrachteten ihre Umgebung. Zwei oder drei Frauen, über die sie sich sofort ein schlechtes Urteil bildeten, saßen bei zwei Kerlen auf dem Schoß, die genauso aussahen, wie es im Text des Liedes stand, das die ganze Gaststube gerade gemeinsam sang:

»Wir sind die Freier, die aufgeputzten Freier.«

Als die in der Gaststube Versammelten zu Ende gesungen hatten, stand Herr Mašek plötzlich auf und sagte mit fester Stimme, in der noch etwas von jener Kontuszowka mitschwang: »Sie werden liebenswürdigerweise erlauben, aber eigentlich seid Ihr Tiere.«
Damit hatte er gar nicht so unrecht, denn wenn die drei Abstinenzler in einer römischen Arena wilden Tieren vorgeworfen worden wären, hätten sie nicht in so kurzer Zeit, wie sie sich hier als Apostel des Abstinenzlertums aufgehalten hatten, so ausgesehen.
Ohne Hüte, abgekämpft, mit angeschwollenen Wangen liefen sie nach diesem ruhmreichen Hinausschmiß die Straße hinunter und nahmen in einem anderen Gasthaus Zuflucht, um ihre Toilette ein wenig in Ordnung zu bringen. Sie fanden dort eine ähnliche Gesellschaft vor, aber in ihrer Not, damit es nicht wieder so endete und damit man es ihnen nicht anmerkte, von

welch edlen Bemühungen sie geleitet wurden, antworteten sie auf die Frage, was sie wünschten: »Bier.«
Der Ober, ein recht muskulöser Kerl, beratschlagte einige Augenblicke mit dem Gastwirt, der dann zu ihnen an den Tisch herantrat und sagte, daß er ihnen nichts mehr eingießen würde, da sie sowieso schon ganz schön einen sitzen hätten.
»Das ist ein Irrtum«, wiederholte Herr Mašek seine edlen Grundsätze, »im Gegenteil, meine Freunde und ich, wir bemühen uns, überall die Abstinenzlerbewegung zu propagieren, besonders heute, da die Menschheit . . .«
Er konnte nicht zu Ende sprechen, der Gastwirt faßte ihn beim Kragen und schleppte ihn zur Tür: »Schauen Sie, daß Sie hinauskommen! Mein Geschäft lasse ich mir nicht verderben!«
Als Herr Mašek draußen war, kehrte der Gastwirt zurück, um Herrn Beck zu holen.
Der ging also als zweiter, dann holte er gemeinsam mit dem Ober den Vorsitzenden des Vereins der Abstinenzler, Herrn Voráček, der inzwischen in die Küche geflüchtet war, wo er ihnen seine gefalteten Hände entgegenstreckte und schrie:
»Das ist, ich bitte Sie, ein Justizirrtum.«
Sie hätten nun auf keinen Fall, als sie dann draußen waren, in diesem Zustand zum Polizeipräsidium gehen und dort auf einen Inspektor einreden dürfen, wobei sie alle drei durcheinandersprachen; mit geschwollenen Wangen, ohne Hemdkragen, mit zerrissenen Westen und Mänteln: »Unsere Bemühung ist, überall die Ab-

stinenzlerbewegung zu propagieren, als Apostel einer neuen Kultur.«

Und da sagte der Polizeiinspektor jenen großen folgenschweren Satz zum Schutzmann, der dort seinen Dienst versah: «Stecken Sie sie alle hinter Gitter, sie sollen ausschlafen . . .«

Die Tür der Zelle öffnete sich und schloß sich wieder. So wurde eine große apostolische Tragödie beendet, und es sah sehr ergreifend aus, als Herr Voráček in der lustigen und aufregenden Silvesternacht gegen Morgen auf der Pritsche erwachte und mit den Wanzen, die er zerdrückt hatte, an die Wand schrieb: »Der Prophet gilt nichts in seinem Vaterland.«

Er hatte recht. Obendrein erhielten alle drei nach einer Woche vom Verein für Abstinenzler Briefe, in denen man ihnen kurz mitteilte, daß sie für die Überschreitung der Statuten des Vereins für immer aus dem Verein ausgeschlossen würden.

Phrenologie

Ich ging um die Hand von Fräulein Julia Mech anhalten. Meine Zimmervermieterin belehrte mich: Wenn ich zu Herrn Mech käme, sollte ich ihm die Hand küssen, angeblich hatte sie es so in einem Roman gelesen, und es würde einen phantastischen Eindruck machen. Ich bemerkte, ich wäre auch ein belesener Mensch, und

die Vermieterin steckte mir in meine Rocktaschen drei Tücher, eins für die Nase und die beiden anderen für die Tränen.
»Heulen Sie wie ein Kind«, bemerkte sie, »das macht großen Eindruck, und der Vater Ihrer Angehenden wird denken, Sie wären ein gefühlvoller Mann und würden Ihre Frau niemals quälen.«
So also habe ich mich für diesen wichtigen Augenblick vorbereitet. Ich legte schwarze Kleidung an, putzte meine Schuhe, nahm eine weiße Krawatte und auf den Kopf einen Zylinder, in die Tasche steckte ich ein Buch über gutes Benehmen in der Gesellschaft, außerdem ein Notizbuch mit Anmerkungen, die ich mir selbst zusammengestellt hatte und die ausschließlich auf die heutige Expedition Bezug hatten.
Es waren Notizen für eine Rede, für das, was ich sagen wollte, zum Beispiel: »Verehrter Herr! Der heutige Tag bedeutet für mein Leben alles . . .«
Oder: «Wohlgeborener Herr! Das Heute entscheidet über mein Leben . . .«
Oder noch anders: «Euer Hochwohlgeboren! Wenn ich vor Sie träte und sagte: ›Ich liebe Ihre Tochter‹, wie würden Sie mit mir verfahren, hochwohlgeborener Herr? Sie, der einst geliebt hat, Sie, der weiß, was Liebe bedeutet. – Ich liebe Fräulein Julia . . .«
In meinen Notizen gab es achtundfünfzig verschiedene Anleitungen dafür, wie ein anständiger Mensch um die Hand seiner Geliebten anzuhalten hat. Ich hatte mir notiert, wie man um die Hand anhält, wenn die Vergötterte nur die Mutter, wenn sie beide Elternteile oder nur

den Vater hat, wenn es eine Ziehtochter ist, wenn sie einen Vormund hat, wenn sie unehelich ist oder adoptiert, kurz und gut: achtundfünfzig Anleitungen.

Meine Ausrüstung wurde noch durch das Buch über gutes Benehmen in der Gesellschaft vervollständigt, in dem es all das gab, was in meinen Anmerkungen fehlte. Wie man sich verneigt, eine Anleitung über das Überreichen von Visitenkarten, wie man mit Anstand gähnt, auch Anleitungen wie diese: »Die Nase wird vor der Tür abgewischt.«

»Wenn der Gast verspürt, daß er einen Schluckauf bekommt, entfernt er sich mit einer Entschuldigung von der Gesellschaft.«

Weitere Anmerkungen zur Konversation: »Es ist absolut nicht zulässig, sich an eine junge Dame mit der Frage zu wenden: ›Vermute ich richtig, daß das Fräulein eine junge Frau ist?‹«

Ich war also gründlich und mit allem Wissen für diesen wichtigen Augenblick gerüstet.

Ich schritt langsam zur Wohnung des Herrn Mech und sah dabei noch einmal alle meine Anmerkungen durch.

»Mensch, haben Sie Manieren«, schrie ein Bürger, den ich, ins Lesen vertieft, anstieß.

»So jung«, bemerkte eine Frau, als ich gegen einen Baum rannte, »und bereits am hellen Vormittag betrinkt er sich.«

Das hat mich schon aufgeregt. »Ich gehe um die Hand eines Fräuleins anhalten, verstehen Sie«, sagte ich laut und klopfte dabei sorgfältig den Staub von meiner Kleidung ab.

»Dann gehen Sie, Sie Verrückter«, sagte ein Droschkenkutscher wohlwollend zu mir, »und belästigen Sie nicht die Leute, oder ich ziehe Ihnen eins über.«
»Sie sollten sich das hier kaufen«, schrie ich wütend, dabei auf das Buch über das gute Benehmen zeigend, »das hier sollten Sie kaufen.«
Ich schritt weiter und vertiefte mich wieder in meine Notizen. Hinter mir hörte ich jemand sagen: »Wenn man den heute nicht in eine Verrücktenanstalt schafft, dann morgen.«
Dummköpfe! Halblaut hielt ich noch einmal meine Rede: »Hochwohlgeborener Herr! Der heutige Tag entscheidet über mein Leben. Heute wird alles in mir jubilieren . . .«
»Der hat nicht mehr alle Tassen im Schrank«, bemerkte ein an mir vorbeigehender Mann zu seiner Frau.
»Beschimpft mich nur, wie ihr wollt«, dachte ich und hielt weiter halblaut meine Ansprache: »Hochwohlgeborener Herr! Der heutige Tag entscheidet über mein Leben. Heute wird alles in mir jubilieren, oder durch unsägliches Leid werden Tränen rinnen, blutige Tränen.«
Ich langte vor dem Haus an, und mein Herz klopfte stark, ich bemerkte ebenfalls, daß sich mein Magen zusammenkrampfte. Ich war einmal bei Sturm auf dem Meer gefahren, und da hatte ich das gleiche Gefühl, nämlich diesen Magenkrampf. Aber ich beherrschte mich und betrat das Haus.
»Ich kenne Herrn Mech noch nicht«, dachte ich, »Julias Erzählungen nach ist er ein guter Mensch, also was

kann mir dann Schlimmes passieren, als von ihm hinausgeworfen zu werden.«
Im ersten Stock befand sich an der Tür eine Tafel: Jan Mech, Privatier und Phrenolog.
Phrenolog, las ich verwundert. In meiner Bildung erschien plötzlich eine Lücke.
»Phrenolog? Was ist das für ein Beruf? Was hilft es, ich muß weiter.« Ich bereitete meine Visitenkarte vor und klingelte.
Als das Dienstmädchen öffnete, fragte ich: »Ist Herr Mech zu Hause?«
»Der gnädige Herr ist zu Hause«, antwortete sie.
»Nun, so melden Sie mich«, sagte ich, wobei ich ihr die Visitenkarte reichte.
Kaum hatte ich im Flur meinen Zylinder an den Haken gehängt, öffnete sich die Tür des Zimmers gegenüber, und ein älterer Herr, glatzköpfig, mit einem gutmütigen Gesichtsausdruck, erschien.
Er kam auf mich zu und reichte mir freundschaftlich die Hand, als hätte er mich schon immer gekannt.
So eine Begrüßung hatte ich nicht erwartet. »Erlauben Sie«, sagte ich verlegen.
»Kommen Sie nur herein.« Herr Mech zog mich in das Zimmer. »Setzen Sie sich ruhig hier hin!«
»Wahrscheinlich hat ihn Julia auf mein Kommen vorbereitet«, dachte ich, wobei ich mich im Zimmer umsah, dabei gleichzeitig meine Rede vorbereitete.
Überall, wo ich nur hinsah, sah ich an den Wänden verschiedene Köpfe mit Nummern in den Haaren: 15, 29, 23, 17, 13, 5.

Auf dem Tischchen gegenüber lagen Totenschädel, auf denen mit roten Strichen mehrere Felder eingeteilt waren.
Herr Melch beobachtete mich sehr aufmerksam, und plötzlich strich er mir über den Kopf, wobei er lobend brummte: »Sehr gut, sehr gut.«
Dieses freundschaftliche Kopfstreicheln munterte mich auf: »Sie sind . . .« sagte ich.
»Phrenolog, wie Ihnen bekannt ist, teurer Freund«, sagte Herr Mech, wobei er sich mir gegenübersetzte, ohne den Blick von meinem Kopf zu lassen. »Phrenologie, das ist eine bedeutende Wissenschaft. Es gibt hervorragende Forscher auf diesem Gebiet, wie den dänischen Prof. Dr. C. Ott, den Engländer Dr. Rich. Evanson, Jean Neal, Erzbischof Whately, den Prediger Henry Ward Beecher, Dr. John Bell, Dr. Karel Schmidt, Dr. C. Wiener, den Wiener Prof. Dr. Benedict, Dr. J. Möbius, den Präsidenten der Medizinischen Gesellschaft Dr. John Elliotson oder den Franzosen Dr. Vimont, all die, teurer Freund, sind Verfechter der Phrenologie. Phrenologie bedeutet eigentlich Schädelforschung und ist ein zu gewöhnliches Wort. Man sollte eher Kraniologie sagen, denn Schädel heißt auf griechisch *kranion*, ich sollte also eigentlich Kraniolog heißen und nicht Phrenolog, ich benutze aber den gebräuchlichen Ausdruck Phrenolog, was Schädelforscher bedeutet.«
Herr Mech streichelte mir ein zweites Mal über den Kopf und setzte fort: »Jeder Gedanke wird an einer bestimmten Stelle gefaßt, und darum entspricht eine be-

stimmte Form des Kopfes bestimmten Anlagen der Seele und umgekehrt. Und darauf beruht diese ganze Forschung. Ein ausgezeichneter Phrenolog schrieb einmal: ›Und ein Mensch muß nicht gerade Botaniker sein, wenn er die Blätter der Kartoffel von den Blättern der Nuß unterscheiden möchte.‹ Und ich sage darauf: ›Ein Mensch braucht kein Raucher zu sein, um Tabak von Korn unterscheiden zu können.‹
Schauen wir jemandem auf die Hand, dann wissen wir, wie sein Körper aussieht. Eine dicke Hand gehört zu einer dicken Person und eine schlanke zu einer schlanken. Über den Körper kommen wir zu einem neuen Punkt, zur Kraft. Das Maß der Kraft läßt sich vor allem aus der Körpergröße ersehen. Und so ist es auch bei der Seele . . .« Er schwieg.
Herr Mech sah sich wohlgefällig mein Gesicht an und sagte: »Sie sagen mir sehr zu . . .«
Durch sein zuvorkommendes Verhalten ermutigt, erhob ich mich und sprach: »Hochwohlgeborener Herr! Der heutige Tag entscheidet über mein Leben. Heute wird alles in mir jubilieren, oder Tränen werden rinnen, blutige Tränen . . .«
»Nehmen Sie nur ruhig Platz, treuer Freund«, sagte Herr Mech, »so gefällt es mir, einfach herzukommen und munter drauf loszureden.«
»Ich bin Ihnen zu Dank verpflichtet«, stotterte ich voll innerer Erregung.
»Wozu danken«, lächelte Herr Mech, wobei er mich wieder auf den Stuhl drückte.
Er zog ein Lineal aus der Tasche und legte es auf meine

Stirn. »Die Breite der Stirn 19 cm», sagte er voller Ernst, »die Höhe 7 1/2. Bitte, sehen Sie mir in die Augen.«
Herr Mech trat einige Schritte zurück und erklärte: »Ihr Gesicht hat eine birnenförmige Gestalt. Sie gehören zum denkenden Temperament. Ihr Auge glänzt und ist ausdrucksvoll. Ihre ganze Gestalt ist beseelt. Sie arbeiten lieber mit dem Kopf, lieber mit der Seele als mit den Händen oder den Füßen.«
»Ich bin kein Fußballspieler«, erklärte ich, verwundert über das, was Herr Mech dort trieb.
»Sie sind feinfühlig«, sagte er ernsthaft, sich wieder mir nähernd, »erlauben Sie, ich werde Ihren Kopf drehen.«
»Ihre Schläfen«, meinte er, »sind gewölbt, und zwar der obere Teil, Sie sind ein geschickter Mensch. Sie haben oben, wo gewöhnlich Haare zu sein pflegen, eine hervortretende Stirn, darum haben Sie die Fähigkeit, zu beobachten und zu beurteilen. Bitte, drehen Sie sich um.«
Er drehte mich mit dem Stuhl um, und da erst bemerkte ich, daß er mich in einen Drehstuhl gesetzt hatte.
»Sie sind energisch«, sagte er, wobei er mit der Hand über meine Stirn fuhr, »Sie haben eine Vorliebe, Tiere aus Holz zu schnitzen . . .«
»Erlauben Sie«, stieß ich hervor. – »Sie hätten Medizin studieren sollen«, sprach Herr Mech weiter, wobei er meinen Kopf zur Seite drehte.
Er ergriff meine Nase. »Sie haben eine große Nase«, jubilierte er lauthals, »Sie sind energisch.«
»Herrschsüchtig sind Sie nicht«, erklärte er, wobei er

meinen Hinterkopf befühlte, »ein hoher Hinterkopf verrät den herrschsüchtigen Charakter, reichen Sie mir Ihre Hand!«
»Ihre Hand haben sie mir innig gereicht«, sagte er, »Sie sind ein geselliges Wesen. Erlauben Sie, ich werde den Stuhl etwas nach hinten kippen.«
»Bitte, bitte«, stotterte ich, »ganz nach Ihrem Belieben . . .«
»Sie tragen gern hohe Schuhe«, sagte er, wobei er über meine Schläfen klopfte, »worin Sie das Ideal der Kraft erblicken. Ihre Kleidung, wie ich sehe, ist erlesen.«
»Bei dieser Gelegenheit«, stieß ich hervor. – »Sie sind ein intelligenter Mensch«, meinte er, wobei er den Stuhl drehte, »der hintere Teil des Kopfes ist in Ordnung, denkerische Anlage, gutes Erinnerungsvermögen.«
Herr Mech trat ein wenig zurück und sagte: »Ich bin fertig. Eine kleine phrenologische Untersuchung kostet zwei Kronen, eine große drei Kronen. Ich bekomme drei Kronen. Wenn Sie es schriftlich brauchen, so ist es um eine Krone teurer . . .«
Es war, als ob der Blitz in mich eingeschlagen hätte. Die Schädel, die Köpfe an den Wänden, Herr Mech, das Zimmer, all das tanzte mir vor den Augen. Mechanisch entnahm ich meinem Portemonnai drei Kronen und legte sie auf den Tisch.
Mit freundschaftlichem Händedruck verabschiedete sich Herr Mech von mir, wobei er mich bis in den Flur brachte.
Er begleitete mich auch bis vor die Tür und sagte: »Ich vergaß, Ihnen noch etwas zu sagen: Sie haben ein wenig

zu große Ohren. Heiraten Sie nicht, teurer Freund, denn lange Ohren bedeuten Eifersicht, Sie würden Ihre Frau töten . . .«

Als ich wieder zu Hause war, bekam meine Zimmervermieterin von mir keine andere Antwort als diese: »Um Himmels willen, das war ein Schwiegervater, um Himmels willen, was für ein Irrer.«

Das Versprechen

»Also, Herr Štecl hat sich bisher nicht geäußert?«

»Bisher noch nicht, Vater.«

Der Stationsvorsteher Št'astný seufzte, trat ans Fenster und trommelte mit den Fingern dagegen. Nach einer Weile hörte er auf zu trommeln und setzte sich auf die Couch. Im Zimmer herrschte Stille.

Frau Št'astný saß am Tisch und häkelte, Fräulein Boženka hatte ein Buch vor sich und las, und Herrn Št'astnýs Stirn war umwölkt.

»Scheint er dir nicht ein wenig wunderlich, Boženka?« unterbrach der Stationsvorsteher die Stille.

»Nein, er spricht ganz klug.«

Da sagte Frau Št'astný: »Schon drei Jahre lang laden wir ihn an allen größeren Feiertagen zum Mittagessen ein.«

»Und er nimmt diese Einladungen an«, bemerkte Herr Št'astný, »und gibt sich dabei ganz ungezwungen.«

»Er hat sich auch das Gähnen angewöhnt«, setzte die

Frau Stationsvorsteher hinzu, »und er ißt wie ein Scheunendrescher. Da denke ich, dieses oder jenes wird uns noch zum Abendessen übrigbleiben, aber woher. Er nimmt von allem zweimal. Und seine Reden erst.«
»Das letzte Mal sprach er von Affen«, sagte der Stationsvorsteher.
»›Ein Affe‹, sagte er, ›kratzt anderen am Körper, was lächerlich ist.‹ Ein andermal hat er wieder erklärt, wer Bierhefe trinkt, der bekommt keine Mitesser.«
»Und einmal hat er mir erzählt«, sagte die Frau Stationsvorsteher: »›Gnädige Frau, ich habe einmal einen Krug gesehen, der einen Trauermarsch spielte. Ein Mechanismus, den man nur aufzuziehen brauchte, und schon legte er los.‹«
»Und was hat er dir gestern abend erzählt, Boženka, als wir euch allein gelassen haben?«
Das Mädchen seufzte: »Er sagte: ›Sehen Sie, Fräulein, das Leben ist eine schöne Angelegenheit. Niemand hat das Recht, es sich zu nehmen, und doch enden so viele Menschen mit Selbstmord. So wie einer meiner Bekannten.‹
›Doch nicht wegen einer unglücklichen Liebe?‹ fragte ich ihn da. Herr Štecl winkte mit der Hand ab: ›Wegen Schulden, Fräulein, an Dummheiten wie Liebe hatte er nie gedacht.‹
›Liebe soll Dummheit sein?‹ fragte ich ihn, und da winkte Herr Štecl wieder mit der Hand ab: ›Wie man es nimmt. Man verliebt sich und vernachlässigt seine übrigen Pflichten. So wie ein Bekannter von mir im Amt. Er verliebte sich, und sie mußten ihn entlassen, weil er nur

noch lauter Unsinn schrieb und sich einmal an der Kasse um einen ganzen Tausender verrechnet hat. Wieder ein anderer verliebte sich und wurde dumm davon . . .‹

›Na, erlauben Sie‹, habe ich ihn da unterbrochen, ›haben Sie sich niemals verliebt?‹

›Wo denken Sie hin?‹, antwortete er verwundert, ›warum sollte ich mich auch verlieben? Ich bin ganz und gar mit meinem Junggesellendasein zufrieden. Ich lebe ungewöhnlich ruhig und bequem.‹

›Haben Sie nicht vor, sich zu verlieben?‹

›In absehbarer Zeit nicht, Fräulein.‹«

»Dafür hätten wir euch nicht allein zu lassen brauchen«, bemerkte der Herr Stationsvorsteher.

»Was denkt er sich eigentlich?« fragte die Frau Stationsvorsteher schlechtgelaunt. »Das Städtchen ist zu klein, als daß wir nicht ins Gerede kommen könnten, und ich wundere mich, wie wir uns soweit mit Herrn Štecl anfreunden konnten, ihn sogar zum Mittagessen einzuladen?«

»Ihr habt ein kurzes Gedächtnis, meine Lieben«, sagte der Stationsvorsteher schlechtgelaunt, »ihr wißt ganz gut, als man hier vor vier Jahren die Zuckerfabrik baute und der junge und ledige Herr Štecl zum Buchhalter der Zuckerfabrik ernannt wurde, da hat diese Nachricht ganz schön Aufsehen erregt.«

»Und der Herr Štecl ging in dasselbe Gasthaus wie du«, setzte die Frau Stationsvorsteher vorwurfsvoll hinzu, »und du hattest nichts Eiligeres zu tun, als ihn uns am Ostersonntag zum Mittagessen zu bringen.«

»Du hast aber auch mitgeholfen«, sagte Herr Šťastný betrübt, » das Mädchen ist reif zum Heiraten, eine gute Partie, wir müssen ihn halten, und was sonst noch alles. Und Herr Štecl ißt sich satt, trinkt, geht zufrieden nach Hause. Lauf nur mit deinem Bäuchlein nach Hause, dich ausruhen! Es bleibt mir also nichts weiter übrig, als daß ich es selber irgendwie zu Ende bringe, er muß sich auf jeden Fall erklären. Das fehlte noch, daß er es nicht tut!«

»Daß er es nicht tut«, wiederholte die Frau Stationsvorsteher, »warum sagst du nicht lieber: ›daß er es tut!‹«

»Laßt mich in Ruhe«, regte sich Herr Šťastný auf, »wenn er zu uns kommt, knöpfe ich ihn mir vor. Ich werde mit ihm einen Spaziergang machen, reden kann ich ganz gut . . .«

Die Frau Stationsvorsteher lachte bei dem »gut reden« geringschätzig auf.

Am Sonntag ging Herr Štecl mit dem Herrn Stationsvorsteher vor dem Mittagessen spazieren.

Herr Šťastný wartete auf eine Gelegenheit, um sein Opfer auf die Vorzüge der Ehe aufmerksam machen zu können, als in diesem Augenblick Brautleute und deren Gäste in einer Kutsche vorbeifuhren.

Der Stationsvorsteher zupfte den Beamten der Zuckerfabrik am Ärmel.

»Sieh einmal an, man dachte schon, daß der Hradecký die Emma nicht mehr nehmen würde«, sagte er, dabei auf den Bräutigam in der Kutsche zeigend, »er ging dort immer zum Mittagessen, die ganze Stadt wußte das. Man erzählte von dem Hradecký, daß er nur wegen des

guten Mittagessens hinging, aber zum Schluß haben sich die Leute doch geirrt. Wer einen guten Charakter hat, weiß, was er zu tun hat. So eine Angelegenheit muß man ehrlich beenden. – Übrigens, ist es denn nicht gut, verheiratet zu sein? Sehen Sie mich an, wie zufrieden ich lebe. Ich bekomme ein gutes Essen, meine Wäsche ist in Ordnung, habe ich Husten, so ist schon ein Tee vorbereitet. Bekomme ich Schüttelfrost, da wärmt die Frau schon Ziegelsteine für das Bett. Pflege und Liebe, das alles erlangt der Mensch mit der Hochzeit. Ich kann Ihnen nicht anders als nur ehrlich raten: Heiraten Sie, Herr Štecl, Sie werden sehen, Sie werden nicht enttäuscht sein. Haben Sie nur Vertrauen in die Ehe. So ist es doch gar nichts, wie ein Pfahl im Zaun zu sein . . . Der Mensch ist manchmal traurig . . . Ein lediger Mensch, wie soll ich es sagen, der irrt umher . . . Das übrige werde ich Ihnen in der Weinstube erzählen. Sie sind mein Gast . . .«
In der Weinstube goß der Herr Stationsvorsteher in den Angestellten der Zuckerfabrik rasch hintereinander zwei Gläser Wein hinein und setzte seine Lobrede über die Ehe fort: »So ein Geschöpf, wie es ein junges Mädchen ist, das macht einem Menschen nur Freude. Es ist, wie soll man es sagen, ein entzückendes Luderchen. Wie so ein Mädchen verliebte Augen machen kann . . . Mein Freund, heiraten Sie, versprechen Sie mir, daß Sie heiraten werden. – Hallo, mein Freund, reichen Sie mir die rechte Hand, und versprechen Sie mir, daß Sie heiraten, so wie Sie jetzt sind, kann ich Sie nicht mehr ansehen.«

»Ich verspreche Ihnen also, Herr Šťastný, daß ich heiraten werde, hier ist meine Hand!«
»Daß Sie bald heiraten werden?«
»Jawohl, Herr Šťastný, so schnell wie möglich.«
Die Herren reichten sich die Hände, und Herr Štecl wunderte sich, warum ihm der Stationsvorsteher so stark die Hand drücke.
So führte ihn Herr Šťastný zum Mittagessen, dabei zufrieden schnaubend.
Nach diesem Mittagessen nahm sich Herr Štecl in der Zuckerfabrik Urlaub, er fuhr fort, und nach drei Wochen erhielt Herr Šťastný folgenden Brief:

Sehr verehrter Herr!

Sie werden sich gewiß erinnern, daß ich Ihnen versprach, so bald wie möglich zu heiraten. Ich beginne, mein Versprechen zu erfüllen. Gestern habe ich die Verlobung mit Fräulein Camilla gefeiert, der Tochter des hiesigen Bürgermeisters Herrn Kolívka, die mit meiner Schwester in Prag die höhere Mädchenschule besuchte. Ich hoffe . . .

Weiter konnte der Herr Vorsteher den Brief nicht mehr lesen, er fiel ihm aus der Hand, und man erzählt sich heute, daß er wütend im Zimmer umherlief und daß ihn lange niemand dabei anhalten konnte . . .

Niemand konnte mit zwölf Jahren etwas so ehrlich sagen wie sie: »Er liebt mich!«

Er, ein dreizehnjähriger Bengel, sagte wiederum voller Stolz, wobei er vor einem Spiegel stand: »Sie liebt mich!«

Dann steckte er sich die Zündblättchenpistole in die Tasche und ging zum Rendezvous, wobei er zu seinem unfreundlichen Onkel sagte, er würde zu einem Freund Geometrie lernen gehen.

In der Vyšehrader Straße wartete sie bereits mit einer neuen Frisur unter der Mütze, und in der Toreinfahrt des gegenüberliegenden Hauses standen zwei ihrer Freundinnen aus der Bürgerschule, die sie hierher begleitet hatten, um dieses Wunder, ihren Geliebten, zu bestaunen. Sie werden wütend sein, freute sie sich, weil Marka noch mit keinem ging, und die zweite, die Lona, ging mit einem aus der Bürgerschule, der noch nicht rauchen konnte und lispelte.

Aber der ihrige, der rauchte schon wie ein Schlot, sogar vor ihren Augen, als sie sich das zweitemal trafen. Er ging in die dritte Klasse des Gymnasiums, er war also ein Gelehrter, und er hatte auf der Backe ein Muttermal. Ein Muttermal haben viele, aber er hatte drei Härchen darauf, und das sah sie als Beginn eines Bärtchens. Er kam ihr ernster vor als der Hausmeister, der auch ein Mal hatte, aber dazu einen Vollbart.

Sein Benehmen war sehr männlich. Einmal sagte er zu

ihr: »Sehen Sie, wie weit ich spucken kann!« Und er spuckte vom Fußweg bis auf die Gleise der Straßenbahn, dicht an der Nase eines Herrn vorbei, ein kurzsichtiger Herr, der daraufhin seinen Regenschirm öffnete, weil er dachte, es würde regnen.

»Einmal«, sagte er dann, wobei er sich stolz aufrichtete, »hab' ich vom Vyšehrad* bis in die Moldau gespuckt, daß es nur so pfiff, und dabei war es windstill.«

Er konnte auch fluchen. Und wie! Kurz und gut, in ihren Augen war er ein junger Herr. Heute war sie entschlossen, aus ihm einen eifersüchtigen jungen Herrn zu machen.

Als er schon ganz nahe war, spannte er in der Tasche die Zündblättchenpistole und überlegte dabei, wie er mit ihr zum Vyšehrad auf die Festungsmauern gehen und dort schießen würde. Er zweifelte nicht daran, daß sie ihn dann noch lieber haben und mit einer noch größeren Ehrfurcht zu ihm aufblicken würde.

Jetzt war er bei ihr.

»So, ich bin also hier«, sagte er, »beinahe wäre ich nicht gekommen. Unsere Katze hat Junge bekommen, und ich sollte sie ertränken.«

»Oh, oh!«

»Wissen Sie, wozu eigentlich ertränken, ich werde sie den Hunden vorwerfen. Hunde sind scharf auf junge Katzen.«

Sie wagte nicht einmal, ihn anzublicken, denn er war so mutig und so herrlich unbarmherzig. Endlich faßte sie

---

* Felsen über der Moldau, auf dem einst eine Burg stand

Mut und fragte unsicher: »Miauen die Kätzchen, wenn die Hunde sie fressen?«
Er winkte mit der Hand ab. »Miauen oder nicht miauen, Fräulein. Der Teufel soll sie holen. Wie sie sich betten, so müssen sie schlafen. Sprechen wir nicht mehr darüber.«
»Es sind reinliche Tiere«, wandte sie ein.
»Das fehlte gerade noch, daß die Katzen nicht wissen, wie und was.« Beinahe hätte er etwas Ungehöriges gesagt, er stockte aber und sagte leichthin: »In unserem Haus hat es heute morgen gebrannt.«
Jeden Tag erzählte er ihr irgendeine aufregende, tragische Neuigkeit, die er sich die ganze Nacht über angestrengt ausgedacht hatte. Einmal hatte sich die Hausmeisterin erhängt, dann fiel ein Kleinkind aus dem ersten Stock in eine Leberwurstsuppe, ein anderes Mal schnitt sich Herr Malek die Adern an der Hand durch, und am Tag darauf verstarb der gleiche Herr Malek auf fürchterliche Art: Er befestigte am Wasserhahn in der Küche ein Gummirohr, das zweite Ende steckte er sich in den Mund. Dann öffnete er den Hahn. »Begreifen Sie, was dann geschah, wie fürchterlich sein Tod war? Der Selbstmörder ertrank in der Küche, auf einem Stuhl sitzend, ohne daß es jemand bemerkte.«
Heute gab es also weiter nichts, als daß es im Haus gebrannt hatte.
»Das Feuer brach mit großer Heftigkeit aus«, sagte er im Ton eines Lokalberichterstatters, »im Keller befand sich ein Kaufmann.«
Er lachte und begann zu trällern: »Pa, pa, pappa.«

»Ich kann mir ein Auto basteln, Fräulein.«
»Können Sie das?«
»Ich kann auch schielen und mit den Augen rollen.«
Er begann, fürchterliche Fratzen zu schneiden. Zum Glück traten sie bereits durch das Tor beim Vyšehrad ein.
Jetzt ist der richtige Augenblick, dachte er, und ohne aufzuhören, Fratzen zu schneiden und zu schielen, zog er die Pistole hervor und sagte: »Halten Sie sich die Ohren zu!« Sie tat, wie ihr geheißen, und er schoß. Es zischte kaum vernehmbar.
»Haben Ihnen nicht die Ohren gedröhnt?«
Sie sagte ja, es wäre ein fürchterlicher Knall gewesen. Er steckte die Pistole fort und sprach mit ernster Stimme, wobei er nicht mehr schielte: »Einmal platzte ein Geschütz nach einem Schuß und erschlug fünf Kanoniere. Mein Onkel war dabei.«
»Können Sie Vögel fangen?« fragte sie, wobei sie ihn ergeben ansah.
»Womit Sie wollen. Mit einem Stein, mit den Händen oder mit dem Lasso. Einmal habe ich einen Truthahn mit einem Stein erschlagen. Dann haben wir ihn aufgegessen, und die Gendarmen führten mich ins Gefängnis, aus dem ich mit Hilfe der Karolina geflohen bin. Es war ein aufopferndes Weib. Sie brachte mir Kleidung und ließ mich durch eine Geheimtür in den Burggraben hinab. Der Burgvogt hat sie dafür davongejagt. Ich werde mich rächen!«
Das war aus dem fesselnden Roman »Karásek und Stülpner, die zwei berühmten Räuber«, sein Onkel

hatte gerade das Heft mit der 186. Folge bekommen. Sie schaute ihn voller Ehrfurcht an. Aus all seinen Reden entstand in ihrem Kopf der feste Glaube: Mein Herr ist ein Held.

»Haben Sie im Gefängnis etwas zu essen gekriegt?«

»Wo denken Sie hin. Wenn es nicht die aufopfernde Josefina gegeben hätte (vorher war es Karolina), wäre ich gezwungen gewesen, mich vom eigenen Körper zu ernähren, wie der Kapitän aus der Langen Straße.«

Er malte die Geschichte mit dem Kapitän von der Langen Straße aus und sagte dann: »Übrigens, ich bin ein Evangelischer!«

Ein wunderliches, warmes Gefühl drang durch ihren Körper. Er war also ein Evangelischer. Er erschien ihr damit noch außergewöhnlicher, während er in Gedanken dem Herrn Katecheten Abbitte leistete, daß er wegen eines Mädchens den heiligen Glauben verleugnete. Über die Evangelischen besaß sie eine Vorstellung von der Schule her, daß sie wohl Christen wären, aber daß sie nicht an den Herrgott glaubten. Jetzt jedoch schien es ihr so, als wäre jeder Evangelische ein Held.

»Gibt es viele von den Evangelischen?«

Um das Besondere noch zu betonen, sagte er: »In Böhmen nur wenige.«

»Glauben die Evangelischen an Gott?«

»Manchmal und wenig (verzeih mir, lieber himmlischer Gott!).«

Über die Evangelischen hatte er selbst nur eine unklare Vorstellung, was sie eigentlich machten und wie es mit ihrem Glauben aussah.

»Alle Heerführer waren Evangelische«, beendete er sein Religionsbekenntnis.
Ergeben heftete sie ihre Augen auf ihn.
»Sie sehen wie ein Seehund aus«, sagte er zu ihr, wobei er ihr in die Augen sah. Während des Naturkundeunterrichts hatte der Professor ihnen unlängst einen jungen Seehund mit gerade solchen Augen gezeigt, wie sie sie hatte.
»Ein Seehund lebt in nördlichen Meeren«, setzte er belehrend hinzu, »und er kriecht genauso langsam wie Sie. Können Sie denn nicht schneller gehen?«
Beinahe hätte sie angefangen zu weinen, aber dann freute es sie wiederum, daß er grob zu ihr war.
Sie rannte nach vorn und rief: »Fangen Sie mich!« Sie lief nach oben zu den Festungsmauern. Er erwischte sie am Zopf und schlug ihr mit der Faust auf den Rücken: »Sie sind dran.«
»Kommen Sie etwas anderes spielen«, schlug sie vor.
»Quatsch«, sagte er männlich, »ich werde Ihnen erzählen, wie man Kirchenfenster malt.«
Er begann, ihr etwas über Kirchenfenster zu erzählen, die sein Onkel bemalte; von seiner Werkstatt und von Herrn Teper, der eine Maschine zum Braten von Kastanien erfunden hatte. Seine Phantasie arbeitete stürmisch. Er erfand die Kirchenfenster und auch den Herrn Teper und erklärte, er hätte vor seinem Bett ein bemaltes Kirchenfenster vom heiligen Peter. Bei Mondschein käme der heilige Petrus in sein Bett. Blaß und rot und grün. Es sei entsetzlich, weil der heilige Petrus mit seinen aufgemalten goldenen Augen rollt.

»Haben Sie schon einmal auf einem Friedhof geschlafen?« fragte sie, sich vor Angst schüttelnd.
»Nur einmal in einem Totenhaus«, antwortete er ganz nebenbei, »da habe ich mit einem Totengräber aus Ježdina bei Krumlov gewettet. Der Totengräber wurde meinetwegen vor Angst grau, aber ich schlief wie im Bett.«
»Ich werde davon träumen«, flüsterte sie.
»Trinken Sie zur Nacht einen Schnaps«, sagte der heldenhafte Liebhaber, »so wie es die Neger machen . . .« Er wußte nicht weiter, und darum sagte er, von den Festungsmauern nach Podolí zeigend: »Bis hierher bin ich vom Smíchover Schwimmbad geschwommen.«
Unten lag Podolí. Das Tal war vor ihnen ausgebreitet, sie konnten bis nach Zbraslav sehen, und die Wälder bei Závist rahmten den Horizont ein.
»Waren Sie schon dort?«
»Ja, mit einem Boot. Ich habe es mir bei Vyšehrad geliehen. Ich ruderte, bis mir das Blut von den Händen floß. Und dort beginnen die Schlangen . . .«
Sie wurde mitteilsam und begann, ihm über ihre Tante zu erzählen, die in Häuser ging und Karten legte. Den Dienstmädchen für sechs Kreuzer, den Damen und den Fräulein für je einen Sechser. Für die Dienstmädchen hatte sie Karten, mit denen sie für sechs Kreuzer Handwerker bekommen und für die Fräulein für den Sechser Professoren und Fürsten.
Und auf einmal, als sie ihn ansah, stieß er hervor: »Wir laufen beide fort!«
»Wir laufen fort«, sagte er wirklich, »aber irgendwo-

hin, weit. Ich nehme Messer und die Schulzeugnisse mit. Haben Sie Geld . . .?«
»Ich kann den Atlas, die Liturgie und den Katechismus verkaufen«, sagte sie, und wollte genauso mutig sein wie er.
Während sie den Weg zurückgingen, kamen sie überein, sich morgen beim Armenhaus zu treffen und mit dem Zug irgendwohin zu fahren. Sie würden im Wald übernachten und morgens aus einer Quelle Wasser trinken und immer weitergehen. Dann würde er ein Huhn töten, und sie würden es irgendwo im Wald braten, und ein Einsiedler würde sie trauen. Sie würden auch Fuhrleute überfallen.
Sie spannen ihre herrlichen Träume bis zur Bartholomäuskirche, wo sie mit dem Versprechen auseinandergingen, daß es morgen geschehen sollte. Sie versuchte nicht einmal, ihn eifersüchtig zu machen, wie ihr doch die Mädchen in der Schule geraten hatten, ihm zum Beispiel zu sagen, daß ein Herr sie im Hause gegrüßt hatte. Dann trennten sie sich. –
Sie sah ihm nach, wie er in der Trojastraße verschwand, und am nächsten Tag verkaufte sie den Atlas . . .
Seitdem hat sie ihn nicht mehr gesehen. Erst nach einigen Monaten auf der Schlittschuhbahn.
»Ich – damals – – ich konnte an dem Abend nicht kommen«, stotterte der Held, »wir bekamen in der Schule eine Hausaufgabe . . .«
Sie wandte sich von ihm ab, und nach einer Stunde fuhr sie siegesbewußt mit einem Kadetten der ersten Klasse der Militär-Akademie an ihm vorbei.

Und als sie an ihrem ersten Liebhaber vorbeikam, stellte sie ihm ein Bein, so daß er hinfiel . . .

Der Kampf um die Seelen

Pfarrer Michalejc war ein Heiliger mit dreitausend Kronen Jahresgehalt neben einer ganzen Reihe anderer Einkünfte aus acht Ortschaften, die zu seiner Pfarre »Freie Höfe« gehörten. Diese Ortschaften lagen in den Bergen verstreut, inmitten alter Wälder. Die Bewohner waren größtenteils Holzfäller, die einmal im Vierteljahr nach unten in die Kirche der »Freien Höfe« kamen. Dann beteten sie ausgiebig für ein Vierteljahr im voraus und empfingen den Leib Christi und taten Buße, wobei sie sich sehr wichtig gaben. Dann gingen sie in das Gasthaus hinter der Pfarrei, dort lösten sich langsam ihre Zungen. Der Sünden ledig und durch jene geheimnisvolle Verwandlung der Sakramente erhoben, wurden sie übermütiger, als die Einwohner der »Freien Höfe« es vertragen konnten.
So kam es in dem Gasthaus zwischen den Männern aus dem Tal und den Männern der acht Bergdörfer, die von den Sünden eines Vierteljahres befreit waren, zu Raufereien. Die Holzfäller aus den Bergen, jetzt wieder mit neuen Sünden für die Beschädigung des Gasthauses belastet, traten dann mit blauen Rücken den Weg in ihre Bergwälder an, und es war wieder ein Vierteljahr Ruhe.

Nach drei Monaten stiegen dann diese langen, eckigen Gestalten von den Berghängen mit bußfertigen Blicken in das Tal hinab, und die Vierteljahressünder füllten die Kirche mit mächtigen Stimmen, die man bis hinter das Dorf hören konnte. Wenn sie das Vaterunser beteten, so schien es von weitem, als ob sie von einer Seite des Tales zu der anderen einander zuriefen: »Wenzel, wie geht's dir?« Mit donnernder Stimme ertönte da das Rufen der Büßer, als der Pfarrer Michalejc von der hölzernen Kanzel eine seiner acht Predigten herunterwetterte, mit denen er die Bewohner aller neun Dörfer verfolgte. Es war jedoch alles umsonst. Hier und da tropfte wohl eine Träne der Bewegung und Frömmigkeit von sonnenverbranntem Gesicht, aber so ein vierschrötiger Mensch aus den Bergen ging, nachdem er seine Buße getan hatte, doch in das Gasthaus, um dort zu raufen. Pfarrer Michalejc zog sich während dieser Zeit auf sein Zimmerchen zurück. Von dort konnte er auf den Gasthof sehen. Er beobachtete seine Gläubigen, und je nachdem, wie er einen der Holzfäller dort vor dem Gasthaus raufen sah, notierte er völlig geschäftsmäßig in seinem Notizbuch: »Bočan vierzig Vaterunser, Kryšpín zwanzig Vaterunser, und siehe da: Antonín Dlouhý, der knöpft sich jetzt den Bürgermeister vor, du bekommst fünfzig Vaterunser, und ich werde dir nicht ein einziges ›Amen‹ erlassen. Černouch, nun ja, rauf nicht, so wirst du auch keine Dresche bekommen, du kriegst fünfzehn Ave Maria auferlegt.« Und so weiter; der Pfarrer Michalejc trug die Namen der Holzfäller gewissenhaft ein, und bei der nächsten Buße der Bergler be-

kam dann jeder seinen Zettel mit der Anzahl und der Art der Gebete, die er in seinem Notizbuch vermerkt hatte.
Alles ging so schön der Reihe nach, wenn einer nach dem anderen in dem alten, wurmstichigen Beichtstuhl niederkniete und mit ergriffener Stimme loslegte: »Ich beichte dem allmächtigen Gott und Ihnen, ehrwürdiger Vater, daß ich mich nach dem heiligen Abendmahl in dem Gasthaus gerauft habe.« Das war die Hauptsünde, und dann gab es noch eine Reihe immer gleichbleibender Sünden: daß sie den Namen Gottes unnütz aussprachen, daß sie fluchten und schimpften, wie und wann es sich gerade ergab, »hier und da ein Holzscheit aus dem herrschaftlichen Wald« und »ab und zu 'ne Hasenschlinge« klauten.
Ganze fünfzehn Jahre lang, viermal im Jahr, wurden die gleichen Sünden gebeichtet. Nur einmal in dieser Zeit geschah es, daß Bočan in der Beichte »ab und zu 'ne Hasenschlinge« ausgelassen hatte. Sanft ermahnend wandte sich Pfarrer Michaeljc dem Sünder zu: »Und wie steht's mit den Schlingen, Bočan?«
»Damit ist nichts, Hochwürden«, sagte Bočan, »daraus wurde diesmal nichts, irgendein Lump hat mir die Drähte gestohlen, und ich kam nicht dazu, in der Stadt neue zu holen. Bei uns streichen lauter Diebe herum, Hochwürden.«
Das war also der einzige Fall, bei dem in der Reihe der Sünden wenigstens bei einem eine einzige fehlte, aber schon bei der nächsten Beichte schwenkte Bočan nicht mehr aus den üblichen Bekenntnissen heraus, und zur

Zufriedenheit des Pfarrers fiel wieder mit reuiger Stimme der Satz: »Und so 'ne Schlinge.«
Ich sage: zur Zufriedenheit des Pfarrers, denn er liebte diese vierschrötigen Menschen aus den Bergen. Er hatte Erfahrung und wußte, wenn jene Schlingen nicht erwähnt wurden, daß dem Betreffenden geistig und körperlich etwas fehlte und daß er es nicht mehr lange machen würde. Das brachte die fünfzehnjährige Erfahrung des geistlichen Hirten mit sich. Wenn einer der Sünder weder Schlingen noch Holzscheite erwähnte und nicht einmal nach der Andacht in dem Gasthaus haltmachte und gleich zurückging und voller Anstrengung die bewaldeten Berge emporstieg, wenn seine Frau anschließend unter Weinen zur Pfarrei gelaufen kam und klagte, daß ihr Mann einen ganzen Tag lang nicht einmal »Himmel« und auch nicht »Sakra« gesagt hätte, dann machte sich der Herr Pfarrer, ohne zu zögern, auf den Weg in die Berge, um diesen Armen zur letzten Ölung noch lebend anzutreffen.
Während der fünfzehn Jahre gelangte der Pfarrer Michalejc zu der Erkenntnis, daß seine Bergsiedler aus den acht der Pfarrei zuerkannten Ortschaften sich weder durch die schönsten Predigten noch durch feuriges Zureden bessern würden, sollten sie dabei auch verzweifelt weinen über die Erkenntnis, daß alles umsonst sei. Anfangs hatte er sich bemüht, sie zu guten und ehrlichen Vorsätzen zu bewegen, aber daraufhin hatte ihm Valoušek aus Černkov nur erklärt: »Hochwürden, den guten und ehrlichen Vorsatz überlassen wir den Jungen; wenn es so weitergeht, wird es ohnehin weniger

Tiere geben und mit den Schlingen läßt sich in kurzer Zeit sowieso nichts mehr fangen.«
Und vor zehn Jahren sagte ihm der Chudomel im Brustton der Überzeugung, wobei er ihm die Hand reichte: »Hochwürden, wir werden uns doch nicht bessern, uns werden doch die Teufel stückweise auf dem Feuer rösten. So mag der Wille Gottes geschehen.«
Und so gewöhnte sich der Herr Pfarrer an alles. Dort oben in den Bergen hatte er hinter Černkov im Wolfstal ein Stück Wald, und eines Tages bei der Vierteljahresbeichte sagte ihm Pavlíček im Beichtstuhl: »Hochwürden, und dann noch hier und da ein Holzscheit aus dem herrschaftlichen Wald, Hochwürden, und dann noch aus dem, also ich meine, aus Ihrem, auch noch so ein Holzscheit ... In diesem Jahr war ein kalter Winter. Dann habe ich noch vier Tannen aus dem Wald von Hochwürden geschlagen, und bei jeder habe ich für Sie ein Vaterunser gebetet. Und dann plötzlich, als ob es von mir gefallen wäre, da war mir so leicht ums Herz, und da habe ich noch einmal drei geschlagen.« Für das herrschaftliche Holz bekam Chudomel zehn Vaterunser und für das des Pfarrers dreißig zur Buße auferlegt, und dann die Belehrung, daß ein Geistlicher der Stellvertreter Gottes auf Erden sei und daß seinen Pfarrer bestehlen ebenso sei, als schlüge er die Tannen vom lieben Gott selbst.
Der Herr Pfarrer versuchte nach dieser Erfahrung seine vorgesetzte Behörde zu veranlassen, ihm liebenswürdigerweise den Wald in den Bergen gegen einen Wald bei den »Freien Höfen« zu tauschen, aber nach mehreren

vergeblichen Versuchen ließ er davon ab und gewöhnte sich daran, daß man ihn mit vollem Bewußtsein bestahl, daß es ebenso war, als ob man dem lieben Gott selbst die Bäume schlüge.
Herr Pfarrer Michalejc, umringt von diesen Sündern, glaubte Jahr um Jahr weniger daran, daß es sinnvoll sei, diese Leute bessern zu wollen, denn wenn er einmal einem von ihnen begegnete, so hörte er auf sein Zureden stets die Worte, die von hoffnungslosem Seufzen begleitet waren: »Ach ja, Hochwürden, ich glaube auch, daß es mit uns alles umsonst ist. Wir sind halt Lumpenkerle.«
Darin lag soviel Ergebenheit, daß der Pfarrer nach fünfzehnjährigem Kampf mit diesen Berglern das Notizbuch fortlegte. Er hörte auf, für die einzelnen die Vaterunser zur Buße zu notieren, und leierte mechanisch in vierteljährlichem Turnus stereotype Erklärungen über Sünde und über die Auswirkungen der Sünden; seine Sprache verlor gegenüber früheren Zeiten an Farbigkeit, und er erregte sich nur dann, wenn zum Beispiel Povondra um die Vaterunser zu feilschen begann. Denn Povondra machte ein Gegenangebot, er wolle nur die Hälfte beten: »Hochwürden, nur fünfzehn Vaterunser. Das sechzehnte, das wäre nicht mehr so inniglich, und das dreißigste, da würde ich mir eine neue tödliche Sünde auf meine Seele wälzen. Sie müssen wissen, Hochwürden, ich habe es schon versucht, aber vom fünfzehnten bis zum dreißigsten da habe ich nur noch so herumgeschluckt und war damit so schnell fertig, wie man ein Federchen von der Hand bläst.«

Selbst das nahm der Herr Pfarrer Michalejc hin. Er versuchte nicht einmal, Bočans Theorie, daß der gnädige Gott bereits alles nach drei Vaterunsern vergeben würde, weil eben aller guten Dinge drei sind und das übrige doch nur gegen den Wind gesprochen wäre, zu widerlegen.
Der Pfarrer war müde geworden im Kampf um das Seelenheil der Bergler, und als eines Tages der Mareš aus Kořenkov auf die Frage nach seinen Sünden einfach antwortete: »Wie das letztemal, Hochwürden«, da fragte er nicht einmal nach Einzelheiten und erteilte ihm ohne weitere Belehrungen die Absolution. Er hätte vielleicht auch vergessen, ihm Buße aufzuerlegen, wenn ihn Mareš selbst nicht daran erinnert hätte: »Und die Vaterunser, wie gewöhnlich, Hochwürden?«
Manchmal kehrte seine frühere Energie zurück, mit der er vor Jahren zu den »Freien Höfen« kam. Er öffnete vor dem Vierteljahresdank der Büßer aus den Bergen eine alte Nummer des »Predigers«, um dort neues Material für seine Predigten zu finden, damit er die Seelen der Sünder ändere. Wenn er dann aber auf die harten Umrisse der Berge sah, die so hart wie die Grundsätze seiner Bergler waren, dann legte er den »Prediger« wieder beiseite und ging ruhig ins Gasthaus, um dort Karten zu spielen.
Zum Schluß befand er sich auf der ganzen Linie auf dem Rückzug. Als die Bergler seine Resignation bemerkten, verschwiegen sie bei der Beichte mehr und mehr ihre Sünden. Sie ließen schrittweise die Holzscheite und auch die Schlingen fort, dann das Fluchen und die Rau-

ferei im Gasthaus, und eines Tages geschah es, daß Zámečníček aus Horní Bourov dem »Ich beichte dem allmächtigen Gott und Ihnen, ehrwürdiger Vater . . .« hinzufügte: »Ich bin rein wie eine Lilie, Hochwürden . . .«
Niedergeschlagen reichte der Herr Pfarrer noch am gleichen Tag bei seiner Behörde einen Antrag für einen energischen Kaplan ein.

Der energische Kaplan hieß Müller. Er war mager wie jene Asketen, die es zum Ruhme Gottes eine ganze Woche ohne Essen auf einem Pfahl aushielten. Es war unmöglich, nach seinem blassen Gesicht sein Alter erraten zu wollen. Sicher nur war soviel, daß Freude in diesen strengen trockenen Zügen Spuren hinterlassen hatte. Wenn er zornig war, sahen seine Augen aus wie die wässerige, graue Fastensuppe im Seminar. Und was seine Art zu sprechen anging, so stieß er einzelne Laute hervor, so daß es klang, als spräche er in einer religiösen Zaubersprache.
Der energische Kaplan stotterte. Pfarrer Michalejc erstarrte ob dieser Verstärkung, die ihm da geschickt wurde, und seine Schwester Wirtschafterin ging den ganzen ersten Tag wie betäubt umher. Nach seiner Ankunft erklärte ihnen der energische Kaplan in einem Gespräch, das durch seinen Sprachfehler länger als zwei Stunden dauerte, daß er zwei Jahre Missionar in Port Said gewesen sei und daß er in diesen zwei Jahren »ei-ei-ei-nen Mu-Mu-Mul-l-latten« bekehrt habe. Dann sei er nach Mähren zurückgekehrt, anschließend sei er

in Tišnov acht Jahre lang Kaplan gewesen und habe dort e-e-e-ener-gigi-sch den Sch-Sch-piel-teu-teufel ausgemerzt und jetzt sei er hier.
Beim Abendbrot machte ihn Pfarrer Michalejc unter ständigem Seufzen mit seinen Erfahrungen, die er in den fünfzehn Jahren hier gemacht hatte, bekannt, und der energische Kaplan, ein Stück Brot kauend, schob den Teller mit dem geräuchertem Fleisch zurück und sagte: »Ich, ich e-esse kein Fleisch und i-ich, i-ich wer-werde e-es hier auch au-au-ausmerzen. I-ich w-wer-werde I-Ihnen in die See-Seele sprechen, i-ich wer-werde Sie er-er-erleuchten m-m-mit dem h-h-h-heil-heiligen G-Geist.« Dabei hob er seine milchigen Augen zu der Decke empor, sie dann an den Haken der herunterhängenden Lampe heftend, rief er prophetisch aus: »I-i-ich, i-ich wer-werde sie bekehren.«
Der Pfarrer ging ins Gasthaus Tarock spielen, und der energische Kaplan betete in der Kapelle aus dem Brevier.
Der Teufel weiß, wie es geschah, aber schon am zweiten Tag, als der energische Kaplan mit einem theologischen Buch im Wald spazierenging, hörte er hinter dem Gebüsch eine Kinderstimme: »Ei-ei-ei-nen M-Mu-Mul-l-latten hat er bekehrt.« Dann stob eine Kindergestalt an ihm vorbei und lief mit Geschrei in Richtung Friedhof.
»Sch-schlech-te S-Sit-ten«, sagte sich der energische Kaplan, ließ sich in der Nähe des Waldes nieder und stellte sich die Frage: Habe ich das letzte Mal mit der gehörigen Vorbereitung und Absicht gebeichtet? Habe

ich keine Sünde verschwiegen? Habe ich Buße getan? Erinnere ich mich an die mir erteilten Warnungen und Belehrungen? Habe ich mich nicht versündigt?
Der energische Kaplan blickte über die Berge, erhob drohend seine Faust und rief: »I-ich w-wer-werde e-e-es- i-i-ihnen zeigen.«
Nach einer Woche wußten auch die in den Bergen, daß der »junge gnädige Herr einen Mulatten bekehrt hat«. Bočan, der gerade mit Fanfulík eine Kiefer fällte, sagte: »Der hat eine sonderbare Aussprache, voriges Jahr Weihnachten hat er in Mähren gesungen: ›Kommet ihr Hirten‹, aber das ›ihr Männer und Frauen‹ wird er erst nächstes Weihnachten hier zu Ende singen können.«
»Er will uns angeblich auf den guten Weg bringen.« Fanfulík spuckte geringschätzig aus. »Soll er machen, was er kann«, sagte Bočan, »mit uns ist sowieso alles umsonst.«
Als dann Chudomel mit dem Valoušek aus Černkov sprach, bemerkte er: »Nun ja, wenn uns der alte gnädige Herr nicht unsere Sünden nehmen konnte, dann wird es der ›Ein-Mulatten-Bekehrer‹ erst recht nicht schaffen.«
In den Bergen herrschte die unerschütterliche Überzeugung, daß die unvorhergesehene Ankunft des Kaplans in den »Freien Höfen« ein Eingriff in ihre Rechte sei. Darum mehrten sich auch die Walddiebstähle.
Als das der energische Herr Kaplan erfuhr, rief er voller Überzeugung aus: »I-i-ich we-we-werde sie bekehren!« Und er vertiefte sich weiter in theologische Schriften.

Aber die Büßer aus den Bergen gaben nicht so leicht auf. Ergeben hörten sie sich erst seine eine ganze Stunde dauernden innigen Ermahnungen an: »T-T-Tau-tausende M-M-Me-Menschen w-w-wu-wurden b-be-be-bereits ver-verflucht und a-au-auf s-s-sie w-w-wer-werde e-e-es au-auch w-w-wa-warten«, sie nickten dem Kaplan betrübt bejahend zu, aber dann traten sie mit unschuldigem Gesicht zur Beichte und erklärten, daß sie ohne Sünde seien, so wie der Zámečníček aus Horní Bourov.

Er lehnte stotternd die Vergebung ab, drohte mit ewigen Strafen, und aus dem Beichtstuhl erklang: »Und w-wa-was die H-Ho-Holzscheite? U-u-und Sch-Schlingen? D-d-denkt a-a-an die E-E-Ewigkeit«, und gleich darauf die unschuldige, entschiedene Antwort: »Keine Schlingen, kein Holzscheit, gnädiger junger Herr!«

Nicht wenige von ihnen hatten eine Vorladung zum Kreisgericht in der Tasche, um nach der geistigen Beichte vor den weltlichen Richter zu treten, aber hier wurden Schlingen und Holzscheite mit unschuldigem, ja beleidigtem Gesicht abgestritten, aus tiefer Überzeugung, daß gegen die ewige Verdammung doch nichts zu machen sei.

»Es ist alles umsonst«, sagten die Büßer aus den Bergen, »auch wenn der Erzbischof selbst käme und nicht nur so ein ›Mulatten-Bekehrer‹!

Länger als ganze zwei Jahre dauerte dieser Kampf des energischen Kaplans um die Seelen der Bergler, und das

zur großen Zufriedenheit des Herrn Pfarrers Michalejc. Der Kaplan bemühte sich vergeblich, ihnen moralische Verantwortung einzubläuen. Die Meinung der Bergler erfuhr der Herr Pfarrer einmal von Bočan, als er ihn in den Bergen traf: »Wissen Sie, Hochwürden, das ist alles nicht so einfach. Um unsere Sünden lassen wir uns nicht bringen. Ehrlichkeit ist für reiche Leute, bei uns ist noch kein ordentlicher Mensch geboren worden.«
»Aber warum bereut ihr nicht, Bočan?«
»Wir bereuen, wir bereuen, Hochwürden, aber er will uns ja bekehren, und Hochwürden weiß ja, daß wir Lumpenkerle sind. Und wenn er, der gnädige junge Herr, nur nicht immer über die Verdammung reden würde. Früher, Hochwürden, da wurde uns immer erklärt, daß die Teufel aus uns nur Spießbraten machen würden, aber von Verdammung war keine Rede. Verdammung ist nur für die Reichen, aber für uns, die Armen, da genügen die Kessel mit Schwefel. Und wenn er wenigstens, der gnädige junge Herr, nicht sagen würde, daß wir uns das nächste Mal nicht raufen dürfen und daß wir nicht stehlen und ›Sakra‹ sagen dürfen. Kaum ist er hier warm geworden, da fängt er auch schon an, uns etwas zu verbieten.«
Bočan seufzte und fuhr fort: »Da waren Sie, Hochwürden, doch ganz anders. Sie haben uns die fünfzehn Jahre lang nicht immer gesagt: ›Das nächste Mal dürft ihr das nicht mehr machen!‹ Sie haben nur von den alten Sünden gesprochen, aber darüber, was wir nach der Beichte wieder machen werden, haben Sie kein Wort verloren.«

Nach dieser Erklärung mußte sich der Pfarrer auf einen umgestürzten Baumstamm niederlassen. Es traf ihn wie ein Blitz aus heiterem Himmel, und es war die traurige Wahrheit. Er hatte tatsächlich während der fünfzehn Jahre nie vor den zukünftigen Sünden gewarnt. Betroffen blickte er zum Himmel, während Bočan weiter vertrauensvoll erklärte: »Wir sind halt schon so von Geburt an. Es gehörte einfach dazu. Wir kamen voller Reue und beichteten, so und so haben wir die Herrschaft bestohlen, wir haben gerauft, Himmelsakra gesagt, und dann haben Sie uns, Hochwürden, gefragt, ob wir den ehrlichen Vorsatz hätten, das zu bereuen, und wir bereuten es, rutschten auf den Knien und sagten: ›Herrgott, verzeih uns Sündern‹, aber darüber, was wir später tun würden, darüber sagten Sie nichts, und die Vaterunser – jeder hat sie gern gebetet –, die waren für das Alte, aber nicht für das Neue, oder für das Alte und das Neue, wie das der gnädige junge Herr haben möchte, weil er sagte, für das Alte zwanzig und für das Neue, was noch kommen wird, auch zwanzig. Das geht nicht, Hochwürden. Uns bezahlt die Herrschaft auch nur für das Holz, das wir fällen, und nicht dafür, was wir übermorgen fällen werden. Wenn er, der gnädige junge Herr, uns das so sagt, dann nimmt er uns alle unsere Sünden im voraus, und das ist keine Buße, und wenn wir es also im voraus büßen, dann müssen wir eben in der Beichte rein sein, und er glaubt es uns nicht, aber er hat es uns doch schon im voraus vergeben, und darum müssen wir eben sagen ›keine Schlingen, kein Holzscheit‹, weil wir es schon im voraus erledigt haben.«

Bočan grüßte nach Christenart und stieg mit seinem Beil weiter zum Gipfel, und der Pfarrer sah noch immer voller Wehmut gegen den Himmel und ging dann traurig Bočans Ansichten dem Kaplan Müller erzählen.
Nachdem der energische Kaplan unter traurigem Zunicken zugehört hatte, sagte er: »I-i-ich s-s-sehe e-e-es au-auch schon, d-d-daß e-e-es e-ein Ge-Gesindel i-ist.« Und am Abend schrieb er einen Antrag an das Konsistorium, daß ihm erlaubt werde, das hiesige Amt zurückzugeben und sich wieder auf Missionsreise nach Kleinasien zu begeben.
»D-d-die M-M-Mu-Mulatten bekehren!«

Nach zwei Monaten erschien in der Pfarre in den »Freien Höfen« ein neuer Kaplan. Ein junger, lustiger Mann, ein wahrer Gewinn für den Pfarrer Michalejc, weil er Tarock spielen konnte.
Nach einem Vierteljahr erzählte man sich in den Bergen von ihm, daß er ein Engel sei, und eines Tages betrat der Zámečníček aus Horní Bourov das Pfarrhaus, und unter ehrfurchtsvollem Küssen der Hand des Herrn Pfarrers sagte er dankbar: »Gelobt sei Jesus Christus, Hochwürden, mit dem neuen jungen gnädigen Herrn haben Sie uns so etwas richtig Gutes angetan. Der fragt uns weder nach dem Alten noch nach dem Neuen, der weiß, daß alles umsonst ist. Das ist ein Engel, der schimpft uns bei der Predigt so schön aus, daß wir wie alte Weiber heulen.«
Nach diesen Worten schleppte er einen Sack in das Zimmer, den er an der Tür ließ, und dann sagte er zu

dem Herrn Pfarrer zutraulich: »Bitte, Hochwürden, geben Sie doch dieses Reh dem jungen gnädigen Herrn, ich habe es in der Nacht in der Schlinge gefangen, es ist ein hübsches Stück, und sagen Sie ihm, daß es aus Dankbarkeit sei, weil er uns so schön Diebe schimpft.« Bevor der Pfarrer zu sich kam, hatte Zámečníček das Reh aus dem Sack geholt und war dann wie ein Geist verschwunden.

Und so lag denn vor dem Herrn Pfarrer auf dem Teppich ein Reh als Beweis für den siebzehnjährigen Kampf um die Seelen der Büßer aus den Bergen.

Als nach drei Tagen kurz vor Mittag der Bürgermeister an dem geöffneten Fenster der Pfarrküche vorbeikam, da blieb er stehen, wobei er mit der Nase die Schwaden, welche sich aus den Fenstern wälzten, tief einsog und ausrief:

»Ei sakra, hier duftet es nach Rehbraten!« Und mit angenehmen Vorstellungen schritt er von dem Pfarrhaus fort, wo inzwischen der Tisch gedeckt wurde.

Erinnerungen einer respektablen Familie

Ein Zug fuhr an einem schönen Frühlingstag 627 Pilger durch die stille Landschaft bei Beroun zu dem bekannten Wallfahrtsort auf dem »Heiligen Berg« bei Příbram. Hoheitsvoll drangen Marienlieder durch das Tal und verklangen in den Bergen, wo die Hirten an den Hän-

gen mit den Peitschen knallten und beteten, als die Klänge der Glocken aus den umliegenden Dörfern herübertönten, erfreut, daß Mittag war.
Hoch über den Wäldern zogen weiße Wolken am Himmel. Die Ziegen meckerten auf den Hängen, und aus dem Zug erklangen weiterhin andächtige Lieder. Es läßt sich schwer beschreiben, wie erhaben die einzelnen Strophen von den kalkigen Bergspitzen reflektiert wurden, um in den Wäldern zu verklingen, in denen hier und da kleine Pilze ihre Köpfe aus dem Moos hervorsteckten, als ob sie dem Schöpfer für diesen schönen Tag danken wollten.
Die frommen Pilger in dem Zug hatten nichts gegessen, nichts getrunken und nicht geraucht. Im vorderen Wagen hüteten Ehrenjungfrauen die Büste der Jungfrau Maria, die von der erst unlängst gebildeten »Einheit der Frauen und Mädchen« zur Weihe gefahren wurde.
Diese Büste war frisch gestrichen und leuchtete herrlich im Schein der Frühlingssonne, die ihre Strahlen auf die vergoldete Krone warf.
In dem Wagen mit der Büste der Jungfrau Maria saß eine ältere Frau mit einem älteren grauhaarigen Herrn. Die Frau hatte ein silbernes Kreuzchen um den Hals, und der Mann betete voller Inbrunst den Rosenkranz. Dieses Ehepaar waren Herr und Frau Knobloch, Inhaber eines Gemischtwarengeschäftes. Sie waren kinderlos. Nur ein Mensch, dem ebenfalls Kindersegen versagt geblieben ist, kann ermessen, wie dem Gemischtwarenhändler Knobloch zumute war, nachdem er in dreißig Jahren trotz allen guten Willens nicht Vater ei-

nes einzigen Kindes geworden war. Er, der alte Soldat, der noch die ruhmreichen Zeiten der österreichischen Kriege kannte, hatte nicht einen einzigen Sohn, den er dem Staat schenken konnte.

Und die Gemischtwarenhändlerin Knobloch erst, sie spürte die Leere um sich herum, die sich nicht einmal dann vertreiben ließ, als sie sich eine Wäschemangel in das Gemischtwarengeschäft stellten, an der dann alle Dienstmädchen zusammenkamen und beim Mangeln von ihren Herrschaften erzählten.

Die Wäschemangel und der Betrieb um sie herum konnten der religiösen Gemischtwarenhändlerin eigene Kinder nicht ersetzen.

Und oftmals in der Nacht erwachten beide Eheleute und dachten über die Gnade Gottes nach, die ihnen nicht vergönnt war.

Traurigkeit nistete sich in dem Gemischtwarengeschäft ein, und mochten auch frivole und lustige Lieder an der Wäschemangel erklingen, so erschien den Eheleuten Knobloch das ganze Gemischtwarengeschäft dennoch leer wie ein Totenhaus. Sie hätten bereits alle Hoffnungen begraben müssen, aber sie gaben nicht auf. Sie wechselten sich im Gebet ab, damit Gott sich endlich ihrer erbarmte und ihnen einen blonden strammen Jungen schickte, den sie in aller Religiosität erziehen und in den Dienst der Nation stellen wollten, so versicherte Herr Knobloch in jedem Gebet.

Eines Tages kam ein Mitglied der zweiten dominikanischen Bruderschaft zu Besuch, der Hausmeister Hamáček aus Žižkov, der früher Prozessionen nach Mariazell

geführt hatte, und dieser erwähnte, daß man im Frühjahr zum «Heiligen Berg« fahren werde. Diese Prozession wäre aber nur für diejenigen bestimmt, die auf dem »Heiligen Berg« Nachkommen erbitten möchten. Außer zwei Mädchen und Jungen, die Blumen streuen sollten, würden nur kinderlose Ehepaare zugelassen.
»Das ist eine besondere Wallfahrt, die Gebühr beträgt außer Fahrgeld diesmal drei Goldstücke.«
Neue Hoffnung ließ die Herzen der Eheleute Knobloch erbeben. Sie überließen das Geschäft für zwei Tage ihrer Nichte und fuhren dann voll frommer Gedanken zum »Heiligen Berg«.
Herr Knobloch betete die ganze Fahrt den Rosenkranz. Als sie in Příbram ankamen, kaufte er sicherheitshalber noch sechs Wachsfigürchen, die Kinder darstellten.
Auf dem »Heiligen Berg« kauften sie sich für je zwei Goldstücke zwei grobe Rohleinenhemden, gingen in den Gasthof, in dem sie übernachten sollten, dann zogen sie die groben Bußhemden über und verharrten bis spät in die Nacht hinein in Gebeten.
Im nächsten Jahr wurden den Eheleuten Knobloch Sechslinge geboren. Die ehrwürdigen Eheleute hatten sich nämlich, wie bekannt, sechs Wachsfiguren gekauft, die Kinder darstellten.
Fünf der Sechslinge waren Mädchen, und einer war ein Junge.

Falls Sie einmal nach Steimauer kommen, werden Sie sehen, daß sich noch heute die Mönche in dem dortigen Kloster vor Lachen kaum halten können, wenn Sie

Ihnen erzählen, wie sich die Geschichte damals zugetragen hat.
Der Gemischtwarenhändler Knobloch hatte einen Vetter, der ein unfrommer Mensch war und der bei den Ziegelmachern arbeitete. Als er in Böhmen bei den Ziegeleien arbeitete und Erde schaufeln mußte, spuckte er in die Hände und fluchte so fürchterlich, daß es gotteslästerlich war. Und einmal hörte ein Gendarm, der gerade vorbeikam, ihn fluchen und verhaftete ihn. Der Ziegelmacher Tomas Knobloch bekam für seine gotteslästerlichen Aussprüche sechs Monate aufgebrummt. Als das der Gemischtwarenhändler Knobloch erfuhr, freute er sich inniglich und opferte für eine heilige Messe.
Der Ziegelmacher Tomas Knobloch war ein Sozialist. Als er aus dem Gefängnis kam, begab er sich auf Wanderschaft und kam so bis in die Steiermark. Dort arbeitete er in einer Gärtnerei und sparte sein Geld. Da er aber nicht an Gott glaubte, brachte ihm auch das gesparte Geld nichts ein. Eines Tages zündete der Engel Gottes seine Hütte an, die er sich gebaut hatte, er hätte vielleicht auch den Tomas erschlagen, wenn dieser sich nicht gerade in der Stadt verspätet hätte. Er hatte zwar gesagt, er würde um zehn Uhr nach Hause kommen, und um zehn Uhr schlug es dort auch ein, jedoch Tomas kehrte erst um Viertel nach zehn heim.
Diese Begebenheit läuterte den Tomas nicht. Er fluchte und arbeitete weiter, bis er nach weiteren fünf Jahren wieder soviel verdient hatte, daß er seine halbabgebrannte Hütte reparieren und sich eine Kuh kaufen

konnte. Im Garten baute er Gemüse an, das er auf den Markt fuhr, und vom Aufstehen bis zum Schlafengehen fluchte er auf alle Heiligen.

Es war also damit zu rechnen, daß ihm der Himmel wieder ein Zeichen seines Mißfallens geben und sein sündiges Leben bestrafen würde. Und so geschah es auch, und zwar als Tomas Knobloch eine Steiermärkerin heiratete. Was Gott lenkt, lenkt er gut, denn sie lief ihm nach einem Vierteljahr mit einem Essigmacher davon. Tomas besserte sich jedoch noch immer nicht. Er fluchte vom frühen Morgen bis zum späten Abend, und dabei arbeitete und schuftete er.

Er verbreitete auch in der Umgebung bösartigen Tratsch über die heilige Religion, aber der Teufel half ihm dabei, so daß er so schlau sprach, daß man ihn nicht einsperren konnte.

Und so lebte er weiterhin in Sünde. Eines Tages kam er auf den Gedanken, er könnte sich mit der Viehzucht beschäftigen. Er wußte, daß man, um Kälber aufziehen zu können, zwei Dinge benötigt: eine Kuh und einen Stier. Aus dem unzüchtigen Verhältnis zwischen den beiden Geschöpfen entsteht dann das Kalb.

Woher aber einen Stier nehmen? Im ganzen Land hatten nur die Herren Patres in dem Kloster von Steimauer einen Stier.

Sie liehen diesen Stier gegen eine gewisse Summe an die umliegenden Bauern aus, prüften aber erst, ob der Bauer, der wegen des Stieres zu ihnen kam, auch ein ordentlicher und gläubiger katholischer Christ war. War er es, wie es in dieser Landschaft, wo es nur gute Kerle gibt, auch anders gar nicht möglich war, dann führten sie den klösterlichen Stier zu der Kuh des Antragstellers.

Tomas Knobloch, in seiner schrankenlosen Frechheit, machte sich eines Tages mit seiner Kuh zum Kloster auf.

Unterwegs fluchte er, weil es heiß war. Als es regnete, fluchte er wieder, daß es ihm den Hut verderbe, und so sündigte er den ganzen Weg bis zum Kloster.

Als er auf dem Hof des Klosters erschien, da lief der Mönch, der gerade Hofaufsicht hatte, mit hochrotem Kopf ins Refektorium, denn Tomas war für seine Gottlosigkeit in der ganzen Umgebung und im Kloster bekannt.

Die Angelegenheit war sehr ernst, und nachdem Tomas seinen Wunsch vorgetragen hatte, rief der Abt sofort eine Versammlung im Refektorium zusammen, wo sie berieten, ob sie den klösterlichen Bullen der Schecke des ungläubigen und gottlosen Lästerers zuführen sollten. Nach einer erregten Debatte sagte der Abt schließlich: »Christus sagte: ›Verzeiht euren Feinden‹.«

Die Sache war klar, ungewöhnlich klar für Pater Arnold, er ging einfach nach draußen und trat zu dem gottlosen Thomas und sagte zu ihm: »Deine Sünden sind sehr groß, unser Bulle ist nicht für die Kuh eines Gottlosen bestimmt, geh nach Hause, dein Wunsch wird nicht erfüllt. Aber wir verzeihen dir deine Sünden.«

Der unfromme Tomas antwortete jedoch nicht mit biblischen Worten wie Pater Arnold, sondern ganz gemein und grob, und als einer der Mönche Pater Arnold fragte, ob Tomas ihm denn die Hand geküßt hätte, antwortete er, daß Tomas wollte, daß er ihn selbst küßte!

Und der Reverendissimus antwortete: »Er wird zusammen mit seiner Kuh schlecht enden.«

Wütend ging Tomas nach Hause, und als er da so neben seiner Kuh herging, drohte er mit der rechten Hand zum Kloster, und seit dieser Zeit hat er in dieser Hand Rheumatismus.

Als er nach Hause kam, ging er auf einen Sprung zu Mayer, der, obwohl er recht religiös war, sich doch ein wenig mit dem unfrommen Tomas angefreundet hatte. Und da erklärte er dem Mayer, wie schlecht es ihm im Kloster ergangen sei, und fragte ihn, ob er sich nicht drei Goldstücke verdienen möchte.

»Nichts Unehrliches«, versicherte er, »du wirst mit meiner Kuh ins Kloster gehen und sagen, daß es dem Bauern Fait aus Mürzburg sehr schlecht gehe, und er dich gebeten hätte, ihm diese Schecke zum Bullen ins Kloster zu führen. Hier hast du drei Gulden für dich und das Geld für die Gebühr. Und hier hast du noch 50 Kreuzer für eine Kerze, die für die Errettung meiner sündigen Seele brennen soll.«

Drei Gulden, und dann wendet sich der sündige Tomas auch noch der Religion zu – wer könnte da die guten Vorsätze dieses Sünders durchkreuzen?

Der Mayer nahm die Kuh und führte sie ins Kloster, wo man den Klosterbullen bereitwillig zu ihr ließ, denn Mayer war als frommer Mann bekannt, der Bauer Fait

aus Mürzburg ebenfalls, und 50 Kreuzer für die Errettung der Seele eines unbekannten Sünders waren auch nicht zum Fortwerfen.
Die Kuh war also zugelassen, und Mayer führte sie zum Tomas zurück, der verschmitzt lachte, denn der Nichtsnutz freute sich, wie er den klösterlichen Bullen hintergangen hatte und ebenfalls die ehrwürdigen Herren im Kloster.
So geschah es, daß er wartete, bis die Kuh kalben würde, aber er fluchte dabei ununterbrochen auf alle Heiligen, vom frühen Morgen bis zum späten Abend.
Inzwischen wurde sein Nachbar Mayer sehr krank, und auf dem Totenbett gestand er, wie er die ehrwürdigen Herren im Kloster und auch den klösterlichen Bullen hintergangen hatte.
Sogleich ging es ihm wesentlich besser, und am dritten Tag war er wieder gesund wie ein Fisch.
Die Nachricht von Mayers Sündenbekenntnis wurde auch in das Kloster getragen, wo sie Schrecken erweckte.
So etwas war bisher noch nie geschehen, daß das Kloster auf derartige Art und Weise geschändet und der gute Ruf des klösterlichen Bullen aufs Spiel gesetzt wurde. Der Abt verzweifelte jedoch nicht, und im Refektorium sagte er überzeugt: »Denkt daran, Gott vergißt nichts.«
Und das war wahr. Die Kuh des gottlosen Tomas bekam ein Kalb ohne Kopf, und Tomas war dem Verzweifeln nahe.
Und das geschah genau in jener Stunde, als dem

Gemischtwarenhändler Knobloch Sechslinge geboren wurden.

Diese Geschichte soll zur Belehrung aller Freidenker dienen. Sie sei ihnen eine Warnung, sich niemals in eine Polemik mit Personen geistlichen Standes einzulassen, denn es wird immer so ausgehen, daß Gott die Nichtgläubigen bei solchen Gelegenheiten blamiert.
Mit dem gottlosen Vetter des Herrn Knobloch haben wir uns bereits bekannt gemacht, und sicher war jeder Leser erfreut, daß ihm ein Kalb ohne Kopf geboren wurde.
Aus Wut über das Nichtgelingen verkaufte er all seine Habe und nahm sich dabei in seiner Böswilligkeit vor, nach Prag zu fahren und seinem Vetter, dem Gemischtwarenhändler Knobloch in Žižkov, zur Last zu fallen.
Der Leser wird sicherlich schon wissen, daß dieser nichtsnutzige Mann vom frühen Morgen bis zum späten Abend über alle Heiligen fluchte, und darum wird es ihn nicht überraschen, daß er Gott auch dann nicht lobte, als er am Morgen im Zug vor Wien erwachte, obwohl ein herrlicher Tag auf die Reisenden niederlachte.
Obwohl es ein Freitag war, holte er sich aus der Bahnhofsgaststätte ein Stück Schweinebraten, das er gierig zu verschlingen begann, wobei er es wagte, ein fettes Stückchen einer ehrwürdigen Nonne anzubieten: »Nehmen Sie nur dieses wundervoll magere Stück, es ist Freitag, und das ist mein größter Feiertag!«

In Pardubice setzten sich noch zwei Reisende in das Abteil, die einen großen Spaß wegen der Nonne hatten, und sagten: »Sieh mal einer an, der ist aber redegewandt, sie kann ihm nicht einmal eine Antwort geben.« Und dieser nichtsnutzige Vetter des Herrn Knobloch verleugnete Gott, er sprach gotteslästerliche und sündige Dinge, bis der Zug nach Prag kam, und dachte ebenfalls: »Sie kann mir nicht antworten, sie hat Angst, ich könnte es ihr treffend zurückgeben.«
Er hörte also nicht auf, zur großen Erheiterung beider Mitreisenden weiter über sie zu lästern, und als sie in Prag aussteigen wollten, da zog die schweigsame Nonne aus ihrer Tasche eine Tafel, die sie den drei Nichtsnutzen reichte und auf der sie voller Scham lasen: »Ich bin taubstumm.«
So beschämte die Religion einen ungläubigen Schurken.

Bei Herrn Knobloch sollte die Taufe des kleinen Sohnes stattfinden, der fünf seiner Geschwister überlebt hatte, die innerhalb von vierundzwanzig Stunden gestorben waren. Mit Hilfe der Hebamme Frau Holfel blieb einzig dieser Wurm mit dem zusammengedrückten Kopf am Leben, damit Knoblochs Familienname erhalten bliebe.
Der Arzt, der das Neugeborene untersuchte, sagte, daß es allen Anzeichen nach zwar schwachsinnig sei, aber daß es am Leben bleiben werde.
Herr Knobloch suchte also einen Paten, stolz darauf, daß er Vater geworden war.

Vor allem sagte er sich, daß der Pate seines Sohnes irgendeine Persönlichkeit sein müßte.
Der Küster Ticháček riet ihm, den Prager Erzbischof als Paten zu bitten. Der Gemischtwarenhändler Knobloch zog seinen dunklen Anzug an, ging zur Beichte, empfing den Leib des Herrn und schritt dann voller Ernst und Würde nach oben zum Hradčín. Am Wege machte er beim Gasthof »Zu den Kreuzherren« halt, wo ihn schon der Küster Ticháček erwartete, und beide gingen an dem stillen herbstlichen Nachmittag über die Karlsbrücke.
Auf der anderen Seite gingen sie noch rasch in ein anderes Gasthaus, um ein Bier zu trinken, und der Küster Ticháček erwähnte dann in der Ostruhovagasse, daß er fünf Goldstücke brauchte und hat sich diese, vor der Burg angekommen, von Herrn Knobloch geliehen. Danach standen sie vor dem erzbischöflichen Palais und betraten die Einfahrt. Herr Knobloch küßte dem Pförtner, der eine phantastische Uniform trug, die Hand, und der Küster Ticháček verschwand plötzlich. Herr Knobloch war nun mit dem gestrengen Pförtner allein.
»Euer Gnaden«, sagte er, »könnte ich mit Seiner Eminenz, dem hochwürdigen Herrn Erzbischof, dem Fürsten der böhmischen Lande, sprechen?«
Der Pförtner schüttelte schweigend den Kopf. Vater Knobloch überlief es bald heiß, bald kalt.
»Gnädiger Herr«, bat er flehentlich, » ich komme wegen der Taufe, bitte untertänigst.«
»Ich bitte höflichst, Euer Wohlgeboren, ich komme

wegen der Taufe, möge sich doch der Fürst der böhmischen Lande, der hochwürdige Erzbischof und Seine Eminenz des kleinen Heiden erbarmen.«

In der Tordurchfahrt blieben bereits vier Lakaien stehen und hörten zu: »Der Heide wird sterben, hochweiser Herr«, sprach Herr Knobloch aufgeregt, »er wird mit den Füßchen strampeln und flrrr, seine Seele entflieht in die Verdammnis, gnädiger Herr. Das arme Geschöpf ist noch nicht getauft!«

Hinten flüsterten die Lakaien, der Arme sei verrückt geworden. Der Pförtner stand vor Herrn Knobloch in seiner furchterregenden Schönheit. Seine Livree strahlte in der Durchfahrt des Palais.

Herr Knobloch spürte, daß er dem Himmel nahe sei, daß er auf geheiligtem Boden stünde, und sein Gehirn begann schnell, passende Worte zu suchen:

»Ihr Herz wäre bestimmt nicht so verhärtet, gnädiger Herr, wenn Sie wüßten, welches Wunder geschehen ist. Der Himmel hat gesprochen und die Mutter Gottes, Verehrtester. Kein irdisches Geschöpf ist es wert, den Heiden zu taufen, außer Seiner Eminenz, dem ehrwürdigsten Herrn Erzbischof und Fürsten der böhmischen Lande.«

»Sie riechen nach Bier«, sagte der Pförtner streng, »belästigen Sie mich nicht, oder ich lasse Sie von der Polizei festnehmen!«

Herr Knobloch sank verzweifelt auf die Knie und schluchzte:

»Ich bitte untertänigst, Hochwohlgeboren, ich komme wegen der Taufe, damit sich der Fürst der böhmischen

Lande, der ehrwürdige Erzbischof Seine Eminenz über den Heiden erbarmt!«

Sie nahmen ihn fest und führten ihn hinaus. Der Pförtner sprach mit dem Soldaten, der vor dem Eingang Wache hielt und gemessenen Schrittes hin und her ging, und dieser schrie Herrn Knobloch an, er solle niemanden belästigen und seines Weges gehen.

Völlig gebrochen setzte sich der Arme auf die nächste Bank auf dem Lorettoplatz.

Um ihn herum war Stille. Alles sah erhaben und voller Ernst auf ihn nieder. Dann plötzlich ratterten Räder, und eine geschlossene Equipage kam angefahren.

Herr Knobloch erkannte die erzbischöfliche Kutsche, er sprang hoch und lief in wahnsinnigem Tempo hinter dem Wagen her, der in die Toreinfahrt des Palais einfuhr. Er kam rechtzeitig an und erschien mit wenigen Sprüngen an der Tür der Kutsche.

Der Pförtner erwischte ihn am Kragen, und aus der Kutsche stieg langsam ein Mann in einer Livree heraus, irgendein Kammerdiener, der einem Lakaien zurief, der gerade über den Hof eilte: »Sie, Karel, holen Sie die Aprikosen.«

Und tatsächlich: In der Kutsche befand sich ein Korb wundervoller Aprikosen, die gerade aus der Stadt geholt worden waren, weil Seine Eminenz sie so sehr liebte.

Während sie die Aprikosen herausholten, hielten zwei Lakaien Herrn Knobloch fest, der sich wand und gehetzt rief: »Ich bitte Sie, um Himmels willen, ich muß mit Seiner Eminenz, dem ehrwürdigen Erzbischof und

Fürsten der böhmischen Lande, wegen des Heiden sprechen, ich bitte untertänigst.«
Dabei sah er so verstört aus, daß sie ihn noch fester hielten, und einer der Lakaien sagte dann: »So geht man nicht zu Seiner Eminenz.«
Dann kamen zwei Schutzleute, die nahmen Herrn Knobloch fest und führten ihn, von einem Lakaien begleitet, zum Polizeikommissariat. Hinter ihnen ging eine Schar Kinder, mehrere alte Frauen, die immer auf dem Hradčín herumstreunen, und als Herr Knobloch hinter der gläsernen Tür der Polizeistelle verschwand, schrie ein altes Weib:
»Der wollte wohl den Herrn Erzbischof umbringen!«
Inzwischen wurde Herr Knobloch einem gründlichen Verhör unterzogen. Er sprach breit und lang über die heilige Taufe, über die Heiden, über sich selbst und über den Herrn Erzbischof. Er setzte ihnen auseinander, wie er sich wünschte, daß Seine Eminenz Pate von seinem Sohn würde.
Sie telefonierten also mit seinem zuständigen Polizeikommissariat auf dem Žižkov, um in der Wohnung des Herrn Knobloch zu ermitteln, ob seine Angaben der Wahrheit entsprachen.
Währenddessen saß Herr Knobloch auf der Bank und hörte zu, wie der Lakai erklärte, er hätte sich verwirrt benommen.
Nach drei Stunden kam die Nachricht, daß festgestellt wurde, daß sich Herr Knobloch heute morgen zum Hradčín aufgemacht hätte, um den Erzbischof zu bitten, Pate seines Kindes zu werden.

Sie entließen also Herrn Knobloch und rieten ihm, solche Dinge mittels des Konsistoriums zu erledigen.
Wie groß war die Überraschung des Pförtners im erzbischöflichen Palais, als er um halb vier wieder Herrn Knobloch erblickte, der ihn höflich fragte: »Ich bitte Sie, gnädiger Herr, wo ist hier das ehrwürdige Konsistorium?«
Am nächsten Tage reichte Herr Knobloch dem Konsistorium einen schriftlichen Antrag ein. Der Antrag wurde abgelehnt, weil der Herr Erzbischof verreist war.
Pate des Neugeborenen wurde der Küster František Ticháček, sein Patengeschenk waren jene fünf Goldstükke, die er sich vom Vater des Patenkindes geliehen hatte, als er ihn zum Herrn Erzbischof auf den Hradčín begleitete.
Und so wurde doch jemand aus der geistlichen Welt Pate des kleinen František.

Der serbische Pope Bogumirov und die Ziege des Mufti Isrim

Groß- und Klein-Karadžinac. Zwei Dörfer, zwei fast gleiche Namen, und doch so viele Unterschiede! Klein-Karadžinac lag nämlich auf der serbischen Seite, und Groß-Karadžinac gehörte dem Sultan. Die Bewohner der beiden Dörfer hoch oben in den Bergen

bemühten sich, aus der bergigen Wüste mühsam herauszuholen, was nur irgend möglich war. Der Hafer wiegte sich an den Felsen im Wind. Die Ziegen sprangen behend auf den Felsen herum.
Wenn aus Klein-Karadžinac Ziegen verkauft wurden, so wurden sie wegen der Steuern an ihren serbischen Zaren verkauft, aus Groß-Karadžinac wurden die Ziegen für den Zehnten des Padischah verkauft.
Es kam völlig auf das gleiche heraus; nur der Name war anders.
Die Orthodoxen wurden wegen der Steuern ins Gefängnis geworfen, die Türken wegen des Zehnten.
Auf der Klein-Karadžinacer Kirche glänzte gelblich ein mit billiger Bronze gestrichenes zweiarmiges Kreuz, und mit der gleichen Bronze war auch der Halbmond auf der Moschee in Groß-Karadžinac gestrichen. Die Bronze stammte von dem armenischen Kaufmann Rjekovan aus dem nahen Grenzstädtchen. Und wie stolz waren die Orthodoxen und auch die Mohammedaner auf ihre billige Vergoldung!
Und als eines Tages die Türken in Groß-Karadžinac ihre Moschee weißten, da strichen auch die Orthodoxen in Klein-Karadžinac ihre Kirche so wundervoll mit weißem Kalk an, daß die Türme auf der serbischen wie auf der türkischen Seite herausfordernd leuchteten.
Und am Abend läuteten alle Glocken, während auf der gegenüberliegenden Seite der Mufti von der Moschee mit seinem Rufen die Glocken zu übertönen versuchte, daß der Allah Allah und daß Allah groß sei.
Wenn der Mufti Isrim zu Ende gesungen hatte, so stieg

er hinab, zündete sich seinen Tschibuk* an und ging, um sich mit dem orthodoxen Popen Bogumirov zu unterhalten.
Sie trafen sich am Wasserfall, der das Osmanische Reich von dem serbischen Königreich trennte.
Der Pope Bogumirov rauchte auch einen Tschibuk. Ihre Unterhaltung begann gewöhnlich mit Beschimpfungen.
»Was hinkst du, du türkischer Hund!?«
»Was für Ringe hast du heute unter den Augen, du verdammte Christenseele!«
Dann wurde der Ton friedlicher, denn die Ziegen verdrängten Allah und auch den Gott der Orthodoxen in den Hintergrund.
Isrim und der Pope züchteten nämlich beide Ziegen, und einer prahlte mit seinen Ziegen vor dem anderen. In ihren Augen waren es nicht nur gewöhnliche Ziegen, sondern es waren mohammedanische und christliche.
»Meine Ziegen sind fetter als die deinen, Mufti«, protzte der Pope.
»Fetter? Wo hast du schon jemals eine so schöne wie meine Miri gesehen, du weißt doch, die ganz schwarze. Eine Schönheit, Pope, und Hörner hat sie wie eine ungarische Kuh.«
Und das war auch wirklich wahr. Ihre Zicklein waren eins schöner als das andere.
Der Mufti behauptete von ihr, daß sie schönere Augen habe als die Tochter des Bürgermeisters Külüt. Im

* lange türkische Tabakspfeife

Überschwang seiner Begeisterung sagte er von ihr, daß sie eine verzauberte Schöne sei.
Und diese Ziege wünschte sich der Pope Bogumirov sehnlichst.
Wie würde er damit die Ziegenzucht verbessern, seine Ziegen, die verstreut von Fels zu Fels herumsprangen, bald hinter den Steinen verschwindend, bald wieder zwischen dem unfreundlichen Grau der Felsen erscheinend, das armselige Gras und große Hauswurzen knabbernd.
Der Wasserfall rauschte, und die ersten Sterne erschienen über dem Balkan. Es war ein Augenblick völliger Offenheit.
»Schau, Mufti«, sagte der Pope Bogumirov, »deine Ziege ist nicht sonderlich schön, aber ich könnte sie gebrauchen. Meine Ziege, die ich für die Zucht heranzog, ist durch Gottes Fügung verendet. Dem Gospodin* gefiel es so.«
Der Pope bekreuzigte sich.
»Allah ist groß«, rief der Mufti aus, »meine Ziege ist nicht zu kaufen.«
»Hör zu, Mufti«, fuhr der Pope fort, »dein Allah ist nicht so groß wie der orthodoxe Gospodin. Wo hat er Wunder getan, wann hat er euch Wundertäter geschickt? Wenn es dem Gospodin gefällt, braucht er nur zu nicken, und schon kann auch ich ein Wundertäter werden, jedoch du, du bleibst immer nur ein dummer, ungläubiger Mufti. Ich dagegen könnte Tote zum Le-

* Gott der Herr

ben erwecken, wenn es dem Gospodin gefällt, du aber wirst bis zu deinem Tode nur ›Allah ist Allah!‹ von der Moschee herunterbrüllen und dich dabei wie ein rappelköpfiges Schaf drehen.«
Das verschlug dem Mufti den Atem: »Du Unwissender; unser Mohammed verbietet ausdrücklich, die Toten zum Leben zu erwecken. Ihr habt einen komischen Gott, der noch nicht einmal den Toten Ruhe läßt. Wenn du feierlich erklärst, daß du die Toten nicht zum Leben erwecken wirst, dann verkaufe ich dir meine Ziege.«
Der Pope überlegte, wägte das Für und Wider ab. Dafür sprach die Ziege Miri, die Erfüllung seiner großen Sehnsucht, und dagegen die Forderung, seine eben aufgestellte Behauptung vor dem ungläubigen Hund widerrufen zu müssen.
Der Mufti rauchte seinen Tschibuk ruhig weiter. Der bläuliche Rauch erhob sich in den stillen Abend und kringelte sich an dem Felsen hoch. Es war der Augenblick eines großen inneren Kampfes. Der Ziegenzüchter kämpfte mit dem Orthodoxen.
»Mufti Isrim, du elender ungläubiger Mensch«, meldete sich endlich der Pope, »ich versichere, daß ich Tote nicht zum Leben erwecken kann.«
Er bekreuzigte sich. »Für wieviel verkaufst du mir die Ziege?«
Es entstand ein langes Feilschen. Der Mufti verlangte zwei andere Ziegen und 100 Piaster.
Der Pope wollte ihm anfangs nur eine Ziege und 50 Piaster geben, dann aber war er bereit, die Bedingung des

Muftis anzunehmen, wenn der Mufti ausriefe, daß Allah nicht Allah sei.
Nun rauchte wiederum der Pope ruhig seine Pfeife mit dem türkischen Tabak.
»Allah ist nicht Allah«, sagte der Mufti, denn 100 Piaster, das war viel Geld.
Und so erstand der Pope Bogumirov die Ziege Miri von dem Mufti Isrim.
Am nächsten Tag brachten zwei Ungläubige dem Popen die Ziege Miri.
Es war ein klarer, sonniger Tag, typisches herbstliches Balkanwetter. Man möchte unter so einem blauen Himmel am liebsten singen. Der Gebirgsbach fließt von Klein-Karadžinac nach Groß-Karadžinac, sauber und klar wie der Himmel, der sich in ihm spiegelt.
Wie ich schon sagte, an einem solchen Tag sind die Menschen hier heiter und friedlich. Heute insbesondere der Pope Bogumirov, der noch einen besonderen Grund zur Freude hatte.
Am Strick führte er seine neue Ziege Miri, den Stolz seiner Ziegenherde. Er schritt mit ihr zu der Quelle des Baches, der aus einem kleinen Quellbrunnen unter dem Berg Megadist hervorquillt. Er war in seinem Innersten heiter und zufrieden. Er wusch die ungläubige Ziege rein, sie durfte nicht muselmanisch bleiben, und begann zu singen: »Gospodin, Gospodin, Geliebter!«

Eine Geschichte aus der Hölle

Eine der besten Seelen in der fünften Abteilung für schwere Sünder war die Seele des Polizeidirektors Hofbauer.

Der Kommandant dieser Abteilung, der Rittmeister-Teufel Dennochwollt, konnte sie in den Satanskonferenzen nicht genug loben. Auch genoß sie bereits Vergünstigungen und wurde nur einmal im Monat in den Schwefelkessel geworfen. An den übrigen Tagen flog sie über den Kesseln umher und gab darauf acht, daß sündige Seelen nicht ihre Köpfe oder Hände und Füße aus den Kesseln herausstreckten, um sich ein wenig abzukühlen.

Entdeckte sie derart unfolgsame Seelen, meldete sie sie umgehend den Aufsichtsbeamten der Kessel, die jene Seelen dann unverzüglich mit einem glühenden Netz aus Platindraht herauszogen und unter einen elektrischen Hammer brachten, der sie zu Weißglut hämmerte, setzten sie dann dem Wechselstrom aus und bestrichen sie anschließend mit einer Mistjauche der Dominikaner, daraufhin wurden sie wieder in den Kessel zu den jammernden Jesuiten geworfen.

Der Seele des Polizeidirektors, die diese sündigen Seelen denunzierte, wurde dann die Gnade zuteil, eine ganze Minute lang auf eine Glaskugel mit einem Tropfen Quellwasser, die sich über dem Eingang zu den Schwefelkesseln befand, sehen zu dürfen.

Die übrigen sündigen Seelen hatten sie nicht gern, bespritzten sie mit Schwefel, wenn sie über die Kessel hin und her flog und beschwerten sich über sie beim Beelzebub, wenn dieser einmal in tausend Jahren zur Inspektion kam und sie befragte, ob sie auch täglich eine ordentliche Portion Quecksilber mit Arsen bekämen. Und Beelzebub, dem das Verhalten des Seelen-Denunzianten gefiel, zeichnete ihn bereits zum fünftenmal durch ein längeres Gespräch aus, und jedesmal versprach er ihm, er bekäme ein Stück Eis zum Lecken, wenn er sich noch zehntausend weitere Jahre derart gut benehmen würde.

Die anderen, die sich über den Seelen-Denunzianten beschwerten, ließ er dann in die Kessel zu den Kanonikern werfen. So geschah es, daß im Laufe der Zeit keine sündige Seele mehr mit der Seele des Polizeidirektors sprechen wollte, ausgenommen die Seele des Professors der Naturwissenschaften Narcis.

Dessen Seele war wegen irgendeiner chemischen Verbindung hierhergekommen, mit der er eine halbe Stadt und sich selber in die Luft gejagt hatte.

Die Teufel fürchteten sich vor dieser Seele wegen der wissenschaftlichen Gespräche, in die sie verwickelt wurden. Sie freundete sich mit der Seele des Herrn Hofbauer an, die zwar auf sie herabsah, die sie aber reden ließ, was sie wollte.

Auch sie genoß Vergünstigungen, sie war mit der Zusammenstellung von leicht schmelzbaren Metallmischungen betraut, in denen die kleineren Sünder gebadet wurden.

Und beide Seelen unterhielten sich, sooft sich die Gele-

genheit dafür bot; besonders in der letzten Zeit tuschelten und flüsterten sie geheimnisvoll miteinander.
Die Seele des Herrn Professors der Naturwissenschaften hatte nämlich einen genialen Einfall, wie man unbemerkt mehrere Tropfen Wasser herstellen könnte.
Die Verwaltung der Hölle läßt jeden Neuankömmling sofort in kochend Pech und Schwefel, in der letzten Zeit auch in flüssigen Asphalt werfen. Der Plan ging davon aus, daß man sie doch ebensogut destillieren könnte. Dabei ließe sich ein wenig Wasser gewinnen. Wenn es in der Hölle einen elektrischen Hammer gibt, warum sollten sie nicht auch einen Destillierapparat für Sünder beschaffen können?
Die Hauptsache war, den Rittmeister-Teufel Dennochwollt für diesen Plan zu begeistern, das übrige würde dann von allein kommen.
Die Seele des Polizeidirektors war entschlossen, darüber mit dem Rittmeister, dem Kommandanten der Abteilung, zu sprechen, und tat es auch.
»Euer Hochwohlgeboren«, sagte sie mit dünner Stimme, »ich glaube, die neuangekommenen Sünder werden zu wenig gequält.«
Hochwohlgeboren war betrübt. »Das können wir uns nicht sagen lassen«, sagte der Kommandant streng, wobei er mit seinem geflochtenen Schweif umherfuchtelte. »Wir quälen nach alten Zeremonien und Gebräuchen.«
»Euer Hochwohlgeboren«, sagte der Seelen-Denunziant weiter, »wäre es nicht gut, die neuankommenden Sünder zu destillieren? Die Seele des Professors Narcis

sagt, dies sei eine sehr schöne, für die Zuschauer unterhaltsame Quälerei, und das Jammern der sündigen Seelen würde dabei noch größer sein als in den Dampftöpfen mit Pech und Schwefel oder Asphalt. Die neuen Sünder werden, wenn wir sie langsam destillieren, die Höllenqualen noch besser verspüren, sie werden noch lauter jammern und brüllen.«

Der Kommandant lobte die Seele, weil sie sich so gut um ihre neuen Freunde kümmerte, dann ließ er sich die Seele des Professors holen, die ihm erklärte, wie der Destillationsapparat funktioniert.

Dem Kommandanten gefiel der Plan, und so ließ er ein Destilliergerät für neue Sünder anfertigen, wobei die Seelen der sündigen Monteure halfen.

Die erste Probe machten sie mit einem dicken spanischen Bischof.

Der Kerl sprach über die Heilige Inquisition, aber sie gaben nichts auf sein Gerede und schraubten den Deckel des Destilliergerätes über ihm zu. Dann heizten sie unter ihm ein, und der spanische Bischof wurde destilliert.

Und durch das Brausen des Feuers drang es aus dem Kessel jammervoll: »Miserere mei, Domine, secundum magnam misericordiam tuam.«

»Das nützt dir wenig«, rief die Seele des Professors ironisch, während die Seele des Polizeidirektors sehnsüchtig nachsah, ob nicht schon bald die erwartete Flüssigkeit aus dem Destillierapparat tropfen würde.

Die Teufel-Aufseher ohrfeigten hinten irgendeine freche Seele, und da begann in großen Tropfen aus der

Röhre des Apparates eine Flüssigkeit zu tropfen, beide Seelen fingen sie schon in der Handfläche auf, als in diesem Augenblick der Kommandant der Abteilung angelaufen kam. Beide Seelen verspritzten die Flüssigkeit vor lauter Angst, mehrere Tropfen fielen dabei auf den Teufel-Rittmeister, der sich unter einem fürchterlichen Aufschrei in eine brennende Phosphorsäule verwandelte. Es gab einen unsagbaren Krach, und die Hölle begann auseinanderzufallen.
Vom spanischen Bischof erhielten sie durch die Destillierung Weihwasser!

Die Fahnenweihe des katholischen Vereins

Vor einiger Zeit fiel einem gewissen Engler aus Stará Boleslav ein, daß er Katholik sei. Davon unterrichtete er die Redaktion der nationalen Zeitschrift »Čech«, die es erfreut zur Kenntnis nahm und ihn aufforderte, er möge versuchen, der katholischen Kirche neue gläubige Kämpfer zuzuführen.
Engler, der sich zuerst auf dem Pfarramt beraten ließ, wurde ein eifriger Missionar, und so wuchsen endlich die Reihen der treuen Katholiken; er mußte ihnen in die Gesellschaftsräume der »Heiligen-Wenzels-Einheit« vom Gastwirt einen Billardtisch hineinstellen lassen, und die Mitglieder des katholischen Vereins spielten dort Karambolage und tratschten über- und miteinan-

der unter der Parole: »Mit der Wahrheit zum Sieg, mit der Einheit zum Ziel.«

Je mehr sie übereinander tratschten, um so mehr Menschen traten ihrem Verein bei. Sie besuchten fleißig die Gottesdienste, sie begannen in der Umgebung andere Versammlungen zu bekämpfen, die nicht klerikal waren, und sprachen davon, daß ihr Apostel Engler sie bestehle.

Wie man sieht, entwickelte der Verein auf allen Gebieten Tätigkeit. So lauerten sie zum Beispiel einem gewissen Jiránek auf, der angeblich während der Fronleichnamsprozession nicht den Hut abgenommen hatte, und sie verwalkten ihn gründlich.

Sie schrieben für die Zeitschrift »Obnova« Artikel, die die Tätigkeit des Boleslaver Dekanats lobten, und beschimpften die fortschrittlichen Bürger. Dabei schmiedeten sie untereinander Ränke gegen Engler, der, obwohl er seit einiger Zeit Vorsitzender war, überhaupt keine Bemühung zeigte, den Verein hochzubringen.

Es wurde schon darüber verhandelt, ob man gegen den lauen Engler scharf und direkt eingreifen solle, als Engler plötzlich wieder mit der Erklärung Vertrauen gewann, daß er es nun als seine Pflicht betrachte, sich um ein würdiges Emblem zu kümmern, mit dem die »Heilige-Wenzels-Einheit« der Welt kundgeben könne, daß sie existiere, und dieses Emblem solle eine Fahne sein, ein zweites Unterpfand des Glaubens, stolz, ungebrochen, eine Fahne, unter deren Schatten die Boleslaver Katholiken stolz über alle Hindernisse vorwärtsschrei-

ten würden, allen Abtrünnigen, Zweiflern, Nichtchristen und lauen Verehrern Gottes zum Trotz.
Das sollte die Fahne des katholischen Vereins werden. Sie würde auf zwanzig Gulden kommen. Im Schatten von 40 Kronen ziehen begeisterte katholische Vereine. So verschaffen kleine Mittel Begeisterung. Um die Gunst, das Unterpfand aussticken zu dürfen, begann ein Kampf zwischen den Jungfrauen des Vereins. Nur eine unschuldige Maid dürfe die Fahne des katholischen Vereins aussticken. Weil aber die Mädchen in jenen Jahren, in denen sie unschuldig sind, nicht sticken können, gab es darüber einen großen Streit.
Endlich wurde entschieden, daß die Schwestern Frybert die Fahne sticken sollten, und sie stickten sie auch ehrbar zu Ende, obwohl boshaftes Gerede behauptete, daß die Jüngere sich sehr beeilen müsse, die Fahne rechtzeitig zu Ende zu bringen.
Die Fahne wurde also fertig, sie wurde an dem Fahnenstock befestigt, dann in Organdy gewickelt, damit die Fliegen nicht herankonnten, und in eine Ecke vom Vereinsraum gestellt.
Frau Engler wurde Patin der Fahne, und sie bekam endlich ein neues schwarzes seidenes Kleid. Drei Maiden wurden zu Ehrenjungfrauen ernannt.
Endlich legte man fest, daß die feierliche Fahnenweihe am nächsten Sonntag stattfinden solle. Diese Nachricht wurde gleichzeitig in der »Obnova« und im »Meč« bekanntgegeben.
Genau einen Tag vor der Feier wurde der Vorsitzende Engler mit einem besonderen Besuch beehrt. Ein Herr

kam zu ihm, der sich als Jindřich Zobl vorstellte, bischöflicher Notar aus Königgrätz, der von dem dortigen Bischof als Vertreter zu dieser erhabenen Feier entsandt worden war.

Dieser Herr sagte unentwegt: »In nomine Domini«, und so erlangte er großen Respekt bei Herrn Engler. An dem gleichen Abend wurde er bei der feierlichen Versammlung des katholischen Vereins vorgestellt, er gewann jeden für sich mit seinem Verstand, mit seiner Frömmigkeit, Bescheidenheit und seinen lateinischen Sätzen: »In saecula saeculorum, in nomine Domini«, die er gewandt in die Unterhaltung einstreute, wobei er behend mit den Augen klimperte.

Der bischöfliche Notar gab Herrn Engler die Ehre, bei ihm im Gästezimmer zu übernachten, und versprach, Pate der Fahne zu werden.

Am Morgen hörten ihn Englers lange auf lateinisch singen.

Nach dem Frühstück führten sie ihn triumphierend in den Vereinsraum, von wo sich die Prozession in die Kirche begeben sollte.

Soll ich Ihnen die Fahnenweihe schildern, wie die Musik spielte und wie auf der einen Seite die Patin die Bänder hielt, die von der Fahnenstange herunterwehten, und auf der anderen Seite der Ehrenpate der Fahne, Herr Jindřich Zobl, bischöflicher Notar aus Königgrätz, sie, gemeinsam mit den Ehrenjungfrauen, mit der Hand umfaßte?

Der bischöfliche Notar zwinkerte mit den Augen und weinte. Der Patin der Fahne liefen die Tränen wie Erbsen über die Wangen. Endlich drängte sich die Prozession nach der Fahnenweihe mit schmetternder Musik aus der Kirche und begab sich nach oben in den Gesellschaftsraum des Vereins, um sie wegzulegen, nachdem die Musik die österreichische Nationalhymne gespielt hatte.

Der Fahnenträger Jeník umklammerte ehrfurchtsvoll das teure Unterpfand, und gleich hinter der Fahne schritt der bischöfliche Notar als Ehrenpate.

Die Musik spielte einen Marsch, und der bischöfliche Notar begann plötzlich umherzuspringen. Es war ein erstaunliches Theater.

Der bischöfliche Notar ergriff die Cinellen des vor dem Fahnenträger schreitenden Musikus, und, das Blech schlagend, verkündete er: »Ihr Israeliten, der Messias kommt!«

Es entstand eine Panik, durch die Menge drängten sich zwei Polizeiwachtmeister, begleitet von zwei Männern, von denen der eine, während er dem bischöflichen Notar auf die Schulter klopfte, sagte: »Sie sind gerade zum Papst ernannt worden, wir sollen Sie sofort im Vatikan vorstellen.«

Sie führten ihn ohne jede Schwierigkeit zu der nächsten Droschke, in die sie ihn hineinsetzten, und fuhren auf dem kürzesten Weg nach Kosmonos in die Irrenanstalt.

In der Tertia bekamen wir den neuen Katecheten Antonín Heřman. Der vorherige Katechet Müller hatte sich nicht allzu sehr um unsere Seelen gekümmert, er war wahrscheinlich zu der Überzeugung gelangt, daß sowieso alles umsonst sei. Pater Heřman wollte jedoch unsere verwahrlosten Seelen dem Teufel entreißen, und er begann, die Liturgie und den Katechismus mit größter Strenge zu prüfen. Als er sah, daß wir außer einigen wenigen nicht sehr bibelfest waren, führte er mit Einwilligung des Direktors am Mittwoch und am Sonnabend Wiederholungsstunden ein, in denen er sich bemühte, die Seelen der Tertianer mit wendigen Phrasen zu veredeln. Er nannte uns dabei Lotterbuben und Schurken inmitten der herrlichsten Sätze, die er poetisch einleitete und in denen er in uns mit Gleichnissen edle Gefühle erwecken wollte.

Er kam in die Klasse und legte los: »Der abendlich funkelnde Himmel ist ein erhabener und wundervoller Anblick, ihr Lumpen. Es leuchtet die Sonne, ihr klares Antlitz dabei niederlegend; ermüdet durch die Tageswanderung, sendet sie, Mahulo, die letzten lichternen Grüße mit purpurroten Himmelsstrahlen, die, Fischer, vorerst röten, später verblassen und sich endlich am Horizont verlieren – ihr seid aber Lotterbuben! Der Horizont wird immer enger, Meyer, graue durchsichtige Nebel überspinnen mit einem zarten Schleier die Erde . . . da draußen wirst du nichts zu sehen bekom-

men, Bošík. Und seht, da auf dem sich nun verdunkelnden azurblauen Himmel springt der erste Stern hervor und erbebt. Zímo, das funkelnde Äuglein zittert bereits . . . jetzt habe ich aber genug! Steh auf, Zímo, und bete dreimal Vater unser! Da zeigt sich bereits der zweite Stern, der dritte, und nach einer Weile glitzert der ganze Himmel. Wie lieblich ist dieses Bild! Ein stiller Abendhimmel, Vaňek, mit unzähligen flimmernden Sternen und unten die ruhige Erde, die nach der Tageslast ausruht. Aber einen weit besseren Anblick bietet der geistige Himmel, Bernášek. Dort prangt die Sonne der Gerechtigkeit, dort strahlen unzählige Sterne mit überirdischem Glanz, es sind die Heiligen und Geweihten Gottes. Sie glänzen in der weißen Farbe der Unschuld, in der Röte der Märtyrer, in der Weisheit der Reue, was auch für dich gilt, Čeňek. Wisset, daß sich der Mensch mit zwei Flügeln über das Irdische erhebt: mit Ehrlichkeit und Reinheit.«
Da erklang in dem Schulzimmer ein peinlicher Ton. Mag die Wissenschaft der Medizin diese Töne definieren, wie sie will, dieser Ton erklang in dem andachtsvollen Raum allzu herausfordernd. Der Ton schlug in die geistige Übung, in die wundervolle Predigt des Paters, wie die Dragoner in ein stilles Dorf. Wir fingen alle an zu lachen, als der Ton unter der Bank erstarb. Mit seiner ehrlichen Derbheit riß dieser Ton uns alle aus überirdischen Höhen der Unschuld des geistigen Lebens, aus dem Reich der überirdischen Wunder und heiligen Geheimnisse heraus.
Pater Heřman stand einen Augenblick betroffen da,

und dann stieß er, die Hände dabei zusammenschlagend, hervor: »Wer hat sich so schändlich betragen?« Keine Antwort. Pater Heřman zog das Klassenbuch hervor und schrieb mit großen Buchstaben hinein: »Bei der Religionsübung hat sich die Klasse danebenbenommen«, und dann legte er los: »Ihr Nichtsnutze, wenn jemand von euch innerlich gut und rein wäre, dann würde er ohne Schwierigkeiten Gottes Wort aufnehmen und gut verstehen können. Ein reines Herz durchdringt den Himmel, aber das Herz dieses Mistviehs nur die Hosen.«
Aber in diesem Augenblick sprach wieder das Herz irgendeines Nichtsnutzes, und jener peinliche Ton wiederholte sich, diesmal aber in die Länge gezogen, fragend und freudig.
»Schweine«, brüllte Pater Heřman, dabei zum zweitenmal das Klassenbuch hervorziehend, »jetzt steht ihr dort alle zum zweitenmal!«
Es war interessant, ihn zu beobachten. Er faltete die Hände, kniete am Katheder nieder, und den Blick zur Decke gekehrt, rief er voller Inbrunst: »Seht, ihr Nichtsnutze, durch das Auge eures Geistes in jene Schluchten, wo das ewige Feuer brennt und ewig die Seelen der Verworfenen quält. Wer sind die Verworfenen? Das seid ihr Tertianer! Oh, ihr elenden, törichten Sünder, was werdet ihr erst Gott antworten, ihm, der all euer unrechtes Tun kennt, wenn ihr jetzt schon vor dem Antlitz eines verärgerten Menschen erschreckt, nämlich vor dem meinigen? Warum denkt ihr nicht an den Jüngsten Tag, an dem keiner mehr vom anderen be-

schützt oder verteidigt werden kann, an dem jeder für sich allein dastehen wird.«
Man sagt: Aller guten Dinge sind drei.
Aber diesmal geschah es in seinem Eifer dem Pater Heřman selbst. Männlich, wie das Wort des Patriarchen, ertönte es vom Katheder zu uns herüber, und Pater Heřman, rot im Gesicht, trat zum Tisch, zog das Klassenbuch hervor und sagte: »Für diesmal verzeihe ich euch«, und er radierte beide Eintragungen aus.
Seit der Zeit hatten wir ihn gern, und die ganze Tertia begann, sich in den anerkannten christlichen Wahrheiten hervorzutun.

Der violette Blitz

Der violette Blitz war im Jahre 1596 bei dem Konzil der Kardinäle in Rom eingeschlagen, als beschlossen wurde, daß Gotteslästerer durch einen Blitz getötet werden sollten.
Das war ein Entschluß, der den violetten Blitz unmittelbar anging, darum erschien er, wie gesagt, aus heiterem Himmel auf dem Konzil.
Als er wieder nach oben zurückgekehrt war, berichtete er, daß er irgendwie sehr plötzlich zwischen die Herren Kardinäle gefahren sei und daß nun zwei Kardinäle deswegen ein Begräbnis haben würden. Er erwähnte auch, daß er gern am Begräbnis teilnehmen würde, da

es sehr feierlich zugehen werde. Es dauerte sehr lange, bis ihn der Heilige Petrus davon überzeugt hatte, daß es nicht nett sei, wenn er bei einem feierlichen Begräbnis ein Unglück verursache. Wenn man aber einen geheimen Ketzer begrübe, dann wäre es sogar seine Pflicht, dort hineinzufahren.
Der violette Blitz sah also vom Himmel herab und war recht stolz auf seine Leistung.
Er spuckte auf die kleinen Blitze, die unter ihm spielten und tollten. Diese kleinen Rotzer waren nicht auf dem Konzil der Kardinäle in Rom gewesen.
Dann wurde er vor den Herrgott gerufen. Völlig niedergeschlagen kehrte er zurück. Er hatte Hausarrest für die Dauer von sechs Wochen erhalten, weil er zwischen die Kardinäle auf dem Römischen Konzil gefahren war. Das geschah in der Saison der sommerlichen Gewitter. Er versuchte umsonst, sich einzureden, daß das Konzil beschlossen hatte, daß Ketzer durch Blitze getötet werden sollten und daß damit seine Standesfragen und Interessen berührt wurden, also daß es ihn etwas anging. Als der Erzengel Gabriel mit dem violetten Blitz sprach, sagte er ihm: »Sie haben großes Pech, wissen Sie denn, daß Sie uns den besten, den, der den Gläubigen am meisten imponierte, getötet haben? Das war großer Unfug.«
Seit der Zeit gab der violette Blitz sehr darauf acht, nicht wieder Unfug zu machen. Ein Heiliger, den er nicht dem Namen nach, sondern nur so vom Sehen kannte, ließ sich einmal neben ihm auf einer Wolke nieder und unterhielt sich mit ihm. Er erzählte, wie man

ihn bei lebendigem Leibe in Öl gesotten habe, und wie es dabei geduftet habe.
Dem violetten Blitz wurde es langweilig, und er sagte: »Verzeihen Sie, aber mich langweilt es bereits. Heute morgen habe ich mindestens fünf Märtyrer getroffen, und sie alle erzählten mir, was man mit ihnen gemacht hat, bevor sie hierherkamen. Wir können das alle nicht mehr hören. Zuerst war das interessant und neu, aber es ist keine himmlische Freude, das jetzt 1500 Jahre ohne Unterlaß zu hören.«
»Aber erlauben Sie«, sagte der Märtyrer, »wem soll ich es denn sonst erzählen? Ich habe es noch niemandem erzählt, weil ich mich nicht daran erinnern konnte, was für Öl es war, aber heute ist es mir eingefallen, es war Hanföl.«
»Lassen Sie mir meine heilige Ruhe«, erwiderte der violette Blitz, »ich kann diese Geschichten nicht mehr hören.«
»Es ist sehr interessant«, sagte der Märtyrer, »welches Bein, glauben Sie, war in dem Hanföl eher gar, das rechte oder das linke?«
Der violette Blitz konnte diese Beredsamkeit nicht mehr ertragen und fuhr nach unten zur Erde, um zu entkommen.
Er fuhr steil nach unten, und als er über dem Dach eines Domes erschien, konnte er nicht mehr bremsen. Er durchstieß das Dach und schlug in die Kanzel ein. Er wollte sich erst beim Prediger entschuldigen; er verweilte einen Augenblick bei ihm, und als er sah, daß dieser brannte, erschrak er und lief durch eine Frau

hindurch in die Erde hinein, wo er sich dann verlor. Als er wieder zum Himmel floh, da war er dem Weinen nahe.
»Jesus Maria«, sagte er zu sich, »da habe ich wieder etwas gemacht. Das habe ich übereilt, wenn dort unten wenigstens jemandem eingefallen wäre, als der Prediger brannte, zu erklären, daß man ihm einen feurigen Wagen vom Himmel gesandt habe, wie damals dem Elias. Damals habe ich auch so eine Sache gemacht, doch gut, daß es die unten auf der Erde so schön vertuscht haben. Aber jetzt«, seufzte er, »jetzt wird der Prediger im Himmel erscheinen und wird sofort Klage führen, wie ich mit ihm umgegangen bin. Wieder neue Schande. Vielleicht ist er schon früher oben als ich.«
Die Befürchtungen des violetten Blitzes trafen jedoch nicht ein. Aus dem Höllenkorrespondenzbüro traf folgende Nachricht ein: »Gerade kommt hier ein jesuitischer Prediger an. Er konnte bisher nicht verhört werden, denn er ist sehr überrascht.«
»Hm«, sagte Petrus, als er diese Nachricht hörte, »wieder ist uns ein Abonnent verlorengegangen.«
Der violette Blitz freute sich so, daß alles gut ausgegangen war, daß er den ganzen Tag über lächelnd den Erzählungen eines Alten zuhörte, der mit Begeisterung schilderte, wie die Heiden ihm die Gedärme herausgerissen hatten. Es versteht sich, daß er übertrieb, als er von 372 Metern sprach.
Dann kam aus der Hölle die Nachricht, daß der Prediger verhört worden sei und angebe, der violette Blitz habe es getan.

Wider Erwarten erhielt er sogar ein Lob. »Er war es nicht wert, gut haben Sie's gemacht«, wurde ihm bei der Audienz gesagt, »Sie haben zwar das Vertrauen zu den Priestern ins Wanken gebracht, aber jetzt haben Sie wenigstens Aussicht auf eine bessere Arbeit. Sie werden jetzt in die Ketzer einschlagen.«

»Aufgrund der Beschlüsse des Römischen Konzils«, setzte der violette Blitz hinzu und machte sich an die Arbeit.

Er suchte sich eine ordentliche Wolke, von der man gut nach unten sehen konnte, und auf der die Akustik gut war. Jedes Wort von unten war hier zu hören.

»Aha«, dachte sich der violette Blitz, als er eine Weile zugehört hatte, »hier habe ich gleich Arbeit«, und schaute auf die Situation da unten hinab.

Unten in einer Hütte lag ein rothaariger Kerl auf dem Bett, und neben ihm saß ein Mann, dem Äußeren nach konnte es entweder ein Pfarrer oder ein Kaplan sein.

»Sehen Sie zu, daß Sie sich bessern, der Herrgott hat Sie bestraft, jetzt können Sie sich nicht einmal rühren.«

»Im Kreuz habe ich es, und auf die Beine kann ich mich nicht stellen.«

»Und dabei fluchen Sie noch.«

»Aber der Blitz soll einschlagen, ist das denn ein Leben? Sakra und tausend Blitze!«

Der violette Blitz konnte nicht mehr an sich halten und sprang nach unten, geradewegs auf den rothaarigen Kerl.

Er schlug in die Hütte ein, die Hütte stürzte zusammen, er rutschte am Bett aus und glitt nach unten hinunter, wollte anhalten und ergriff die Hand des geistlichen Herrn. Der fiel um, und der violette Blitz lief vor lauter Schreck in den Stall und von da geradewegs in den Himmel zurück, und dort sah er, was er wieder angerichtet hatte: Den geistlichen Herrn trug man gerade hinaus, das Sterbeglöcklein läutete, und der rothaarige Kerl ging in der Stube umher und sagte: »Sakra, jetzt bin ich mein Reißen los.«

Die Heiligen und die Tiere

Oberhalb des bayerischen Regensburg, in Richtung Furth im Wald, liegt das Städtchen Cham. Diese Stadt ist bekannt als Wallfahrtsort, durch den Wunderbrunnen mit einem Wasser, das Typhusbazillen enthält; es hat ein großes Krankenhaus, in das man die bayerischen Wallfahrer schafft, die von dem Wunderwasser getrunken haben, aber weniger bekannt ist, daß sich in dem Klostergarten ein kleines Denkmal für den Mönch Augustin Falterstack befindet, eine nicht gelungene Figur, der zu Füßen ein Pferd, ein Bär, ein Fuchs und ein Esel liegen. Wodurch hat sich dieser Benediktinermöch verdient gemacht? Was bedeuten diese so verschiedenen Tiere, die um ihn herumgruppiert sind? Wenn Sie in die Klosterbibliothek gehen, so finden Sie dort in der Ecke ein in Pergament gebundenes altes Buch mit der lateinischen Aufschrift:

DIE HEILIGEN UND DIE TIERE

von dem Pater und Benediktinermönch Augustin Falterstack aus dem hiesigen Kloster

Das Buch ist von der bischöflichen Druckerei in München im Jahre 1782 herausgegeben worden. Wenn Sie die einzelnen Seiten betrachten, werden Sie die große Bedeutung dieses Buches erkennen; denn der selige Pater führt mit jeder Zeile in jenem Buch das christliche Volk in das Leben der Tiere ein, und er schreibt über alle Wunder, die sich ereigneten bei Begegnungen zwischen Heiligen und Tieren verschiedenster Art. Die Tiere hatten teil an so großen Wundern, daß ein gläubiger Bayer, der moderne Auszüge aus jenem Werk, die im Kloster für 3,50 Mark verkauft werden, liest, mit andächtiger Ehrfurcht jede Seite umblättert und sich vor jedem Bildchen der verirrten, jedoch aber wieder durch die Heiligen auf den rechten Weg geführten Tiergeschöpfe bekreuzigt. So wird er zum Beispiel dort lesen, was dem heiligen Eustach widerfuhr. Dieser gute heilige Mann begegnete im Wald einem Bären. Der Bär erfrechte sich, den Heiligen fressen zu wollen. Die klerikalen Blätter hätten sicher geschrieben, daß dieser Bär ein Freidenker sei. Eustach aber zog dem Bären eins mit dem Stock über und befahl ihm, ihn nach Rom zu tragen. Der Bär beugte seinen Nacken und Rücken, der heilige Eustach schwang sich auf den Bären und kam so auf seinem Rücken glücklich nach Rom. Der Bär wurde danach von dem Papst empfangen, nach der Audienz

ausgestopft, und bis heute ist er in den vatikanischen Sammlungen zu sehen.
Überhaupt hatten die Tiere es auf die Heiligen abgesehen. Die größeren und auch die kleineren. So quälten den heiligen Eusebius in seiner Zelle Wanzen. Damals jedoch gab es noch keine Tinkturen gegen Wanzen, auch nicht das persische Pulver gegen Insekten, und die Wanzen bissen die Ungläubigen wie auch die Christen Tag und Nacht. Am meisten jedoch hatte in dem damaligen Jahrhundert Eusebius zu leiden, der, wie jenes Buch erzählt, seine Zelle mit 280000 dieser gefährlichen blutrünstigen Tierchen teilte. So erbat er im Gebet, von dieser Geißel befreit zu werden, und so konnten an einem Morgen die Bewohner der Stadt Antiochia sehen, wie 280000 Wanzen in tadelloser Disziplin aus der Zelle des Mönches zum Meer marschierten, wo sie in der Brandung des salzigen Meerwassers in dem größten Massenselbstmord, den es je gegeben hat, endeten – es gibt noch eine ganze Reihe anderer Tierchen, die sich nicht schämen, mit großer Hartnäckigkeit gläubige Katholiken zu ärgern.
Im 9. Jahrhundert n. Chr. lebte in einer Stadt des Fränkischen Reiches die fromme Jungfrau Cœlestina. Es sei ohne alle Beschönigungen gesagt: diese Jungfrau hatte Flöhe. Sie vertraute sich dem Bischof von Reims an und berichtete ihm mit jungfräulicher Scham von ihrer Qual. Der Bischof war der Ansicht, daß jene Flöhe nichts anderes seien als vermummte Teufel, die die Jungfrau Cœlestina bissen, damit sie nicht in Ruhe bei den Gebeten verweile, und um ihr Augenmerk von den

himmlischen Dingen auf rein menschliche Angelegenheiten abzulenken. So veranstaltete er ein allgemeines Beten, und die Flöhe verschwanden, in dem Kämmerchen der Jungfrau Cœlestina nur ein wenig Gestank nach Pech und Schwefel hinter sich lassend.
Ein Ungläubiger aus Württemberg, mit dem ich jenes Buch durchblätterte, bemerkte recht zynisch, daß wahrscheinlich dieser Bischof der Jungfrau Cœlestina die Flöhe weggefangen habe. Sehr interessant ist auch folgendes Erlebnis eines italienischen Kapuzinermönchs, der an einem Teich entlangging und die Geschichte von Jonas und dem Walfisch zu bezweifeln begann. Er mußte ein sehr gelehrter Mensch gewesen sein, der aus der Naturkunde wußte, daß sich Walfische im Hinblick auf die unbedeutende Schlundöffnung einzig von Fischlaich und Meeresschnecken ernähren und nicht von jüdischen Propheten. Und als er immer tiefer in seine Zweifel verstrickt wurde, verschlang ihn ein Karpfen. Dieser Vorfall hatte einen Auflauf von Menschen zur Folge, und der Mönch Augustin Falterstack schreibt darüber mit der Glaubwürdigkeit und Genauigkeit eines Lokalchronisten, daß »erst als eine Bittprozession zum Fischteich veranstaltet wurde, der Karpfen den Zweifler wieder ausspie«.
Weniger schlimm ging die Sache mit dem Regensburger Gerbermeister Jan Pilling aus. Dieser Unglückliche konnte einfach nicht begreifen, daß die Erde nicht rund sei, wie man es im Jahre 1482 von den Kanzeln des ganzen Römischen Reiches predigte. Dafür haben ihn auf der Stelle die Wespen zerstochen, er schwoll derartig

an, daß er, wie der Schreiber jenes Buches über die Tiere ironisch schreibt, der runden Erdkugel ähnlich war.
Weniger bekannt ist jedoch, daß der Bischof Alanus II., der den König Chlodwig gezwungen hatte, die Taufe zu empfangen, an einem Bandwurm litt. Das ist nicht weiter verwunderlich, weil damals keine Gesundheitskommissionen existierten, um auf den Märkten das trichinöse Fleisch zu beschlagnahmen. Eines Nachts hatte der Bischof Alanus II. eine Vision. Er träumte, daß an seine Bettstatt aus Wolfspelzen eine helle Gestalt herantrat, ihm kameradschaftlich auf die Schulter klopfte und in gutem theologischen Latein ausrief: »Mach eine Wallfahrt in das Heilige Land, iß in Palästina ein wenig Humus von der geweihten Erde, trink Wasser aus dem Toten Meer und zerkau einen Zederbaum aus dem Libanon.« – So kurierte sich der liebe Bischof auf diese wunderliche Art, denn damals kannte man weder das Santonin noch die Arekanuß.
Über den Prozeß der Heilung äußert sich der Mönch Augustinus Falterstack so: »Und es trat aus dem Bischof ein Bandwurm von 769 Fuß Länge. Jedes Glied dieses Ungeheuers trug einen Stern, aber unter dem Stern den schwarzgepunkteten Huf des Satans. Als er aus dem Körper des Bischofs heraustrat, schrie der Bandwurm so fürchterlich und lange, bis ihn des Bischofs Diener totschlugen. Er wurde in der Stadt Genua verbrannt, wobei ein Mann, dessen Glieder von Lähmung befallen waren, gesundete. Seine Krücken sind in den Grundmauern des Domes eingemauert, der

an dieser Stelle später durch Joseph, den Dogen der genuesischen Republik, erbaut wurde.«
Der ehrwürdige Schriftsteller schreibt weiter über eine Kuh. Diese Kuh stammte aus dem Gut der Patrizierfamilie des Nürnberger Bürgers Münzhubl. Im Jahre 1619 herrschte in der Gegend von Nürnberg Rinderpest, der auch der dortige Bürgermeister zum Opfer fiel. Daraus kann man ersehen, daß diese Rinderpest nicht einmal die edelsten der Bürgerschaft verschont hat. Die erwähnte Kuh erkrankte ebenfalls schwer, und durch die Fügung Gottes ging sie ein. Da kam gerade eine Prozession vorbei, die von dem Vikar Maximilian geführt wurde, und die Kuh wurde wieder lebendig – damit ich nicht länger die Duldsamkeit des Lesers strapaziere.
Ein weiterer interessanter Fall berichtet von der gezähmten Schlange des heiligen Serapion. Es war eine sehr gute Schlange. So eine Schlange wird nicht mehr geboren. Vier Jahre lang nährte sie jenen Einsiedler in der Wüste mit ihrer Milch, die einen ungewöhnlichen Nährwert gehabt haben muß, denn Serapion wurde in dieser Zeit in seiner Höhle derartig dick, daß die Höhle zerstört werden mußte, als man ihn herausziehen wollte.
Aus diesen Proben kann man ersehen, warum das Kloster in Cham dem Augustin Falterstack ein Denkmal erbaute. Ihm gelang es, die Tiere zu rehabilitieren, und er schuf gleichzeitig ein kulturelles Werk. Denn möglicherweise bewirkt es, daß sich die Nationalen Sozialisten doch noch überlegen werden, ob sie ihre politi-

schen Gegner nicht mit Namen aus der Tierwelt titulieren sollten. Die Unglücklichen beleidigen damit doch die Religion.

Die Erforscher des Unbekannten
(Eine etwas spiritistische Geschichte)

Lád'a, Schüler der zweiten Klasse vom Gymnasium, erfuhr in vollem Maß die Gültigkeit der Worte des Camille Flammarion, daß die freie Forschung nach der Wahrheit der ganzen Welt unangenehm sei, weil jeder Mensch seine eigenen kleinen Vorurteile besitze und sich nicht davon lösen wolle. Als er nämlich während der 10-Uhr-Pause seinen Mitschülern erzählte, daß seine Schwester zu Hause so ein kleines Tischchen habe und daß dieses Tischchen sich bewege und klopfe, daß es alle Fragen durch Klopfen beantworte, zum Beispiel antworte es auf die Frage: »Ist dort jemand?« mit »Ja«, da wurde er mitten in seiner Erklärung von dem Herrn Katecheten unterbrochen, der ihn einem strengen Verhör unterzog und den Armen ein räudiges Schaf nannte, das den Spiritismus unter die zwölfjährigen Jungen trage.
Das Verhör war hart. Lád'a wurde gefragt, wie er dazu käme, an Spiritismus zu glauben. Er antwortete, daß seine Schwester einmal bei einer Freundin gewesen sei, die so einen sich bewegenden Tisch gehabt hätte, auf

einmal sei die Schwester in Ohnmacht gefallen und dann zum Friedhof gelaufen. Auf dem Friedhof sei sie einem Geist begegnet, der sie dann zurückgebracht habe. Er begleitete sie bis zum Haus, und dort wurden sie von der Mutter gesehen, die vor einem Gemischtwarengeschäft stand. Der Geist verschwand, und zu Haus gab es ein Donnerwetter. Der Vater ärgerte sich und sagte, er erlaube nicht, daß sie umhergehe und sich mit Geistern herumtreibe, die so aussähen wie der František Kramer, ein Medizinstudent aus dem Nebenhaus. Dann brachte die Schwester so ein kleines Tischchen mit nach Hause, und er, Láďa, mußte es ihren Anweisungen nach herumschieben. Die Schwester fragte ihn: »Liebt er mich?« Und er schob mit dem Tischchen über das Papier, bis die Antwort lautete: »Und ob.« Dann hat ihm die Schwester gesagt, daß sie das nicht verstehen könne, und schob das Tischchen selbst herum. Die Antwort lautete: »Brennend.« Dann trug er für die Schwester einen Brief zur Post, er bekam zwei Sechser von ihr, und seit der Zeit glaubt er an den Spiritismus.
Dieses Geständnis des verirrten Jungen hatte keine weiteren Folgen. Er wurde getadelt und darauf hingewiesen, seine Mitschüler künftig nicht mehr über Spiritismus, Hypnotismus und ähnliche Sachen zu belehren, da das nur den Verstand verwirre.
Seit diesem Augenblick wurde die ganze Klasse Anhänger des Spiritismus. Gleich am zweiten Tag brachte Bernášek ein Buch über Medien und über Einschläfern in die Schule, und einen Tag darauf suchten sie bereits während der Pause nach einem geeigneten Medium.

Der erste Vorkämpfer für den Spiritismus in der Klasse, Lád'a, meldete sich freiwillig. Er belehrte alle, daß zuerst die ganze Versammlung beten müsse.
Erst entstand ein Streit über das Gebet, aber da konnte Lád'a seine Ansicht durchsetzen, daß man folgendes Gebet an den Lateinprofessor Bren beten solle: »Wir bitten dich, Herr Bren, bete für uns am Jüngsten Tag.« Mit diesem Gebet beruhigten sie ihr Gewissen; denn Professor Bren war ihr Klassenlehrer. Lád'a setzte sich auf die Bank, und Bernášek versuchte, ihn einzuschläfern. Er kitzelte ihn unter dem Hals und zog ihn an der Nase, während die Versammlung betete: »Wir bitten dich, Herr Bren, blicke in Liebe zu uns und bitte für uns vor dem Gottesgericht.«
Lád'a begann zu schnarchen und tat so, als ob er schliefe.
Er vergaß sich aber ein wenig und fing plötzlich an, sich die Nase zu putzen. Bernášek beruhigte die Versammlung mit der Versicherung, daß jetzt gerade der Geist des Direktors vom Gymnasium in Lád'a einträte, und bat, ihm jetzt Fragen zu stellen.
Als erster fragte Gebler: »Wird es am Nachmittag hitzefrei geben?« Die Antwort war unverständlich. Das Medium brummte: »Da wäre ich selbst froh.« Die nächste Frage stellte Hajnic: »Kriege ich das Messer zurück, das mir Štibic geklaut hat?« Die Antwort klang geheimnisvoll, so, wie der Herr Direktor immer sagte: »Ich sehe mich gezwungen, euch zu bemitleiden.« Dann nieste das Medium.
Dann sagte Bernášek, jetzt verlasse der Geist des Direk-

tors Lád'a und der Geist von Bernášeks seligem Großvater trete in ihn ein.
Die Versammlung erschauerte. Bernášek fragte: »Großvater, wie geht es Ihnen in jener Welt?« »Es geht so, Freitag hatte ich zu Mittag Schweinebraten und Süßholz. Apfelsinen gibt es hier umsonst, und der Weg in die Hölle ist von hieraus so weit wie von Libeň nach Krč*.«
»Ist Ihnen heiß, Großvater?« »Ich bade«, ertönte die Antwort, »eben jetzt habe ich den Hobzík unter Wasser gezogen . . .«
Den Hobzík lief es kalt den Rücken runter. Woher wußte nur der Geist von Bernášeks Großvater, daß er Hobzík, mit Lád'a auf dem Kriegsfuß steht?
Großvaters Geist erzählte weiter: »Hobzík ist ein blöder Kerl, er klaut den Kameraden Papier,und unlängst hat er beim Spielen vor der Stadt in den Taschen von einem Jungen herumgekramt. Wenn ihn jemand dabei erwischt, soll er ihm die Knochen brechen. Und wer ihn zusammenboxt, kommt in den Himmel.«
Nach diesen Worten wollte sich Benda den Himmel verdienen und begann, Hobzík in die Rippen zu stoßen, und beinahe wäre es zu einer richtigen Rauferei gekommen.
»Großvater«, fragte Bernášek, »was machen Sie so den ganzen Tag im Jenseits?«
»Ich zerschlage Steine für die Straße zum Fegefeuer«, antwortete das Medium ernsthaft, »die Steine, das sind

* Prager Stadtteile

die Seelen der Professoren, nur der Professor für den Turnunterricht ist nicht hier.«

Lád'a fing plötzlich an, sich zu drehen und erklärte, daß er erwache. Sie fragten, wie es im Jenseits aussehe. Er sagte, gut. Alles sei lilafarben und rot. Die Bäume haben Hände und Augen und sprechen lateinisch, damit Lád'a und die anderen Geister sie nicht verstehen können. Auch befinden sich im Jenseits mehrere Indianer. Er hat unter ihnen Manitu aus den Romanen von Karl May erkannt. Er ist einem schielenden Geist begegnet, der wie der Franžek vom Hausmeister ausgesehen hat. Auf dem Farnkraut wachsen Feigen. Mehrere alte Römer haben dort an einem Wasserfall aus Blut gesessen und Lateinisch aus einem Schulbuch gelernt. Als er dem Geist Großvater Bernášeks begegnete, schien es ihm, daß er erheblich abgemagert sei. Dieses Jenseits, meinte er, sei keine gesunde Landschaft, weil sich dort all diejenigen ansiedelten, die gestorben waren. Er war auch mit einem General zusammengekommen, der ihm salutierte und ihm erzählte, daß aus dem Hobzík ein Scharfrichter werde.

Das waren kurzgefaßt die Erfahrungen und Beobachtungen, die Lád'a im Jenseits machte. Lád'as Rückkehr aus dem Jenseits wurde mit frenetischem Gebrüll der zwölfjährigen Spiritisten gefeiert, was zur Folge hatte, daß der Klassenlehrer in die Klasse kam und die ganze Klasse in das Klassenbuch mit folgender Bemerkung einschrieb: »In die Klasse kommend, hörte ich Gebrüll.«

Damit bekräftigte er die traurige Tatsache, daß es noch

immer Menschen gibt, die stets dem Unwissen vor dem Wissen den Vorzug geben.
Der arme Klassenlehrer. Wie unwissend war er doch! Und in welch grober Art versuchte er, die Bemühungen der eifrig forschenden Spiritisten zu unterdrücken, deren Repräsentant, Lád'a, gerade unter der Bank mit dem Maizel um eine Versteinerung feilschte, die in Maizels Besitz gelangt war, als sie vorgestern, noch als Eigentum des Instituts, gemeinsam mit einigen anderen Versteinerungen zur Ansicht und Belehrung der Schüler herumgereicht wurde und dann in Maizels Tasche steckenblieb. Sie flüsterten miteinander.
„Weißt du, Lád'a, ich werde sie dir verkaufen, aber für einen Fünfer. Ich weiß, daß du der Lád'a bist, aber nur Hand in Hand.«
»Ich bringe dir also heute nachmittag den Fünfer. Ich laß ihn mir zu Hause für ein Heft geben, und dann werde ich dir noch erlauben, mich einzuschläfern. Weißt du, das macht man so. Du denkst dir: möge der liebe Gott geben, daß Lád'a einschläft. Und da schlafe ich gleich ein, und meine Seele geht in das Jenseits hinüber. Denk dran. Denkst du jetzt dran? Siehst du, ich werde schon müde, und beginne schon im Schlaf zu sprechen.«
Maizel erschrickt. Was jetzt? Lád'a hat die Augen geschlossen, und er, Maizel, hat ihn eingeschläfert. Der Professor wird kommen, und Lád'as Geist wird aus dem Jenseits über ihn sprechen, von der Versteinerung, die er geklaut hat, und darüber, daß er ihn eingeschläfert hat. Man wird den Hausmeister zu ihm nach Hause

schicken, er wird eine Tracht Prügel bekommen, und sein Fahrrad wird ihm weggenommen und verkauft werden. Unglücklicher Maizel. Lád'as Geist brummte leise aus dem Jenseits: »Maizel, du Dieb, gib die Versteinerung her.«

Maizel drückt ihm die Versteinerung in die Hand, und der Geist spricht weiter: »Ich spaziere eben über den Mars. Die Leute hier sehen aus wie Tausendfüßler. Ein Junge erzählt mir, daß sein Vater zweihundert Füße hat.« Maizel begann vor lauter Angst zu beben und meldete sich. »Was willst du, Maizel?« »Ich bitte austreten zu dürfen, Herr Professor.«

»Also geh, aber nicht, daß ich jemanden nachschicken muß wie hinter Bubeník.«

Maizel wankte aus der Tür und blieb lange draußen. Er war verängstigt. Was wird geschehen, wenn er zurückgeht? Ist Lád'a schon erwacht, ist er aus dem Jenseits zurückgekehrt, oder irrt er noch immer auf dem Mars umher, oder ist sein Geist irgendeinem Hindernis begegnet, oder ist sein Geist gar in den Körper vom Klassenlehrer getreten? Aber schließlich mußte er zurück. Er trat ein. Lád'a war an der Tafel und beantwortete Fragen. Der Professor hörte Vokabeln ab. Lád'a wußte nicht, wie man Trübsal auf lateinisch sagt, und bekam ein Ungenügend. Er kehrte verbittert auf seine Bank zurück, wo er Maizel erklärte, das würde er dem Professor nie verzeihen und er wolle ihn während der Pause einschläfern, er würde ihnen dann sagen, was den Klassenprofessor erwarte. Das Ende der Stunde haben sie dann so verbracht, daß Lád'a erzählte, wie er in Maizels

Abwesenheit mit dem Geist des Pilatus sprach, der ihm sagte, daß Hannibal um eine Straße höher wohne als der Tyrann Thrasybulus.

»Mir scheint«, sagte der Feind der eifrigen Spiritisten, der Klassenpauker, »daß ich euch beide auseinandersetzen muß.«

Bevor er aber dieses Vorhaben durchführen konnte, klingelte es, und der Professor ging ein Würstchen essen.

Maizel erklärte in der Pause jedem, daß Lád'a in der letzten Stunde auf dem Mars gewesen sei, und prahlte damit, daß er ihn eingeschläfert habe.

Lád'a wurde sofort von einer Gruppe junger spiritistischer Forscher umringt, die sich anboten, ihn noch einmal einzuschläfern.

Sie setzten ihn auf einen Stuhl auf dem Katheder, so, daß er die Tür nicht sehen konnte, und begannen zu beten: »Wir bitten dich, Herr Bren.«

»Nö«, widersetzte sich das Medium, »da er mir doch die Klasseneintragung wegen der Vokabeln gemacht hat, müssen wir zu jemand anders beten. Wir wollen zum Turnlehrer beten: Wir bitten dich, Herr Professor Lístek, blicke gnädig auf deine Schüler, und bitte für uns hier sowie auch im Jenseits bei allen Heiligen und Geweihten Gottes.«

Sie wiederholten alles, und Lád'a erklärte, daß sie es zweimal hintereinander beten sollten, davon werde er einschlafen. Er wolle dann die Geister im Jenseits befragen, was den Klassenlehrer erwarte.

Er schloß die Augen und legte los: »Ich sehe den Professor Bren, wie er ein Würstchen ißt. Gerade in diesem Augenblick habe ich seinem Geist ein Bein gestellt. Der Professor verschluckt sich, und er hat im Würstchen eine Schabe gefunden. (Ich werde mir mein Ungenügend wegen der Vokabeln schon versüßen!) Alles um mich herum ist gelb wie Schlüsselblumen, die gibt es hier auch, und der Thymian ist hier höher als die Kirche des heiligen Apollinaris. Ich begegne einem alten Geist. Der Geist schlurft ein bißchen. – Und dieser Geist ist jetzt in mich gefahren, und ich weiß schon, was ich für den Klassen –«

Es entstand eine allgemeine Spannung, alle gruppierten sich um das Medium herum. Das Medium prophezeite: »Der Klassenlehrer erwartet meine alte blinde Tante, die ihm den Kopf mit einem Suppentopf kaputtschlagen wird. Er wird immer dümmer werden und den Jungen in der Schule die Federhalter und Semmeln aus der Bank klauen. (Das ist für die Fünf, Herr Professor!) Bei der Abiturprüfung wird er dem Inspektor die Uhr aus der Tasche stehlen, und sie werden einen Hausmeister aus ihm machen, und er wird den Studenten die Schuhe putzen.«

In diesem Augenblick trat der Klassenlehrer ein und kam langsam näher. Bubeník bemerkte ihn! »Lád'a, der Bren ist hier.«

Und da trug das Medium laut vor: »Dann machen Sie den Bren zum Direktor des Gymnasiums, und er wird reich heiraten und Schulinspektor werden, so ein Braver.« Nach diesen Worten kehrte er aus dem Jenseits zurück und öffnete die Augen.

Der Klassenlehrer, der noch den letzten schönen Satz gehört hatte, streichelte Lád'a über die Haare und fragte: »Nun, mein Junge, was habt ihr denn Schönes gespielt?«
Hinten wollte der Bubeník Lád'a zu Hilfe eilen und schrie: »Er hat nur Spaß gemacht!«
»Ihr Nichtsnutze«, sagte der Klassenlehrer, »schon einmal habe ich euch heute in das Klassenbuch eingeschrieben, und jetzt werde ich euch zum zweitenmal einschreiben, und zum Lád'a wird der Hausmeister nach Hause geschickt, um auszurichten, daß er eine ordentliche Tracht Prügel erhalten soll!« Er schritt von dannen, wobei er vor Aufregung schielte.
Da siehst du, Lád'a, du Erforscher des Unbekannten, wie wahr die Worte sind, daß die freie Forschung nach der Wahrheit der ganzen Welt unangenehm ist, weil jeder Mensch Vorurteile in sich trägt.
Und was nützt es dir, daß sich auch die Wissenschaft mit Spiritismus beschäftigt, wenn dein Vater, vom Hausmeister die Botschaft des Herrn Professors hörend, das Dienstmädchen ruft: »Anna, bringen Sie den Rohrstock, und Sie werden mir Lád'a festhalten . . .«
Eine Weile danach war zu hören, wie der Erforscher des Unbekannten jammerte und versprach, es nie wieder zu tun . . .
Und es gab einen Märtyrer mehr.

Der Abt Contactus des Klosters in Mühlhusn beschäftigte sich außer mit Gebeten auch mit Essen und Trinken sowie mit Alchimie.
Als er einst erfuhr, daß in der Stadt ein Mann lebe, der sich wie er mit Versuchen beschäftigte, um den Stein der Weisen, das Lebenselixier und Gold herstellen zu können, wozu er auch zahlreiche Rezepte besaß, die er von dem berühmten Alchimisten Jan Makari geerbt hatte, beschuldigte er ihn der Zauberei.
Dieser Mann mit dem Namen Gebler gab bei der Folter zu, daß er tatsächlich vom Teufel besessen sei.
Man spannte ihn daraufhin auf die Folterbank, um den Teufel aus ihm zu vertreiben, denn der Teufel, wie es aus der Lehre verschiedener Theologen bekannt ist, verträgt das Aufspannen nicht, da er eine zarte Beschaffenheit hat.
Gebler, der auf die Folterbank gespannt war, gab auch zu, er sei ein Zauberer, er ernähre sich von Spinnen und unreine Kräfte seien seine Helfershelfer.
Dieses Geständnis in der klösterlichen Folterkammer hatte zur Folge, daß der Zauberer Gebler mit besonders feierlicher Zeremonie zur Ehre und zum Ruhme Gottes verbrannt wurde, außerdem fiel sein Vermögen dem Kloster zu. Und der Abt bemächtigte sich der geheimnisvollen Rezepte des verbrannten Zauberers, um auf ihrer Grundlage neue Versuche anstellen zu können.
Weil er aber mit den Rezepten des vom Teufel besesse-

nen Zauberers so beschäftigt war, befahl er den Mönchen des Klosters lange Fastenzeiten und viele Gebete. Die Mönche beteten also für das Heil ihrer Seelen und auch für das Heil der Seele des ehrwürdigen Abtes, sie fasteten, nahmen ab und führten in der klösterlichen Küche um das Essen wütende Kämpfe mit den Brüdern, die der Küche vorstanden.

Inzwischen zerstieß der Abt in seiner Alchimistenküche im Mörser verschiedene Mineralien zu Pulver, er goß Metalle, er arbeitete mit dem Urin von Pferden, dessen Dampf in der Dunkelheit leuchtet, er wusch fremdländische Gewürze, kochte sie in bauchigen Gefäßen, wobei er wie ein Raubritter fluchte, denn weder Gold noch der Stein der Weisen noch das Elixier des Lebens kamen bei seinen Versuchen heraus.

Den Mönchen wurden neue Fastenzeiten auferlegt, und sie magerten noch mehr ab, der Abt schlief, von der Tagesmühe ermüdet, in seinem Sessel ein, und die Mönche gingen im Hof hungrig spazieren und erregten sich darüber, daß im Hof so viel Geflügel umherlief und in den Kellern volle Weinfässer standen.

Sie begaben sich also auf den Weg des Bösen und der ewigen Verdammnis. Sie stahlen Hühner und tranken heimlich Wein.

Durch die mißlungenen Versuche erregt, da er den Stein der Weisen nicht finden konnte, ließ der Abt am nächsten Tag die Hühner zählen, und danach ließ er zwei Mönchen mit verdächtig fettigen Mündern das Fell gerben. Den Mönchen ordnete er neue Fastenzeiten und Stunden der inneren Einkehr an und arbeitete von neuem in seiner Küche, wobei er sich über die Retorten neigte und gekochte und getrocknete Kräuter zu Pulver zerstieß.

Das Kloster in Mühlhusn war von jeher besonders stolz auf seine schön geführte Wirtschaft.
Abt Contactus versuchte die besonders sorgfältig geführte Schweinezucht zu vervollkommnen, er hatte noch aus jener Zeit Erfahrung, als ihm in Schwaben fünf Dörfer und eine unzugängliche Burg in den Wäldern gehörten.
Abt Contactus war nämlich vor Jahren Raubritter gewesen, der ehrbare Händler überfiel, bis dann endlich schwäbische Fürsten seine Dörfer anzündeten, seine Untertanen erschlugen und seine Burg belagerten.
Daraufhin zeigte der Raubritter plötzlich Gottvertrauen, doch das hat ihm nichts mehr genützt. Die verbündeten Heere der schwäbischen Fürsten bestürmten ununterbrochen seine Burg, obwohl die Besatzung, die vom Burgherrn geführt wurde, Tag und Nacht Psalmen sang.
Dann begannen Pechfackeln die Zinnen in Brand zu setzen, und da dachte der Burgherr, daß er weniger auf Gottes Hilfe vertrauen sollte als eher auf das Erbarmen der schwäbischen Fürsten, die im ganzen genommen nichts anderes machten als er. Sie raubten auch, aber im großen.
Er begann also zu verhandeln.
Er versprach dem Fürsten aus Nördlingen, einem sehr religiösen Mann, künftig keine Raubüberfälle mehr zu

unternehmen und keine Reisenden mehr zu erschlagen, sondern ein Kloster zu gründen und für das Wohl der Kirche und des Klosters zu wirken.

»Mich dem Studium der Heiligen Schrift hinzugeben, großer Fürst«, sagte der auf den rechten Weg gebrachte Raubritter, »das wird wohltätig auf die Seele und auf den Körper wirken.«

Besonders das letztere war wahr.

Als er nämlich, da ihm Gnade gewährt wurde, das Kloster gründete, opferte er zahlreiche Messen zu Ehren seines Burgvogtes, den man an seiner Stelle hängte. Irgend jemanden mußte man ja hängen, das ist natürlich. Bei all den Gebeten für den seligen Burgvogt wurde er zusehends dicker, und im Laufe der Zeit verließen ihn ganz und gar die religiösen Gedanken. Der liebe Abt Contactus begann, sich in den Mauern des Klosters fürchterlich zu langweilen, und ging mit den ehrwürdigen Mönchen um wie in den alten Zeiten mit dem Burggesinde. Eines Tages wollte er sogar mehrere Mönche aufhängen lassen, als diese bei Vigilien eingeschlafen waren.

Ein gewaltiger hoher, mit Wein gefüllter Zinnkrug war der Hauptgegenstand seiner Aufmerksamkeit, wenn er aus dem Brevier betete.

Es war ein langweiliges Leben in den düsteren Räumen der Kirche und in den nicht weniger trüben Gängen des Klosters.

Und da, aus lauter Verzweiflung, als ihn nicht einmal die Frage, wie viele getrocknete Teufel auf eine Nadelspitze gehen, ohne daß einer dem anderen im Wege ist,

ausreichend beschäftigte, setzte sich der Abt Contactus in den Kopf, den Stein der Weisen zu finden.
Eines Tages, verärgert über seine Mißerfolge, schlug er dem ersten Mönch, der seine Werkstatt betrat, eine Retorte auf dem Kopf entzwei, und dann ließ er die Überbleibsel seiner Versuche auf den Hof hinauswerfen. Für den Rest des Tages verweilte er in Gebeten, denn der Mönch gab am Abend infolge des erhaltenen Schlages unter ununterbrochenem Verfluchen des ehrwürdigen Abtes seinen Geist auf.
Und nun, wie gesagt, wollte er sich mit Schweinezucht beschäftigen.

Der Teufel weiß, warum die klösterlichen Schweine in der letzten Zeit fast so mager wie die Mönche geworden waren. Wahrscheinlich warfen die Mönche diesen schwäbischen Borstentieren keine Speisereste mehr zum Fraß vor, da sie selbst wegen der grausamen und zahlreichen Fastentage, die ihnen auferlegt wurden, großen Hunger hatten.
Und die Schweine, die unter leidvollem Grunzen Nahrung suchten, fanden an dem Tag, als der Abt den Mönch erschlug, einen sonderbaren Klumpen, nämlich das, was bei den Versuchen, den Stein der Weisen zu finden, herausgekommen war, und in ihrer Verzweiflung leckten sie daran.
Der Stein der Weisen schmeckte den Schweinen gut. Jeden Tag gingen sie regelmäßig daran lecken, und sie wurden stärker, dicker und sahen gut aus.
Der Abt Contactus hatte bald herausgefunden, was die

Ursache war. Er hatte bei seinen Versuchen ein ihm unbekanntes Metall mit Schwefel angereichert und unter Aufsagen einer arabischen Beschwörungsformel, als das Sternbild des Großen Bären den Zenit durchwanderte, erhitzt.
Diese Mischung schmeckte den Schweinen immer besser und besser, und sie sahen im Gegensatz zu den mageren Mönchen, die durch die zahlreichen Fastentage ganz entkräftet waren, ausgezeichnet aus.
Und da kam der Abt Contactus auf den Gedanken, jene wunderbare Mischung den Speisen der Mönche hinzuzusetzen, damit sie ebenfalls dicker würden.
Und als das Sternbild des Großen Bären den Zenit durchwanderte, stellte der Abt Contactus unter Aufsagen der geheimnisvollen arabischen Formel das kräftigende Mittel für die Mönche her.
Und am Tag des heiligen Theobaldus ließ er es den Mönchen in die karge Suppe mischen. Er selbst wollte sich seinen Zickleinbraten nicht verderben. Und er brauchte es auch nicht.
Der Stein der Weisen tat wahre Wunder.
Alle achtzehn Mönche des Klosters waren bis zum frühen Morgen verstorben.

Das Gerücht von der Seuche flog durch das Land, nur der Abt Contactus lachte und schrieb in die Klosterchronik: Am Tage des heiligen Theobaldus sind die Mönche, nachdem sie den Stein der Weisen genossen haben, der den Schweinen so guttat, bis zum Morgen verstorben.

Und in dem von Pest befallenen Kloster beschäftigte sich der Abt Contactus anstatt mit den Mönchen mit der Schweinezucht und vollbrachte auf diesem Gebiet wahre Wunder.

Wie die Teufel das Kloster zum Heiligen Thomas plünderten

Am dritten Tag des Monats Oktober Anno Domini 1564 schritt der Abt Nikasius des Klosters zum Heiligen Thomas voller Unruhe in seinen Sandalen im Kreuzgang umher, wobei er sich mit den Ärmeln seiner Mönchskutte den Schweiß fortwischte.
Hin und wieder blieb er stehen, ging wieder weiter, ohne darauf zu achten, daß die Mönche ihm aus den einzelnen Zellen nachschauten, die sich wunderten, daß der Abt sich nicht vor dem Bildnis seines Namenspatrons, des heiligen Nikasius, verneigte, dessen Darstellung ungewöhnlich ergreifend war, denn es zeigte den Heiligen in den letzten Augenblicken vor seinem Tode, als ihn die mohammedanischen Heiden auf einen Pfahl gespießt hatten.
Der Abt Nikasius blieb endlich vor diesem Bildnis stehen und seufzte: »Oh, mein Patron, o möge ich an deiner Stelle sein. Amen!« Und er setzte seinen Weg im Kreuzgang fort.
Am Ende vom Flur blieb er wiederum stehen, entnahm

einer Tasche, die er an der Seite trug, eine Pergamentrolle, und unter dem Ewigen Licht überflog er noch einmal die Zeilen, dann ließ er traurig den Kopf hängen und flüsterte: »Eine schlechte Sache, miseria maxima . . .«

Der Abt Nikasius las vielleicht schon zum zehnten Male die Nachricht, daß der König Maximilian II. beschlossen hatte, seinen verstorbenen Vater Ferdinand I. am 6. Oktober 1564 im St. Veitsdom auf dem Hradšin begraben zu lassen, daß jedoch die sterblichen Überreste des seligen Ferdinand I. vor dem Begräbnis für zwei Tage in der Kirche des Klosters zum Heiligen Thomas ruhen sollten.

»Miseria maxima«, flüsterte der Abt von neuem, »welch einen Batzen Geld das kosten wird. Man wird den ganzen Hof bewirten müssen« Und der Abt stöhnte von neuem: »Miseria maxima, miseria maxima.«

Der Abt Nikasius mußte sehr sparsam sein. Das Kloster war arm, die Einnahmen des Klosters gering, und der Abt öffnete stets voller Schmerzen, und nur wenn es unumgänglich war, die eisenbeschlagene Truhe, in der wohlgeprägte Münzen glitzerten. Und jetzt so eine Nachricht! Er hatte schon früher in Prag über das Begräbnis Ferdinands I. reden hören, aber daß die Wahl auf das Kloster fallen würde, das hatte der Abt nicht erwartet.

»Welche Ausgaben!« seufzte er, wobei er über die hölzernen, quietschenden Treppen in die Küche hinunterstieg, wo der Bruder Probus von einem nicht sehr einladenden Brotlaib dünne Scheibchen für das Abendbrot der Mönche abschnitt.

»Hörtest du schon, Probus«, fragte ihn der Abt, »daß Ferdinand I., Gott hab ihn selig, zwei Tage lang bei uns in der Kirche ruhen wird, bevor die Prozession mit ihm weiter nach dem St. Veitsdom gehen soll?«

Und der Abt setzte sich auf einen Hocker in die Nähe der eisenbeschlagenen Tür und sprach weiter: »Den Hof müssen wir bewirten, maxima miseria. Eine große Last für uns arme Mönche, Probus.«

Der Bruder Probus, der nicht weniger sparsam als der Abt war, erschrak derart, daß er gegen seine Gewohnheit mehrmals hintereinander dickere Scheiben vom Brotlaib schnitt. In dem dunklen Gewölbe der Klosterküche herrschte eine Weile Stille, die nur von einzelnen Seufzern des Abtes Nikasius unterbrochen wurde.

»Wir müssen etwas tun«, sagte Probus, »es ist eine große Ehre für uns, den Hof zu bewirten!«

»Den Hof zu bewirten«, wiederholte der Abt dumpf. »Aber wie? Es darf nicht allzuviel kosten.«

»Nichts als sparen«, antwortete Probus.

»Ich selbst werde es ihnen sagen«, sagte der Abt, »daß die Zeiten böse und schlecht sind. Das klösterliche Vermögen ist unbedeutend und die Ausgaben groß, wir wollen mit Freuden das geben, was wir haben.«

»Für den ganzen Hof müßte man einen Zentner Fische haben«, sagte Probus.

»Probus!« sagte der Abt vorwurfsvoll, »ein halber Zentner wird auch genügen, und wenn es nicht reichen sollte, so werde ich wiederholen, daß die Zeiten böse

und schlecht sind und daß wir in den acht Jahren seit 1556, als wir das Kloster bekamen, sehr viel zu seiner Förderung getan haben und daß das viel gekostet hat.«
»Probus«, setzte der Abt fort, wobei er sich vom Boden erhob, denn die Beine des morschen Hockers drohten nachzugeben, »ich glaube, daß auch ein Viertelzentner Fische genügen würde. Jawohl, du kaufst einen Viertelzentner Fische.«
»Und Bier?« fragte Probus. »Das Bier wird nur krugweise ausgetragen. So werden alle nüchtern bleiben.«
»Und gebratenes Fleisch?« fragte Probus.
»Drei Keulen vom Kalb werden ausreichen, und würze nicht übermäßig«, riet der Abt Nikasius.
»Und was ist mit Gänsebraten?« fragte Probus, »wieviel davon?«
»Es werden fünf Gänse gebraten«, gab der Abt zur Antwort, »o miseria maxima, tributa . . . Richte alles, wie du es für gegeben hältst. Fidem habeo.«
Der Abt erhob sich und ging die Stiegen hinauf, er sah nach, ob ihm auch niemand folgte, und öffnete dann leise mit einem Schlüssel eine vergitterte Tür in einer Nische vom Flur, hinter der die eisenbeschlagene Truhe stand. Er hob den Deckel. Vorsichtig zählte er mehrere Münzen ab, steckte sie in seinen Beutel und schloß alles sorgfältig wieder ab, er prüfte noch einmal das meisterlich angefertigte Schloß, ob es auch tatsächlich abgeschlossen wäre, und kehrte dann zum Bruder Probus in die Küche zurück und legte ihm die Münzen in einer Reihe auf den Tisch, der von Holzwürmern durchlöchert war. Und dann ging er fort.

Der Bruder Probus beugte sich nachdenklich über die Münzen, nachdem der Abt Nikasius fortgegangen war und verschloß dann die Tür und hängte den Riegel vor. »An Gewürzen ist meine Küche nicht arm«, sagte er, wobei er vorsichtig die graufarbene Kutte, die überall geflickt war und die er für die Küchenarbeit trug, anhob.

Unter der Kutte hatte er eine bestickte Geldtasche, in die zählte er vom Tisch einige kleine Münzen ab.

»Schlechte Zeiten«, flüsterte er vor sich hin, »auch in Zukunft wird es notwendig sein, zu sparen, dann wird es vielleicht noch schlimmer werden.« Bruder Probus trockenes Gesicht erhellte sich, er überlegte: »Also einen Viertelzentner Fische, drei Kalbskeulen, ich kaufe einfach nur zwei.«

Und der Bruder Probus zählte wiederum eine Reihe Münzen in seine Geldtasche ab.

»Und fünf Gänse zum Braten?« flüsterte er. »Vier werden genügen! Ich werde sie in kleine Stückchen schneiden, dann sieht es aus, als ob ich fünf gebraten hätte.« Und der Bruder Probus ließ in seine Geldtasche unter der Kutte aufs neue einige Münzen verschwinden.

Dann trat er zur Fensternische und nahm dort eine andere Kutte vom Haken. Er zog sie über, hielt sie mit einer schon etwas abgeschabten Kordel zusammen, und dann verwahrte er den Rest der Münzen in der Tasche an seiner Seite, die bei jedem Schritt hin und her baumelte und gegen seine recht abgetragene Kutte schlug. Bruder Probus suchte dann den Bruder Mansvet, genannt Cellarius oder auch Kellermeister, auf.

Bruder Mansvet saß auf einer niedrigen Bank im Klosterkeller und trommelte mit den Fingern auf einem Faß. Hin und wieder trank er aus einem Krug, auf dem die sieben Stationen vom Leidensweg Christi in bunten Farben festgehalten waren. Von Zeit zu Zeit klopfte er auch mit dem zinnenen Deckel den Takt, wobei er halblaut ein Lied brummte:
»Cognovi deum meum, deum meum cognoveram . . .«
Er begrüßte den Bruder Probus mit den Worten: »Da kommt unser guter Koch.« »In nomine domini«, antwortete Probus und trank aus dem ihm gereichten Krug. »Mansvet, ich bringe dir eine Nachricht.«
Bruder Probus erzählte Mansvet dann vom Ferdinand, dem seligen, und von dem Besuch des Hofes in ihrem Kloster. Er beendete seinen Bericht mit den Worten: »Gott liebt uns nicht mehr.«
»Möge doch der ganze Hof der Brandschatzung anheimfallen«, sagte Bruder Cellarius voller Trauer, wobei er auf die Fäßchen Bier wies, die von der räuchernden Flamme einer Wachskerze erhellt waren.
Bruder Probus hob noch mehrmals den Krug, und dann verließ er den Kellerraum, um einzukaufen und zu bestellen, was zu einem Festmahl notwendig ist.

In der Altstadt von Prag unter der Karlsbrücke saß vor einem halbverfallenen Haus Martin Špatina und sah auf die Moldau, deren Wellen gegen die drei Steine schlugen, die vor den Häuschen der Wäscherinnen als Stufen zum Wasser dienten.
Martin Špatina war ein schlechter Kerl. Den Fisch ver-

kaufte er billig, sehr billig, weil er auf eine unrechte Art in seinen Besitz gelangte.
Er stahl nächtens, wenn der Mond nicht schien, den ehrlichen Fischern an beiden Moldauufern die Fische aus den Fässern und Reusen. Er nahm kleine, große, er nahm alle, die er fand, und am Morgen fanden die ehrlichen Fischer die Reusen dann geöffnet, die Fässer am Ufer ausgeplündert.
Und zu diesem Mann, dem das rechte Ohr fehlte, das er bei einer seiner nächtlichen Expeditionen verloren hatte, strebte Bruder Probus. Sie kannten sich beide recht gut von zahlreichen früheren geschäftlichen Kontakten.
Mehrere zerlumpte Kinder schrien hinter dem Mönch her und warfen Schmutz, Steine und Holzscheite nach ihm. In jener Zeit war die Jugend sehr ausgelassen.
Der ehrwürdige Bruder Probus begann zu laufen, um diesen Lausejungen zu entkommen. Er lief an das Ufer und fand Martin Špatina in einer nicht allzu rosigen Laune vor.
Als Martin den Mönch erblickte, brummte er ein paar begrüßende Worte und stieß gleichzeitig einen Fluch aus.
»Ich kaufe einen Viertelzentner Fische«, sagte Probus ohne jegliche Einleitung.
»Soviel habe ich nicht«, sagte Špatina. »Und billig verkaufe ich nicht«, setzte er noch hinzu, »denn es gibt augenblicklich wenig Fische. Was von oben kommt, wird schon bei Zbraslav weggefangen, und was von unten kommt, schon bei Troja.«

»Wir brauchen Fisch. Wenn du keinen hast, so kaufe ich bei den Ehrlichen«, sagte Bruder Probus darauf. »Uns Mönchen verkauft jeder gern.«

Martin Špatina murmelte irgend etwas nicht sehr Freundliches über Mönche und rote Teufel und sagte daraufhin brummend: »Komm!«

Sie traten in das halbverfallene Häuschen. In zwei Bottichen im Keller, die mit grünlich schleimigem Moos bewachsen waren, planschten und spritzten Fische umher, kleine und große. Es konnten wohl über drei Zentner sein. Daraus kann man ersehen, daß Martin Špatina auch gern log.

»Welche willst du haben? Karpfen oder kleinere Fische«, fragte er.

»Gemischt«, antwortete Probus, »wieg einen Viertelzentner ab und bring sie abends ins Kloster.«

Zum Zeichen, daß der Vertrag galt, reichten sie sich die Hände, und mit einem Gläschen Branntwein besiegelten sie den Kontrakt.

Und Bruder Probus legte die Münzen hin, als er zu Ende getrunken hatte, und sagte: »Martin Špatina, könnte der hinkende Simon nicht für mich zwei Kalbskeulen und vier Gänse haben? Am Abend brauche ich sie.«

»Wir werden mal fragen«, antwortete Martin. Sie erhoben sich, verließen die baufällige Behausung und gingen am Ufer entlang. Unweit der Stelle, an der ein Bach in die Moldau mündete, der durch den Burggraben floß, hinten am Schwarzen Turm, dort wohnte in einem Häuschen, halb aus Lehm, halb aus Holz erbaut, der hinkende Simon, der alles stahl, was man nur stehlen konnte und was seine Kunden von ihm wünschten.

Der warme Nachmittag hatte ihn aus der Stube hervorgelockt. Er saß auf einem Balken am Ufer. Er war mißgelaunt, denn sein Kumpan, mit dem er seine geschäftlichen Wege unternahm, war gestern erwischt worden, gerade in dem Augenblick, als er einem Bauern ein Schwein aus dem Stall entführte.

Als er den Grund des Besuches hörte, wurde er noch mißmutiger und klagte, daß er nicht wisse, wie die Angelegenheit mit ihm ausfallen würde, ob sein Kumpan beim Verhör den Richtern nicht verraten würde, daß er mit ihm, Simon, bei ihren Unternehmungen gemeinsame Sache machte.

»Ich will ja nichts weiter«, lockte Bruder Probus, «als nur vier Gänse und zwei Kalbskeulen. Die bis zum Abend aufzutreiben, ist für dich doch eine leichte Sache. Heute ist Prag voller Menschen vom Lande. Da kannst du leicht unerkannt in der Menschenmenge untertauchen.«

Simon winkte mit der Hand ab. »Ach was«, sagte er, »es gibt keine Keulen, und Gänse gibt es noch weniger.« Er ließ den Kopf hängen und überlegte.

»Im Klostergarten, bei den Benediktinern, ist die Wand nicht sehr hoch«, riet Probus.

»Ich war gerade dort«, sagte Simon traurig. »Ich werde es besser irgendwo außerhalb der Stadtmauern in einem Dorf versuchen«, entschied er sich, «am Abend werde ich beim Kloster vorbeikommen. Ich halte meinen Kopf dafür hin, daß ich alles mitbringen werde.« Und

der ehrwürdige Bruder Probus reichte dem hinkenden Simon die Hand und zahlte gleich das Geld aus. Probus verstand es, billig einzukaufen.
Noch am selben Abend waren die Klosterbrüder mit der Zubereitung der Fische, Gänse und des Kalbfleischs beschäftigt.
Am vierten Tag des Monats Oktober duftete es im Kloster angenehm nach Fischen, Gänse- und Kalbsbraten, und man backte und kochte weiter zur Bewirtung des Hofes.
Der Abt Nikasius kostete bald hier, bald da und seufzte ununterbrochen, daß dies alles große Ausgaben wären. Er gab dabei acht, daß die Brüder, die in der Küche beschäftigt waren, nichts von den vorbereiteten Speisen kosteten. An diesem Tag ordnete er auch Fasten an, weil damit doch einige Groschen gespart werden konnten.
Der Bruder Mansvet Cellarius sang in dem klösterlichen Gewölbe Psalmen, wobei er auf Anordnung vom Abt das Bier zubereitete, während die schon angerichteten Speisen unter der Aufsicht des Bruders Probus in die Kammer, die neben dem Domicilium Pauperum, der Stube der Armen, lag, getragen wurden.
In der dunklen Stube der Armen, in die das Licht vom Flur nur durch ein kleines Fensterchen drang, saßen vor dem Mittag, als in der Küche die größte Geschäftigkeit herrschte, an einem langen, nur grob gereinigten Tisch, drei Männer mit nicht sehr vielversprechendem Äußeren.
Es waren wandernde Bettler. Sie waren am frühen

Morgen ins Kloster gekommen und warteten auf das Mittagessen.
Die Klöster standen den wandernden Bettlern immer offen. Auch ein Wanderer konnte drei Tage lang dort bleiben, aber in dem Kloster zum heiligen Thomas waren sie nur selten zu sehen. Zur Zeit des Abtes Nikasius gingen die Bettler diesem Kloster aus dem Wege, weil das Gerücht über seinen Geiz auch die abgestumpftesten Bettler vertrieb.
Aber diese drei waren von weither. An den spitzen Schuhen konnte man sehen, daß sie Deutsche waren. Ihre Kleider waren abgetragen, die Mantelkanten waren eingefaßt, ihre Beinkleider waren eng, und die Kopfbedeckung, halb Barett, halb Hut, sah sonderbar aus. Es waren offensichtlich Bettler, vielleicht sogar Räuber oder Diebe.
In jener Zeit wimmelte es von gefährlichen Leuten auf den Wegen und Straßen des böhmischen Königreiches. Sie sprachen leise untereinander, wobei sie Spielwürfel auf den Tisch warfen. Sie spielten, um sich die Langeweile zu vertreiben, schon gute fünf Stunden lang.
Hin und wieder unterbrachen sie ihr Spiel, und dann erzählte ihnen der Ältere etwas, dabei mit den Armen fuchtelnd. Er sprach deutsch, in bayrischer Mundart.
»Wir haben Hunger«, sagte einer von ihnen, »ich würde lieber an einem Galgen hängen, als hier in dem Loch zu warten.«
»Schweig«, beruhigten ihn die Freunde, »riechst du den Duft. Hier im Kloster wird gut gekocht, und man wird den armen Wandersleuten vom Überfluß abgeben.«

Der Bratenduft, der den Köstlichkeiten entströmte, die die Mönche an ihnen vorbei in die Kammer trugen, reizte ihren Hunger noch mehr.
Da erhellte ein Lichtstrahl die Stube.
Bruder Probus trat in die Stube der Armen und brachte das Mittagessen, eine Schüssel wäßrige Brotsuppe.
»Wir geben, was wir haben«, sagte er, als er die dunkle Stube wieder verließ, »die Zeiten sind schlecht.«
Die Bayern begannen zu essen. »Das ist nicht einmal für Schweine zu genießen«, sagte der eine und warf den hölzernen Löffel fort.
»Wir werden bis zum Abendbrot warten«, riet der Älteste, »das Abendessen wird sicher besser sein. Riecht ihr den Duft?«
Und auf dem Tisch sprangen wieder die Würfel umher.
»Sie haben es nicht gegessen«, meldete der Bruder Probus dem Abt, »wir geben es ihnen zum Abendessen wieder. Denn einer von ihnen fragte, ob sie nicht hier über Nacht bleiben könnten, sie wären durch den langen Weg sehr ermüdet, und die Beine würden ihnen den Dienst versagen.«
»So mögen sie in der Armenstube auf der Erde schlafen«, antwortete der Abt, »und zum Abendessen sollen sie das bekommen, was sie zum Mittagessen nicht gegessen haben. Er reiche mir das gebratene Fleisch, damit ich kosten kann.«
»Probus«, tadelte er den Bruder Koch, »du würzt zu stark. Die Gäste werden dadurch durstig und viel Bier durch die Kehle fließen lassen wollen. O dieses Unglück!«

In dieser Nacht hatte Bruder Mansvet Cellarius im Kloster die Nachtwache. Um zehn Uhr war er schon eingenickt. Das ist nicht verwunderlich, denn den ganzen Tag über hatte er im Keller Bier für den Hofempfang gebraut. Um die elfte Stunde schnarchte er bereits unter dem Bildnis des heiligen Johannes des Täufers, nur wenige Schritte von der Armenstube entfernt, in der die Wandersleute aus Bayern schliefen, gleich neben der Kammer, wo in Schüsseln das vorbereitete Essen für den Hof stand.

Sie schliefen? Nein, das bettelnde Kleeblatt konnte vor Hunger nicht schlafen. Sie lagen auf Stroh, das ihnen Bruder Probus für die Nacht in die Stube gebracht hatte, und sprachen leise miteinander. Sie berieten.

Der Älteste von ihnen, mit pickligem Gesicht, erhob sich vom Boden und öffnete leise die Tür.

Die Mondstrahlen brachen sich am Kirchturm und warfen dunkle Schatten in den Kreuzgang.

Der Bruder Cellarius schnarchte auf der Betbank. Der Bayer lächelte und schnippte mit den Fingern.

Auch die übrigen zwei schlüpften durch die Tür der Armenstube. Alle drei schritten leise an dem Bruder Cellarius vorbei zu der Kammer, aus der der Duft der guten, schmackhaften Speisen kam.

Der Bruder Cellarius schnarchte weiter, und zu seinem Schnarchen erklang das Schmatzen und wohlgefällige Brummen der drei Bayern, die in der Kammer zwischen den Schüsseln mit dem Essen arg wüteten.

Nach der fünften Morgenstunde, als der verschlafene Bruder Cellarius die Bayern auf ihre Bitte aus dem Klostertor entließ und ihnen noch für den weiteren Weg den Segen gab, ging er in die Stube der Armen zum Aufräumen. Er trug das Stroh hinaus und sah die Schüsseln mit der wäßrigen Brotsuppe völlig unberührt stehen. Er fand jedoch, als er die Stube ausfegte, zahlreiche Fischgräten und andere Knochen, die von Gänsen stammen konnten.

»Klar, daß sie unsere Suppe nicht essen wollten«, lächelte er, wobei er alles in einen Abfallbehälter fegte, »sie haben sich Fleisch auf dem Weg erbettelt und dann hier alles in Ruhe aufgegessen, aber unsere Suppe . . .«

Die Sonnenuhr auf der Mauer am Klostergarten zeigte die achte Morgenstunde an, als die Mönche vom morgendlichen Gottesdienst zurückkehrten. »Probus«, sagte der Abt Nikasius in der Küche, »bring mir ein Stück Gänsebraten aus der Kammer.« Probus ging gehorsam davon.

Der Abt Nikasius freute sich inzwischen auf den schmackhaften Braten, aber Probus kam nicht zurück. So ging der Abt ihm nach. Wie mußten die Klostermönche damals Wasser tragen, bevor sie den Abt Nikasius und den Bruder Probus wieder zu sich brachten! Bruder Mansvet hatte sie auf dem Boden in der Kammer unter den geleerten Schüsseln ausgestreckt vorgefunden.

»Die Teufel haben uns alles aufgegessen!« waren ihre Worte, als sie aus ihrer Ohnmacht erwachten, »die Teufel haben uns geplündert.« Und sie begannen zu weinen.

»Wer weiß, was noch geschehen wäre«, bemerkte der

Bruder Mansvet, wenn ich nicht bei der Nachtwache am Betstuhl leise Psalmen gesungen hätte.«
Bruder Mansvet ging das Weihrauchfaß holen, um die Kammer auszuräuchern, und er lächelte dabei. Nur er selbst wußte, wer die Teufel waren.
Zwar erfreute den Abt Nikasius ein wenig die Nachricht, daß das Begräbnis Ferdinands I. verlegt wurde, aber er jammerte noch lange Zeit darüber, daß die Teufel das Kloster geplündert hatten und sich die Speisen, die für den Hof vorbereitet waren, hatten schmecken lassen.

Zur Aussprache der tschechischen Namen

Im Tschechischen ruht die Betonung auf der ersten Silbe
á, é, í, ó, ú und ý sind lange Vokale
a, e, i, o, u und y sind kurze Vokale
ou ist ein Diphtong (o + u)
Laute, die vom deutschen Alphabet abweichen:

c – tz
č – tsch
d' – dj
ě – je
ň – nj
ř – Verschmelzung von r und sch
s – stimmloses s
š – stimmloses sch
t' – tj
z – stimmhaftes s
ž – stimmhaftes sch (Journal)
ch – immer wie deutsch ch (ach)

Über den Autor

Jaroslav Hašek wurde am 24. April 1883 in der Prager Schulgasse als Sohn eines Mittelschullehrers geboren. Er besuchte die Prager Handelsakademie, wurde Bankangestellter, gab 1903 seinen Beruf auf, um fortan als Bohemien ein unstetes, finanziell ungesichertes, aber freies Leben zu führen. In wenigen Jahren bereiste er ganz Mitteleuropa und den Balkan, schrieb unzählige Erzählungen, Grotesken, Humoresken, Satiren für tschechische Zeitungen und Zeitschriften – häufig unter Pseudonymen, die von seinem treuen Leserkreis aber meistens enträtselt werden konnten. Reichten seine Einnahmen als Schriftsteller und Journalist nicht aus, so betätigte er sich zeitweilig als Hundezüchter, Tierhändler oder Praktikant bei einem Drogisten. Die Erzählungen »Meine Freundin Julča«, »Aus einer alten Drogerie« und »Die Kamillentropfen« fußen auf derartigen Erfahrungen.

Im I. Weltkrieg wurde er zum 91. Infanterie-Regiment nach Budweis in Süd-Böhmen eingezogen, kam an die russische Front und geriet dort im September 1915 in Gefangenschaft. 1916 trat Hašek in die tschechische Legion in Rußland ein, wechselte jedoch im Januar 1918 in die Reihen der Roten Armee über, wurde Mitglied der bolschewistischen Partei und Kommissar für Armeeanwerbungen, bekleidete mehrere hohe politische Funktionen und schrieb Beiträge für eine Armeezeitung.

1920 kehrte er in die neugegründete ČSR zurück, zog 1921 auf Anraten seiner Freunde nach Lipnice, um dort in Ruhe an seinem Schwejk-Roman zu arbeiten. Schon 1912 waren die ersten Skizzen zur Figur des braven Soldaten Schwejk entstanden, fünf Jahre später hatte er diese Arbeit wieder aufgenommen, und nun konnte er den I. Teil des Romans innerhalb eines Jahres beenden. Aber schon am 3. Januar 1923, noch ehe er den IV. und letzten Teil seines Romans abgeschlossen hatte, verstarb Hašek in Lipnice. Der Prager Feuilletonredakteur K. Vanek vollendete den Schwejk-Roman in Hašeks Sinne.
Hašeks Sarkasmus und seine Vorliebe für gutes Essen und ausgiebiges Trinken waren in der Tschechoslowakei weithin bekannt. In ständiger Geldnot schrieb er nicht wenige seiner Geschichten, um von dem Erlös eine Flasche Alkohol, vorzugsweise das böhmische Bier, erstehen zu können, wobei er mitunter nur einige seiner bereits erschienenen Erzählungen ein wenig umschrieb, um sie mehreren Zeitungen anbieten zu können. Sein erzählerisches Werk, dessen größter Teil erst nach 1945 in Buchform erschien, umfaßt im Original 19 stattliche Bände. Als aufmerksamer, kritischer Beobachter seiner Umwelt parodierte und karikierte Hašek in seinen Erzählungen die Schwächen, Sorgen und Kümmernisse seiner Zeitgenossen, das groteske, unwürdige Verhalten des kleinen Mannes gegenüber der Obrigkeit.
Doch auch Hašek selbst, unaufhörlich zu Schwänken aufgelegt, stand nicht selten Modell für seine Geschich-

ten. Zahllose Anekdoten sind von ihm überliefert. So wußte zum Beispiel der Kompanieführer Lukas (im »Schwejk« Vorbild für Lukáš), der Hašek übrigens als recht zuverlässigen, klugen Soldaten bezeichnete, von folgendem Ärgernis zu berichten: »Er macht was er will. Neulich habe ich Exerzieren befohlen. Hinlegen! Alle legen sich hin – nur Hašek nicht, er spaziert umher, als ob nichts wäre. Ich brülle ihn an ›Sie Dreckstück, wohin wollen Sie?‹ Und wissen Sie, was er mir da antwortete? ›Herr Oberlaitnant, melde gehorsamst, dort ist zu viel Dreck, ich leg mich gleich hin, sobald ich ein trockenes Plätzchen gefunden hab.‹«